大夏大学

管理制度辑要

汤涛 主编

华东师大『丽娃档案』丛书

编委会主任　梅　兵　钱旭红

上海人民出版社　　上海书店出版社

丛书总序

很少有一条小河那么有名，很少有一条名河那么小巧。华东师范大学的这条校河，虽然在上海市中心中山北路校区的地图以外难见踪影，却在遍布全球的师大校友的心里，时时激起浪花。

站在丽虹桥上望着丽娃河，那绿树鲜花簇拥着的、蓝天白云倒映着的清澈水面，也许有人会认为她过于清纯精致不够豪放，而与师大结缘于郊外新校区的老师和同学们，会觉得她与闵行新校区的樱桃河其实各有千秋。但是，一年又一年，一代又一代，有多少人，一提起她的名字，有说不完的话，却又常常不知从何说起……

华东师范大学成立于1951年10月16日，成立大会的地点就在离丽娃河不远的思群堂。华东师大的基础是成立于1924年的大夏大学和成立于1925年的光华大学，以及其他一些高校的部分系科，其中包括成立于1879年的上海圣约翰大学分解以后的理学院（数学系、物理系、化学系、生物系）和教育系，以及圣约翰的11万余册藏书。尽管按惯例我们可以把建校日确定在20世纪20年代，甚至还可以追溯到中国土地上第一所现代大学诞生的130多年前，但我们更珍惜"新中国第一所师范大学"的荣誉，更珍惜曾经是中共中央指定的全国16所重点高校之一的责任，也因此而更珍惜与这种荣誉和责任有独特缘分的那个校园，那条小河。

因此，"丽娃"是一种象征，象征着华东师大的荣誉，象征着华东师大的责任。编撰以"丽娃"命名的这套丛书，是为了表达我们对学校的荣誉和责任的珍惜，表达我们对获得这种荣誉和履行这种责任的前辈和学长们的怀念和景仰，也表达我们对不同时期支持学校战胜挑战、追求卓越的历届校友和各界人士们的由衷感激。

这套丛书，应该忠实记载华东师大100余年的文脉传承和一甲子的办学历程，全面解读"平常时节自信而低调、进取而从容，关键时刻却挺身而出，义无反顾"的师大人气质，充分展现华东师大精神传统的各个侧面和形成过程。

这套丛书，应该生动讲述历代校友的精彩故事和不同时期的奋斗历程，让我们和我们的后代们知道，华东师大的前辈们是怎样用文化的传承来抵抗野蛮和苦难的，是怎样用知识的创造来追求光明和尊严的，又是怎样努力用卓越的学术追求与和谐的团体生活，来培养德智体美全面发展的社会主义建设者和接班人的。

这套丛书，更应该激励我们和我们的后代，永远继承"自强不息""格致诚正"的精神，发扬学思结合、中外汇通的传统，不断追求"智慧的创获，品性的陶熔，民族和社会的发展"的大学理想，忠实履行"求实创造，为人师表"的师生准则。

　　这样一套丛书，将不仅成为华东师大这个特定学术共同体的自我认识和集体记忆，而且也将成为人们了解现代中国高等教育曲折发展脉络、研究中华民族科教兴国艰苦历程的资料来源和研究参考。

　　从这个角度来看，编撰出版这样一套丛书，是以一种特殊方式续写着华东师大的历史，更新着华东师大的传统，丰富着华东师大的精神。

　　因此，我们有多种理由对丛书的诞生和成长充满期待，祝愿"丽娃档案"丛书编辑工作取得圆满成功。

童世骏

2014 年 5 月

编辑说明

一、2024 年是华东师范大学前身学校大夏大学建校 100 周年。为迎接大夏大学建校百年，根据学校部署，档案馆承担编撰《大夏大学管理制度辑要》等工作任务。

二、本书辑录内容主要为大夏大学办学 27 年所形成的各种规章制度。所有资料来源于华东师范大学档案馆馆藏。

三、本书主要按照专题汇总材料，在专题内根据同一事件的时间顺序进行编辑，同一事件的材料相对集中。

四、本书所选材料，为保持原貌，除繁体字全部转为简体外，其他如国名、地名、人名、纪年表述、表格内容、文字（包括中、外文）用法，等等，均按原文照录。材料标题均按当代习惯重新拟写；原文无标点、不分段者，编者均做分段、加标点；若有删节，均用按语注明。

五、本书所选档案史料，凡需更正原文中的显著错、别、衍字，及增补明显漏字，以 [ ] 标明。

《大夏大学管理制度辑要》编委会

式立案。12 月，学校改科制为学院制。

1930 年初，大夏学生增至 1200 余人，原校舍不敷应用。王伯群校长在中山路购建新校区，9 月大学部全体迁入，胶州路校舍改为附属大夏中学。经过数年建设，中山路校园先后建成教学楼群贤堂，男女生宿舍群策斋、群力斋、群英斋，教职员工宿舍、理科实验室、图书馆、体育馆、医疗室和附属中学校舍等。1931 年，荣宗敬捐赠丽娃河，学校校区总面积达 300 余亩。大夏大学成为沪上最大、最美丽的校园之一。在大夏大学成立六周年纪念大会上，蔡元培评价道："私立大学办理完善、进步速者，推大夏为独步；而推行导师制，尤为开国内各大学风气之先。"①

二

1931 年"九一八"事变后，大夏大学师生积极投身抗战救国工作。1933 年秋，王伯群主持制定实施民族复兴教育总纲领。学校迅猛发展，拥有文学院、理学院、教育学院、商学院和法学院等 5 个学院 1 个师范专修科。1935 年添设体育专修科。

1937 年"八·一三"战事爆发，因强寇压境，王伯群以教育为国家命脉所系，不欲因战事影响而中缀。他寓救国于读书，决定与复旦大学成立抗战时期第一所联大——复旦大夏联合大学进行西迁。复旦为联大第一部，西迁至庐山、重庆。大夏为联大第二部，西迁至贵阳。1938 年春，联大决定两校分别独立，各自办学。

大夏初迁贵阳，荆榛塞途。王伯群率领全校师生力克困难，群策群力，在极短时期里，建设新校园，举凡教室、图书馆、实验室、办公室无一不备。1938 年，为满足学校和社会需求，大夏分别在贵阳、南宁和重庆创办大夏附中。同时，王伯群指派鲁继曾、吴浩然、孙亢曾等在上海静安寺路（今南京西路）重华新村恢复办学。

抗战期间，大夏大学实际上形成以贵阳为主校的黔校和以上海为分校的沪校。

1939 年 4 月，大夏大学行政改组，确定校务行政委员会为最高行政机关。校长王伯群争取贵州地方政府和当地实业家的支持，择定贵阳城郊花溪 2000 余亩土地为固定校址。1940 年花溪校舍破土动工。次年春，建成三栋教学大楼。这样大面积的校区，在抗战后方的大学中，可谓一枝独秀。

1941 年 9 月，"孤岛"时期的上海，波谲云诡，为应对时局，大夏在香港设立港校。太平洋战争爆发后，大夏沪校和港校被迫宣布停办，港校部分学生转入黔校继续求学。沪校次年暑假后恢复办学。

---

① 高平叔：《蔡元培年谱长编》第三卷，人民教育出版社，1999 年版，第 434 页。

1941 年秋，大夏遵教育部指令，分出教育学院成立贵阳师范学院（今贵州师范大学）；法学院与商学院合并，土木工程系并入国立交通大学唐山工程学院（近西南交通大学）。1942 年，大夏受贵州高等法院委托开设法律专修科，受财政部盐务局委托开办盐务专修科。

抗战期间，为保证大夏办学经费，王伯群一方面在贵州积极筹办实业，发起组建聚康银行、聚康公司、利民公司和永仁两岸川盐运销处等，用盈利补贴学校。另一方面，向国民政府教育部申请改为国立，寻求政府支持。1942 年 2 月，国民政府行政院会议决定将大夏与贵州农工学院合并，改为国立贵州大学，并任命王伯群为校长。该决议引发大夏师生和校友的强烈抗议，行政院被迫收回成命。是年，王伯群推孙科为董事长。

1944 年 11 月，日寇进犯独山，黔南告急，贵阳奉令疏散，王伯群决定把大夏迁至黔北赤水。12 月 20 日，王伯群不幸积劳成疾，在重庆病逝。12 月 30 日，大夏董事长孙科紧急召开校董会，推举欧元怀继任校长，王毓祥为副校长，继续统领学校转移。翌年春，大夏以赤水文昌宫为校本部，同时借省立赤水中学、私立博文中学等校舍继续办学。

抗战胜利后的 1946 年春，大夏沪校率先回搬中山路校园上课。10 月，大夏黔校从赤水复员回到上海，原有的花溪校园改为伯群中学。数年后，伯群中学并入贵阳一中，大夏花溪校园并入贵州大学。大夏黔、沪两部合并后，重设文、理、法、商四个学院，学生 1800 余人，教职员 130 余人。1947 年，秋学生增至 3700 余人。1948 年，国统区经济濒临崩溃，大夏经济困窘，全校掀起"反失学，争国立"运动，被教育部拒绝。1949 年 5 月，上海解放，大夏重新组织校董会，推举王志莘为董事长，成立由师生员工代表组成的校务委员会。6 月，大夏 400 余名学生参加中国人民解放军西南服务团和南下服务团等革命工作。

三

1950 年秋，大夏大学在原有院系的基础上，增设测绘建筑、工业化学、会计、保险、畜牧兽医等 5 个专修科。1951 年春，学校由学院制改为校系管理体制。

1951 年 7 月 20 日，中央教育部决定以大夏大学和光华大学为基础合并成立华东师范大学。9 月 5 日，华东教育部发布华东师范大学正式成立。在并校过程中，大夏的中文、英文、历史社会、数理、化学、教育、教育心理、社会教育等 8 大系并入华东师大，其他系分别并入同济大学、复旦大学和上海财经学院等。大夏中学与光华附中合并成立华东师大第一附中。华东师范大学校址在大夏原址，附中在光华大学欧阳路原址。

大夏大学创校 27 年，聘请一批政府高层、金融家、实业家等担任校董，如孙科、吴稚晖、许世英、何应钦、张君劢、孔祥熙、叶楚伧、杨永泰、黄绍竑、王正廷、邵力子、刘文辉、梁寒操、居正、吴铁城、杨杏佛、钱永铭、荣宗敬、虞洽卿、杜月笙、卢作孚等，借以壮大声势，保证办学财源。

大夏大学延聘了一批著名学者、教授，如马君武、欧元怀、王毓祥、鲁继曾、田汉、邵力子、郭沫若、陈柱、韦悫、周昌寿、何炳松、李石岑、朱经农、程湘帆、吴泽霖、孙亢曾、吴泽、夏元瑮、郜爽秋、王蘧常、谢六逸、程俊英、王国秀、沈百英、邵家麟、王绍唐、马宗荣、姚雪垠、艾伟、翦伯赞、周谷城等，以期大教克明，为国储才。

大夏大学入读学生近 20000 名，培养了一批杰出的政治活动家，如熊映楚、雷经天、吴亮平、张英、叶公琦、陈赓仪、杜星垣、陈国柱，台湾"立法院"院长倪文亚、"国防部长"汪道渊等；培养了一批院士和大学校长，如院士刘思职、陈子元、胡和生、李瑞麟、郭大力、周扬等，同济大学校长江景波、兰州大学校长林迪生、台湾师范大学校长孙亢曾，东南大学党委书记、院长吴觉等；培养了一批著名学者、作家和文艺家等，如陈旭麓、马承源、林志纯、邱汉生、王元化、张志岳、戈宝权、罗玉君、陈伯吹、李乐薇、柯岗、许法新、曾克、欧阳山尊、陈鲤庭、赵铭彝、王庆勋、吕绍虞、吴志骞、刘元璋、强锡麟、刘鹏飞，等等。他们和众多的大夏校友一起，桃李争荣，蔚为大器，为国家和社会做出了不可磨灭的贡献。

目 录

丛书总序   1

编辑说明   1

大夏大学简史   1

第一编　大夏大学章程、组织大纲   1

大夏大学章程（1930 年）   3

大夏大学章程（1935 年）   30

组织大纲（1926 年）   48

组织大纲（1941 年）   50

第二编　大夏大学科则与院则   53

大夏大学各科科则（1924 年）   55

大夏大学各科科则（1926 年）   57

大夏大学各院院则（1937 年）   60

大夏大学沪校各院院则（1940 年）   63

大夏大学各院院则（1947 年）   67

第三编　大夏大学招生简章   71

大夏大学暑期学校简章（1926 年）   73

大夏大学民国十八年秋季招生简章（1929 年）   76

大夏大学高级中学保送学生入学办法（1930 年）   82

大夏大学民国二十一年春季招生简章（1932 年）   83

大夏大学第十一届暑期学校招生通告（1936 年）   90

大夏大学民国二十五年度招生简章（1936 年）   91

大夏大学代办监务总局会计、业务人员训练班招生简章（1942 年）   98

第四编　大夏大学学生通则   101

大夏大学学生通则（1924 年）   103

大夏大学本科及预科学生通则（1926 年）   107

大夏大学学生通则（1930 年）   115

大夏大学学生通则（1935 年）   126

大夏大学学生通则（1940 年沪校）   146

大夏大学学生通则（1941 年）   157

大夏大学学生通则（1947 年）   170

大夏大学学则（1950 年）   186

第五编　大夏大学公共管理规章   197

大夏大学图书馆馆则（1934 年）   199

　大夏大学图书馆办事细则（1934 年）   201

　大夏大学图书馆学生借阅图书规则（1934 年）   201

　大夏大学图书馆馆外特别阅览简则（1934 年）   203

　大夏大学图书馆教职员借书简则（1934 年）   203

大夏大学师生员工借书简则（1950 年）   205

大夏大学参考杂志阅览室公约（1950 年）   207

大夏大学图书委员会条例（1934 年）   208

体育馆管理规则（1935 年）   209

　借用体育器具规则（1935 年）   209

大夏大学应用化学研究所简章（1939 年）   210

大夏大学各学院研究室及参考室图书阅览规则（1948 年）   212

大夏大学升旗礼请假及缺席惩戒办法（1943 年）   213

大夏大学整顿宿舍内务及设备办法（1943 年）   214

大夏大学学生学业竞试奖惩办法（1944 年）   215

大夏大学教职员宿舍调整办法（1949 年）   216

大夏大学教室公约（1950 年）   217

大夏大学研究室公约（1950 年）   218

大夏大学宿舍公约（1950 年）   219

大夏大学校河钓鱼规则（1948 年）   220

大夏大学教职员聘任解任暂行规则（1949 年）   221

第六编　大夏大学社团规章   223

大夏大学社会学会简章（1928 年）   225

大夏大学四川同乡会简章（1928 年） 227

大夏大学学生会章程（1929 年） 228

大夏大学文学院同学会章程（1930 年） 232

　　文学院同学会体育委员会章程（1930 年） 234

大夏大学预科同学会章程（1931 年） 235

　　监察委员会检举条例（1931 年） 238

　　监察委员会惩戒条例（1931 年） 239

大夏大学天南学社简章（1933 年） 240

大夏大学教育学会章程（1934 年） 244

大夏学会章程（1934 年） 246

　　大夏学会各部办事细则及分会通则（1934 年） 248

大夏荣誉学会组织大纲（1935 年） 251

大夏八婺学会简章（1936 年） 252

大夏大学学生自治会章程草案（1944 年） 254

第七编　其他规章制度 257

大夏大学加紧军事训练暂定条例（1931 年） 259

大夏大学捐款纪念办法（1932 年） 260

大夏大学各院科毕业学生体育及格暂行标准及施行则细（1934 年） 261

大夏大学职业介绍委员会组织大纲（1934 年） 262

大夏大学募集清寒奖学金办法（1935 年） 263

大夏大学教员专题研究章程草案（1935 年） 264

"大夏丛书"委员会条例（1935 年） 265

大夏大学学生劳动服务规则（1936 年） 266

大夏大学救国工作训练纲要（1936 年） 267

大夏大学免费学额规则（1937 年） 269

大夏大学学生工作救济办法（1940 年） 270

大夏法商学院工商管理及会计银行各系学生实习办法（1942 年） 271

大夏大学代办盐务总局会计、业务人员训练班简则（1942 年） 272

　　大夏大学代办盐务总局会计、业务人员训练班学生学业成绩考核办法（1942 年） 272

大夏大学冬防办法（1943 年） 274

大夏大学学生操行成绩考查办法（1944 年） 275

大夏大学疏散委员会简则（1944 年） 276

　　大夏大学学生疏散办法（1944 年）　　　　　　　　276

　　大夏大学元琛奖学金办法（1945 年）　　　　　　　277

　　大夏大学创办人及教职员子女免缴学费办法（1949 年）　　　278

　　大夏大学考场公约（1950 年）　　　　　　　　　　279

第八编　附属学校规章　　　　　　　　　　　　　281

　　大夏大学附属实验小学招生简章（1932 年）　　　　283

　　大夏中学组织大纲（1937 年）　　　　　　　　　　284

　　大夏中学会议规程（1937 年）　　　　　　　　　　286

　　大夏中学职员服务规程（1937 年）　　　　　　　　288

　　大夏中学成绩考查规程（1937 年）　　　　　　　　293

　　大夏中学免费学额规程（1937 年）　　　　　　　　298

　　大夏中学学生通则（1937 年）　　　　　　　　　　299

附　录　相关大学法律制度（1929—1950 年）　　313

　　大学组织法　　　　　　　　　　　　　　　　　　315

　　大学规程　　　　　　　　　　　　　　　　　　　317

　　学位授予法　　　　　　　　　　　　　　　　　　321

　　私立学校规程　　　　　　　　　　　　　　　　　322

　　专科以上学校导师制纲要　　　　　　　　　　　　326

　　高等学校暂行规程　　　　　　　　　　　　　　　327

　　私立高等学校管理暂行办法　　　　　　　　　　　331

　　后　记　　　　　　　　　　　　　　　　　　　　333

第一编

大夏大学章程、组织大纲

大夏大学章程（1930 年）

组织大纲

第一章　总则

第一条　本大学以融汇中外文化、研究深邃学术、养成高尚人格、造就专门人材［才］为宗旨。

第二条　本大学设文学院、理学院、教育学院、商学院、法学院、师范专修科、大学预科及附属学校（大学预科遵照部令办至各班学生毕业为止，自十九年度起改设高中部）。

第三条　各学院修业期限四年，专修科二年，大学预科三年（高中部肄业期三年）。

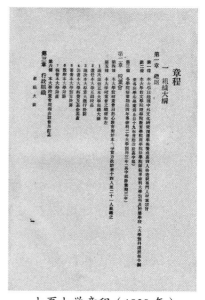

大夏大学章程（1930 年）

第二章　校董会

第四条　本大学设校董会，以热心教育、对于本大学实力扶助者十四人至二十一人组织之。

第五条　本大学校董会之职权如左：

1. 议决并修正本大学组织大纲；

2. 选任本大学正副校长；

3. 议决本大学重大进行计划；

4. 筹画［划］本大学经费及基金基产；

5. 审查本大学预算决算；

6. 监察本大学财务；

7. 保管本大学财产。

第六条　本大学校董会规程由该会另订之。

第三章　行政组织

第七条　本大学设校长一人，副校长一人，由校务会议推出候选人各三人，由校董会选任之。

第八条　校长之职权如左：

1. 监导各机关处理校内一切事务；

2. 拟定本大学进行计划；

3. 提议各种机关之设立废止及变更于校务会议；

4. 审定并公布各种规则；

5. 审定并执行校务会议议决各案；

6. 决定教职员之进退及待遇；

7. 对外代表本校。

第九条　副校长之职权如左：

1. 协助校长处理校务；

2. 校长因事不能到校时，副校长代理之。

第十条　本大学设大学秘书一人，掌理本大学机要文书，并主持校务发展事宜。

第十一条　本大学设教务长一人，综理全校教务；设教务处，分四股办事：（一）注册股，（二）课务股，（三）成绩股，（四）统计股。

第十二条　本大学设会计主任一人，综理全校会计事宜；设会计处，分三股办事：（一）出纳股，（二）簿记股，（三）统计股。

第十三条　本大学设事务主任一人，综理全校事务；设事务处，分六股办事：（一）庶务股，（二）斋务股，（三）卫生股，（四）印刷股，（五）收发股，（六）统计股。

第十四条　教务、会计、事务三处规程另定之。

第十五条　本大学设群育主任一人，主持关于学生之德育、体育、课外作业及一切集会与导师制之施行事宜。

第十六条　本大学各学院设院长一人，师范专修科、大学预科及各系各组各设主任一人，主持各院各系各组教务。

第十七条　本大学设招生及入学审查部主任一人，办理招考新生及入学审查事宜。

第十八条　本大学设图书馆主任一人，掌理图书事宜。

第十九条　本大学附属学校各设主任一人，主持各该校一切事宜。

第二十条　本大学教员分教授、副教授、讲师及助教。

第二十一条　本大学设校务会议，由左列人员组织之：

1. 校长、副校长；

2. 大学秘书、教务长、会计主任、事务主任、群育主任、招生及入学审查部主任、图书馆主任；

3. 各学院院长，各科主任及附属学校主任；

4. 教授代表。

第二十二条　校务会议之职权如左：

1. 议定本大学进行计划；

2. 议定各种机关及其人员之设置及变更；

3. 议决各种规程、条例、规则及细则；

4. 通过本校预算及审核决算；

5. 通过毕业学生名单；

6. 议决其他重要事项。

第二十三条　校务会议规程另定之。

第二十四条　本大学校务会议设下列各种常设委员会，于必要时得设各种临时委员会：

1. 校务发展委员会；

2. 教务委员会；

3. 财政委员会；

4. 事务委员会；

5. 群育委员会。

第二十五条　本大学校务发展委员会设基产基金筹集部、出版部、毕业生职业介绍部，各部设主任一人，办理各该部一切事宜。

第二十六条　本大学群育委员会设课外作业部、体育部，各部设主任一人，办理各该部一切事宜。

第二十七条　本大学各学院或各科设院务会议或科务会议，以各该学院或该科教员组织之。以院长或科主任为当然主席，其会议条例另定之。

第二十八条　本大学设教授会议，由全体教授、副教授、讲师组织之，以教务长为当然主席，其会议条例另定之。

第二十九条　本大学附属学校规程另定之。

第四章　附则

第三十条　本大纲由校董会议决公布施行。

第三十一条　本大纲如有未尽事宜，由校务会议提出修正案，于校董会议决修正之。

校董会规程

第一条　本会定名为私立大夏大学校董会。

第二条　本会依据教育部私立大学规程为本大学之代表并负经营本大学之全责。

第三条　本会之职权如左：

（1）议决并修正本大学组织大纲；

（2）选任本大学正副校长；

（3）议决本大学重大进行计划；

（4）筹划本大学经费及基金基产；

（5）审查本大学预算决算；

（6）监察本大学财务；

（7）保管本大学财产。

第四条　本会董事任期四年，但得连任。

第五条　本会互选一人为董事长，设书记一人，由董事长指定之。

第六条　本会设常务董事七人，由董事长于董事中聘定之。

第七条　本会于每学期内开常会一次，由董事长召集之，董事不能出席时得请其他董事代表之。

第八条　本会闭会期间，其职权由常务董事代行之。

第九条　本规程得于常会修改之。

校务会议规程

第一条　本会议依照本大学《组织大纲》第二十一条之规定，由左列人员组织之：

（1）校长、副校长；

（2）大学秘书、教务长、会计主任、事务主任、群育主任、招生及入学审查部主任、图书馆主任；

（3）各学院院长、各科主任及附属学校主任；

（4）教授代表。

第二条　本会议之职权如左：

（1）议定本大学进行计划；

（2）议定各种机关及其人员之设置及变更；

（3）议决各种规程、条例、规则及细则；

（4）通过本大学预算及审核决算；

（5）通过毕业生名单；

（6）议决其他重要事项。

第三条　本会议开会时以校长为当然主席，校长缺席时，副校长代理之。

第四条　本会议在学期内每二星期开常会一次，但遇有特别事故，由主席召集临时会议。

第五条　本会议会员于开会一日前将提议事项交主席先编议事表。

第六条　本会议开会时，由主席先发议事表逐项讨论，但遇必要时得临时动议。

第七条　本会议非有会员过半数出席不得开会。

第八条　本会议会员遇特别事故缺席时，须请其他会员代表，但会员一人只得代表一人。

第九条　本会议议决事件以出席人数四分之三为通过标准。

第十条　本会议开会时间以二小时为准，但遇必要时由主席宣告延长二十分。

第十一条　本会议议事录散会时由主席核阅签名。

第十二条　本会议议决事项由主席摘要公布之。

第十三条　本会议议事程序除以上规定外，依照普通会议规则办理。

教务处规程

第一条　本处依据本大学《组织大纲》第十一条之规定，设教务长一人、教务员及书记若干人。

第二条　教务长之职权如左：

（1）负本处一切责任，并监导本处职员办理本处事务；

（2）报告本处进行事务与校务会议；

（3）计画［划］本处事务之进行并建议于校务会议；

（4）执行校务会议关于本处之议决案；

（5）商同各该院院长、各该科主任，并禀承校长办理关于聘请教员事宜；

（6）召集教务委员会并为其主席；

（7）执行教务委员会之议决应由本处执行各案；

（12）签署本处对外之文书；

（13）许可本处职员一星期以内之告假；

（14）代表本大学负对外一切收支责任。

第三条　本处设出纳、簿记、统计三股，各股之职掌如左：

（甲）出纳股

（1）经管经费收支；

（2）检查庶务股所购置之物件；

（3）检查图书馆所购置之图书；

（4）会同簿记、统计两股编制预算、决算及每月计算书；

（5）保管及盖用本处印鉴。

（乙）簿记股

（1）登记各种账目；

（2）办理学生缴费及退费；

（3）会同出纳、统计两股编制预算、决算及每月计算书；

（4）保管账册、缴费单、传票、各种契据发票及其他关于登记之文件。

（丙）统计股

（1）造具本处各种统计及计算表；

（2）办理本处文书；

（3）会同出纳、簿记两股编制预算、决算及每月计算书。

第四条　本处支款悉凭事务主任及会计主任签字之传票，倘手续未备，不得支付。

第五条　本处收款悉以会计主任盖章之正式收据为凭，倘未盖章或由他人盖章者，作为无效。

第六条　本处付款每日有规定之时间，在规定时间以外概不付款。

事务处规程

第一条　本处依据本大学《组织大纲》第十三条之规定，设事务主任一人，事务员、书记若干人。

第二条　事务主任之职权如左：

（1）负本处一切责任并监导本处事务员、书记处理各该股事务；

（2）会同会计主任及教务长拟定每学期预算表；

（3）计划本处事务之进行并建议于校务会议；

（4）执行校务会议关于本处之议决案；

（5）召集事务委员会并为其主席；

（6）签订关于购置校具及租赁之契约；

（7）签发传单并保存其存根；

（8）决定 50 元以下之校具购置；

（9）通知财政委员会关于全校职员薪俸及校役工资；

（10）许可本处事务员书记一星期内之告假；

（11）签署本处对外之文书；

（12）执行事务委员会议决应由本处执行各案。

第三条　本处设庶务、斋务、卫生、印刷、收发、统计六股，各股之职掌如左：

（甲）庶务股

（1）购置修理及保管登记校具与其他用品；

（2）布置及修理校舍；

（3）保存购物单、领物单之存根；

（4）保管及核发文具；

（5）维持校内安宁秩序，并会同卫生股管理校舍之清洁卫生；

（6）进退训练及管理校役；

（7）接洽并办理关于学生杂务事项；

（8）保管本校各种刊物；

（9）办理关于本校学生校徽之定制及收发事宜；

（10）起草各种文件并保存其底稿；

（11）保管及盖用本处印鉴；

（12）保管各种文件及表册。

（乙）斋务股

（1）管理宿舍；

（2）签发入舍证、出舍证及用膳证，并保存其存根；

（3）核算膳费及膳余，并保存其存根；

（4）核发电泡并保存学生领取电泡凭单；

（5）会同卫生股管理宿舍清洁卫生事宜；

（6）督察宿舍仆役；

（7）保管及检验宿舍用具，并保存宿舍检查表存根。

（丙）卫生股

（1）检查学生体格；

（2）办理预防疾病事宜；

（3）视察校内各地每日清洁卫生情形；

（4）维持校舍、宿舍、膳厅、浴室、厕所各处之清洁卫生；

（5）监督校役办理校内清洁事宜；

（6）督察厨房关于膳食之清洁卫生；

（7）办理关于学生疾病之诊察、调治及报告其家长事宜；

（8）办理关于诊察室之设备整理事宜；

（9）保管各种药品及清洁卫生用具；

（10）会同斋务、庶务两股办理其他事务。

（丁）印刷股

（1）抄写及印刷中西文讲义文件；

（2）保管讲义文件及底稿；

（3）保管印刷用具材料；

（4）登记每日抄写工作。

（戊）收发股

（1）收发及保管邮电；

（2）管理邮票及寄发本校各种刊物；

（3）保管重要函件登记簿；

（4）通知学生挂号信件；

（5）签发领信证。

（己）统计股

（1）调查及统计校具及日用水电情形；

（2）调查学生疾病并编制统计表。

附属学校规程

第一条　本大学按《组织大纲》第十九条之规定得设附属学校。

第二条　本大学附属学校各设主任一人，由校长聘请之。

第三条　附属学校之经费由本大学负责处理。

第四条　关于收支手续，依照本大学财政委员会之规定办理之。

第五条　附属学校主任为本大学校务会议及财政委员会之当然委员。

第六条　附属学校主任之职务如左：

（1）商同校长及本大学校务会议处理附属学校一切事务；

（2）拟定附属学校进行计画［划］并建议于本大学校务会议；

（3）商同校长聘请教职员；

（4）为附属学校校务会议当然主席；

（5）提出预决算于本大学财政委员会；

（6）报告附属学校进行事宜于本大学校务会议；

（7）代表附属学校对外接洽。

校务发展委员会条例

第一条　本委员会依据本大学《组织大纲》第二十四条之规定组织之。

第二条　本委员会除大学秘书、大夏毕业同学会代表二人及本大学学生会代表一人为当然委员外，由校务会议于教职员中推荐五人至七人，经校长聘请为委员，以大学秘书为当然主席。

第三条　本委员会之职权如左：

（1）协助校董会筹集基产基金；

（2）筹画［划］校舍之建筑及校址之扩充；

（3）筹画［划］本校设备之充实；

（4）主持本校出版事宜；

（5）会同毕业同学会介绍毕业生职业。

第四条　本委员会二星期开常会一次，临时会议由主席召集之。

第五条　本委员会议决之重要事项，经校务会议审查通过后施行之。

第六条　本委员会于每学期告终时将校务发展概况报告于校董会。

教务委员会条例

第一条　本委员会依照本大学《组织大纲》第二十四条之规定组织之。

第二条　本委员会以教务长、各学院院长及各科主任、招生入学审查部主任、图书馆主任为当然委员，以教务长为当然主席。

第三条　本委员会之职权如左：

（1）拟定全校教务计划；

（2）拟订各学期开班学程；

（3）议决关于教务之各项规则或标准；

（4）审核学生毕业成绩；

（5）审查学生学期成绩；

（6）计画［划］各学院及各科之联络及发展；

（7）稽核各学院及各科教员之成绩；

（8）指导教务处之职员；

（9）通过新生之入学；

（10）修订招生及入学审查标准；

（11）审核教务之各种统计；

（12）讨论校长、副校长或校务会议交议案件；

（13）接受各方关于教务上之提议；

（14）决定图书仪器之购置；

（15）分配及保管图书仪器经费。

第四条　本委员会在学期内每两星期开常会一次，但遇特别事故得由主席召集临时会议。

第五条　本委员会议决之重要事项，经校务会议审查通过后施行之。

财政委员会条例

第一条　本委员会依照本大学《组织大纲》第二十四条之规定组织之。

第二条　本委员会以校长、副校长、大学秘书、教务长、会计主任、事务主任、附属学校主任为当然委员，以会计主任为当然主席。

第三条　本委员会之职权如左：

（1）讨论本大学经济事项；

（2）审查预决算表，提交校务会议通过；

（3）筹集临时经费；

（4）建议关于财政计划于校务会议；

（5）决定五十元以上之临时支出；

（6）稽查每月经费出入；

（7）报告每月财政状况于校务会议及各校董；

（8）查察出纳股所存现金；

（9）讨论校务会议交议各案；

（10）接受各方关于本校财政提案。

第四条　本委员会每两星期开常会一次，临时会议由主席召集之。

第五条　本委员会监察会计处出纳股所存现金，由各委员轮流随时行之。

第六条　本委员会议决之重要事项，经校务会议通过后施行之。

事务委员会条例

第一条　本委员会依照本大学《组织大纲》第二十四条之规定组织之。

第二条　本委员会以事务主任及校医为当然委员外，由事务主任于教务、会计、事务三处职员中推荐若干人，提交校务会议通过为本委员会委员，以事务主任为当然主席。

第三条　本委员会之职权如左：

（1）筹画［划］本大学关于事务之进行及改良事宜；

（2）处理临时发生之事务问题；

（3）接受各方关于本校事务之建议；

（4）报告每月事务状况于校务会议；

（5）建议计画［划］于校务会议；

（6）讨论校务会议交议事项。

第四条　本委员会每两星期开常会一次，临时会议由主席召集之。

第五条　本委员会之议决重要事项，经校务会议审查通过后施行之。

群育委员会条例

第一条　本委员会依照本大学《组织大纲》第二十四条之规定组织之。

第二条　本委员会以群育主任、体育部主任及女生指导员为当然委员外，由校务会议于本校教职员中推举若干人为委员，以群育主任为当然主席。

第三条　本委员会之职权如左：

（1）训导学生关于公共生活之良好习惯；

（2）筹办学校全体聚会事宜；

（3）指导学生团体组织事宜；

第四条　本部遇有重要问题，由部主任提出于教务委员会解决之。

第五条　每次招生事结束后，须将其结果报告于校务会议。

图书馆规则

第一条　本馆依据本大学《组织大纲》第十八条之规定，设主任一人掌管本馆一切事务，馆员若干人佐理之。

第二条　图书馆主任之职权如左：

（1）负本管一切责任并监导本馆馆员办理本馆事务；

（2）计划本馆事务之进行，并建议于校务会议；

（3）报告本馆进行状况于校务会议；

（4）执行校务会议关于本馆之议决案；

（5）执行教务委员会之议决应由本馆执行各案；

（6）商同各学院院长及各科主任购备每学期应用之教科书及参考书；

（7）指导学生利用图书馆；

（8）接受教授及学生关于图书馆务上之意见；

（9）布告关于本馆进行事务；

（10）制定关于本馆各项细则；

（11）报告购置图书预算、决算于校务会议并公布之；

（12）接洽关于图书之捐赠或寄存事宜；

（13）出席校外关于图书馆事业之会议；

（14）签署本馆对外文书；

（15）许可本馆馆员一星期以内之请假。

第三条　本馆设事务、编目、阅览三股，各股之职掌如左：

（甲）事务股

（1）关于发件之起草、收发、整理及保管事项；

（2）关于统计报告调制事项；

（3）关于馆务记录事项；

（4）关于预算决算编制事项；

（5）关于馆舍管理事项；

（6）关于设备整理事项；

（7）关于用品配置保管事项；

（8）关于参观招待事项；

（9）关于图书选购事项；

（10）关于征求及介绍图书事项；

（11）关于参考资料采集事项；

（12）关于书价查填事项；

（13）关于书款登记及稽核事项；

（14）关于图书点收事项；

（15）关于图书登录事项；

（16）关于图书交换及寄存事项。

（乙）编目股

（1）关于目录编制及整理事项；

（2）关于图书解题事项；

（3）关于图书增减调查事项。

（丙）阅览股

（1）关于阅览图书进出事项；

（2）关于借阅图书统计事项；

（3）关于纳金处理事项；

（4）关于阅览人指导事项；

（5）关于图书保管整理事项；

（6）关于图书查付收还事项；

（7）关于图书修补装订事项；

（8）关于图书点检、曝晒及消毒事项。

第四条　本图书馆经费由本大学特设独立会计保管之。

第五条　本大学学生所纳图书费专供本馆购置图书及杂志之用，付款支票由图书馆主任与教务长会签。

第六条　本馆设置书库、阅览室、新闻杂志阅览室、参考室及陈列室。

第七条　本馆图书除备供本校学生阅览外，得公开之，求本校教育之社会化，其细则另定之。

第八条　本馆各股事务由主任酌量情形分配担任之。

第九条　本馆馆员处理事务应据办事细则，其细则另定之。

体育部规则

第一条　本部依照本大学《组织大纲》第二十五条之规定，以体育部主任一人、体育指导员若干人组织之。

第二条　本部主任之职权如左：

（1）筹画［划］本校体育之发展；

（2）指导学生体育事项；

（3）指导校内体育竞赛事项；

（4）办理对外体育竞赛事项；

（5）评定学生体育成绩；

（6）拟定体育经费之分配；

（7）掌管体育经费之支出及报销；

（8）购置并保管体育器具；

（9）管理体育场；

（10）筹办运动会；

（11）会同校医办理关于学生增进健康事项；

（12）建议体育计画［划］于群育委员会。

第三条　关于前条（1）（6）（10）三项须体育部主任提出于群育委员会议决后始得施行，其余各项由体育部主任负责办理，但须逐一报告于群育委员会。

第四条　关于学生所组织之体育会及各种田径赛队，体育部主任应随时加以指导监督。

第五条　本部有重要问题，得由体育部主任随时会同群育主任设法解决或提出于群育委员会议决之。

第六条　体育经费由本部主任按照体育费预算表支配之，于支用时由事务主任开具传票，向会计处填具收据领取之。

校长办公室办事细则

第一条　校长办公室设文书主任一人，文书、书记、管卷、监印、校对若干人，办理关于全校之重要文件及其他机要事项。

第二条　各项文件由文书主任或文书起稿，书记抄缮、校对，经校长签阅后方可发出。

第三条　各项往来文件均须分类编号，摘由登录，即日归档，另置分类表以备考查。

第四条　各种案卷归档后未经校长允许，不得启视或移置室外。

第五条　各种印信未经校长允许不可启用。

第六条　校务会议或他种重要会议开会时由文书主任出席记录。

第七条　报章记载有关本校者应随时裁取、分别保存，以备参考。

第八条　关于本办公室各职员职务之指导及办公时间均适用总办公处规则。

总办公处办事细则

第一条　本办公处由大学秘书、教务长、会计主任、事务主任、群育主任及本校全体职员组织之。

第二条　本办公处办事员办公时间除例假日外，每日定为上午八时至十二时，下午一时至五时，假期办公时间临时规定之。事务处之斋务、收发两股办公时间另定之。

第三条　大学秘书、教务长、会计主任、群育主任之办公时间由各人自定，但每周须在十八小时以上。

第四条　本办公处及例假日由事务主任指定事务员或书记轮值服务，其轮值表另定之。

第五条　办公处职员除办理规定职务外，遇必要时应受大学秘书、教务长、会计主任、事务主任、群育主任之指挥通力合作。

各学院院长及各科主任办公细则

第一条　各学院院长及各科主任之职务如左：

（1）拟定各该学院或各该科进行计画［划］；

（2）规画［划］各该学院或各该科课程；

（3）会同教务长提出拟请之教员于校长；

（4）召集各该学院院务会议或各该科科务会议，并为其主席；

（5）报告各该学院院务会议或各该科科务会议议决事项于教务委员会或校务会议；

（6）建议各该学院或各该科进行事项于校务会议；

（7）执行校务会议及教务委员会关于各该学院或各该科之议决事项；

（8）与教务长商定课务之进行；

（9）指导教务处及图书馆职员；

（10）每学期开学前通知教务处公布应用之教科书；

（11）提出各该学院或各该科应购之教科书及参考书于图书馆主任；

（12）与教员接洽课务事项；

（13）接受学生关于学科上之接洽；

（14）布告学生关于各该学院或各该科进行事项；

（15）审核各该学院或各该科学生成绩；

（16）代表各该学院或各该科对外接洽。

第二条　各学院院长及各科主任办公时间由主任自定，至少每周以十二小时为准。

第三条　各学院院长及各科主任请假逾一星期，其职务应请人代理。

各系主任及各组主任办公细则

第一条　各系及各组主任之职务如左：

（1）拟定各该系或各该组进行计画［划］，并建议于教务委员会；

（2）规画［划］各该系或各该组课程；

（3）提出拟请之教员于各该学院院长或各该科主任；

（4）商同各该学院院长或各该科主任处理各该系或各该组课务；

（5）与各该系或各该组教员接洽课务；

（6）接受学生关于各该系或各该组之接洽事项；

（7）核定毕业生论文题目；

（8）指导毕业生撰著论文并评定其成绩；

（9）各系主任及各组主任于每学期始业时担任本系或本组学生之指导事宜。

第二条　各系主任及各组主任办公时间由各主任自定，至少每周以三小时为准。

导师制施行细则

第一条　本校为促进师生关系之密切，并使各教授于课外更尽启迪指导之责起见，对于全体学生施行导师制。

第二条　本校导师制先就各学院之三四年级学生及师范专修科之二年级学生施行，

以后逐渐扩充。

第三条　凡本校每学期之各年级新生由各学院院长、各科主任及各系各组主任予以个别或团体之指导。

第四条　按照学生人数之多寡定导师之人数，每导师担任一组，每组学生人数以十二人为限。

第五条　导师由校务会议于教授中遴选若干人敦聘之。

第六条　导师制施行手续由群育委员会负责办理。

第七条　每学期开始后二星期内须将聘定各导师之姓名及应加入导师组之学生姓名公布之。

第八条　学生见公布后即须向群育委员会领取《学生选择导师表》，填选导师六人缴交群育委员会。

第九条　群育委员会收齐前项选择表后，即按照缴表先后分别登记，如第一选导师名下已满额，则后至者应取其第二选，以下类推。

第十条　各组学生分配完竣后，即印就各导师全部名单送交各导师征求同意，如各导师对于本组内学生有不同意者，可函复群育委员会要求更换，不答覆［复］者作为默认。

第十一条　前条手续办理完竣后，即将确定之各组导师及学生姓名公布，一面函请各导师即行开始指导。

第十二条　导师指导学生之方式由各导师自定之。

第十三条　每学期开全体导师会议二次，报告各组经过情形，并提出应行讨论之问题，其会议时期及地点由群育委员会决定通告之。

学生课外作业待遇规则

第一条　本规则适用于下列各项课外作业：

（1）代表本校出席各项运动竞赛；

（2）充当本校各种刊物编辑或其重要职员；

（3）代表本校参加中英文演说或辩论竞赛；

（4）充当平民夜校重要职务；

（5）充当本校全体学生会及同学会重要职务。

第二条　本校学生欲参加上列各项课外作业者须具下列各条件：

（1）品行端正者；

（2）学期成绩在指数一以上者；

（3）经本校编入正式年级者。

第三条　除经群育委员会许可外，每学生同时不得参加两种以上之课外作业。

第四条　学生任何一次月考成绩有两学程以上得四等者，得随时令其退出各种课外作业。

第五条　凡参加课外作业者，得享受下列各种待遇：

（1）因参加课外作业缺课满五分之一者，得由教务处酌许参加学期试验；

（2）于必要时得由教务处商请各教员酌减其功课重量；

（3）凡遇月考期内代表学校出席各项运动及演说或辩论竞赛者，得由教务处商请各教员以平日成绩作为月考成绩。

第六条　参加课外作业学生名单须于开学后三星期内由服务团体负责人员呈报于群育委员会及教务处以便查核。

学生结社集会规则

第一条　凡学生组织团体，以研究学术及联络同学情谊者为限。

第二条　凡学生发起组织团体时，须将左列各项报告群育委员会核准后始得开始征求会员：

（1）名称；

（2）宗旨；

（3）发起人姓名；

（4）征求会员之范围。

第三条　凡学生各种团体经筹备完竣后，须将左列各项报告群育委员会，经审查认可后始得成立：

（1）名称；

（2）宗旨；

（3）组织；

（4）进行事项；

（5）经费来源及预算：（a）会员经常会费，（b）会员临时捐款，（c）向团体外征募之款，（d）其他收入；

（6）有无发行刊物或发表壁报；

（7）职员姓名；

（8）全体会员姓名。

第四条　凡学生团体业经群育委员会认可者，如有修改章程或改选职员时，需于两星期内将章程修改之处或职员改选名单报告群育委员会核准备案。

第五条　凡学生各种团体，如对校外各团体有联络进行事项，须先报告群育委员会，经许可后始得进行。

第六条　凡学生团体或个人有须临时募集款项者，须先将拟募数目及其用途由负责人报告于群育委员会，经核准后始得开始募捐；前项捐款支用后，须将详细账目报告于群育委员会核销。

第七条　凡学生团体每学期进行事项及收支账目须于假前报告于群育委员会。

第八条　凡学生团体有违反本规则或其他妨碍本校秩序行为者，本校得随时取缔之。

第九条　凡学生各种集会，须将左列各项于集会二十四小时以前报告群育委员会，经许可后始得集会：

（1）集会名称；

（2）聚会目的；

（3）发起人或团体；

（4）集会地点；

（5）集会时间；

（6）到会人数；

（7）有无校外人参加。

第十条　凡学生各种集会欲借用本校校舍者，须先向事务处领许可证始得使用。

第十一条　凡学生各种团体或临时发起人邀请外宾讲演时，须先商得群育委员会之同意始得使用进行。

第十二条　凡学生各种集会虽经群育委员会许可，而集会中如有妨碍本校秩序或触犯本校校规时，本校得随时禁止其集会。

第十三条　凡学生借用本校集会时，不得将室内器物之原有位置任意迁乱。

第十四条　凡学生集会借用本校器具、杯盘或电力者，于必要时得由事务处酌收费用，如有毁损应照价赔偿。

第十五条　凡学生集会时间不得与本校所定全体集会时间冲突。

第十六条　凡学生各种团体或各种集会所发布告其用纸大小，不得超过本校所规定之尺寸。

学生发行刊物规则

第一条　本大学为提倡学术刊物，并谋其永久发达起见，特订立本规则以资维护。

第二条　凡学生之定期刊物，须先将下列各项报告群育委员会，经审查核准后始得创办：

（1）刊物名称及其宗旨；

（2）刊物出版日期；

（3）发行之负责者；

（4）经费预算及其来源；

（5）编辑人员；

（6）印刷机关；

（7）每期内容字数；

（8）每期发行册数。

第三条　群育委员会为前条之审查时，须以下列各项为核准条件：

（1）编辑人员确已准备或认定三期以上之稿件；

（2）发行者确已筹足三期以上之经费；

（3）刊物内容以研究学术或评论时势为范围，不得有诬蔑或借端攻击之言论。

第四条　每期刊物出版时须即送交数份于群育委员会审阅，如发现有不合前条第三项之规定者，得令其停止发行。

第五条　凡学生之不定期刊物，无论为团体或个人所发行，须于出版时送交数份，于群育委员会审阅后始得发行。

第六条　凡业经群育委员会取缔之定期刊物或不定期刊物，倘发行者仍擅自发行，群育委员会得对于该发行者予以相当之处分。

第七条　凡学生之定期刊物发行至三期以上，经群育委员会审定认为确有价值者，倘有经费困难问题发行者，得声请群育委员会设法援助。

第八条　凡刊物中有特殊价值之文字，经群育委员会会同各学院或各科专门教授评定后，应拟褒奖及宣扬办法，提出于校务会议议决施行，以资鼓励。

学生发表壁报规则

第一条　凡本校学生发表壁报，须开具下列各项报告群育委员会，经认可后始得发表：

（1）宗旨及门类；

（2）负责编辑者之姓名及其住所；

（3）发表日期。

第二条　凡壁报在发表以前，须将全文送交群育主任审阅，经盖用群育主任图章后始得张贴。

第三条　壁报须在学校指定场所张贴。

第四条　壁报内容如有触犯法令或破坏社会或本校秩序之言论，群育主任得随时禁止其发表。

第五条　壁报张贴场所内如发见〔现〕有未经群育主任盖章之壁报，学校得随时将其取下。

第六条　凡经群育主任盖章认可之壁报，倘有何人任意撕去或涂毁等事，一经查出，本校得予以处分。

学生参观规则

第一条　本校为增进教学效能起见，如担任某学程教授认为必要时，得组织学生参观团，但须会同各该学院院长或科主任及系主任或组主任商订参观事宜。

第二条　学生参观团在本埠参观，其时间由担任教授订定，但不得与学校考试时间冲突。

第三条　学生参观团往外埠参观，须于春假时举行。如有特别情形，不能在春假举行者由校务会议酌定时间。

第四条　学生参观团之人数得由领导教授决定。

第五条　学生参观团出发参观时，须受教授之指导，如有不规则行为，教授得令其退出参观团，并由校务会议予以相当处分。

第六条　毕业班学生参观团往外埠参观时，其旅费得由本校酌量津贴。

第七条　领导参观团之教授其旅费由本校供给。

第八条　学生参观后，须将其参观心得报告教授。

优待华侨学生规则

第一条　凡华侨学生（以下简称侨生）来本校投考时，本校得酌量情形给予下列种

大夏大学章程（1935 年）

组织大纲

第一章　总则

　　第一条　本大学以融汇中外文化、研究深邃学术、养成高尚人格、造就专门人材［才］为宗旨。

　　第二条　本大学设文学院、理学院、教育学院、商学院、法学院、师范专修科、体育专修科及附属学校。

　　第三条　各学院修业期限四年，专修科二年。

大夏大学章程（1935 年）

第二章　校董会

　　第四条　本大学设校董会，以热心教育、对于本大学实力扶助者组织之。

　　第五条　本大学校董会之职权如左：

　　1. 议决并修正本大学组织大纲；

　　2. 决定本大学建设改进及重大进行计划；

　　3. 选任本大学正副校长；

　　4. 筹划本大学经费及基金基产；

　　5. 审核本大学预算决算；

　　6. 监查本大学财务；

　　7. 保管本大学财产；

　　8. 讨论本大学校长提议及其他重要事项。

　　第六条　本大学校董会章程另订之。

第三章　名誉董事

第七条　本大学设名誉董事，备具下列资格者由校董会董事长敦聘之：

1. 凡热心教育、望隆德劭、扶助本大学之发展者；

2. 凡曾任本校董事者。

第四章　行政组织

第八条　本大学设校长一人，副校长一人，由校务会议推出候选人各三人，由校董会选任之。

第九条　校长之职权如左：

1. 执行校董会议决事项；

2. 监导各机关处理校内一切事务；

3. 拟定本大学进行计划；

4. 提议各种机关之设立废止及变更于校董会及校务会议；

5. 审定并公布各种规则；

6. 审定并执行校务会议议决各案；

7. 决定教职员之进退及待遇；

8. 报告重要校务于董事会；

9. 对外代表本校；

10. 主席校务会议。

第十条　副校长之职权如左：

1. 协助校长处理校务；

2. 校长因事不能到校时，副校长代行其职务。

第十一条　本大学设大学秘书一人，掌理本大学机要文书并主席校务行政联席会议。

第十二条　本大学设教务处、会计处、事务处，各处章程另定之。

第十三条　本大学设教务长一人，主持全校教务。

第十四条　本大学设会计主任一人，主持全校会计。

第十五条　本大学设事务主任一人，组织全校事务。

第十六条　本大学教务处设注册主任一人，主持注册及招生事宜。

第十七条　本大学各学院设院长一人，师范专修科、体育专修科及各系、各组各设主任一人主持各院、各科、各系、各组教务。

第十八条　本大学设学生生活指导委员会主席一人，主持学生生活指导事宜。

第十九条　本大学设图书馆长一人，主持图书馆一切事宜。

第二十条　本大学附属学校各设主任一人，主持各该校一切事宜。

第二十一条　本大学教员分教授、副教授、讲师及助教。

第二十二条　本大学设校务会议，由左列人员组织之：

1. 校长、副校长；

2. 大学秘书、教务长、会计主任、事务主任、生活指导委员会主席、注册主任、图书馆馆长；

3. 各学院院长、各科主任及附属学校主任；

4. 教授代表。

第二十三条　校务会议之职权如左：

1. 议定本大学进行计划；

2. 议定各种机关之设置及变更；

3. 议决各种规程条例、规则及细则；

4. 议决学生奖惩事宜；

5. 建议应行兴革事宜；

6. 通过毕业学生名单；

7. 议决其他重要事项。

第二十四条　校务会议章程另定。

第二十五条　本大学校务会议设下列各种常设委员会，于必要时得设各种临时委员会：

1. 教务委员会；

2. 财政委员会；

3. 事务委员会；

4. 学生生活指导委员会；

5. 考试委员会；

6. 图书委员会。

第二十六条　本大学设校务行政联席会议，由左列人员组织之：

1. 校长、副校长；

2. 大学秘书、教务长、会计主任、事务主任、生活指导委员会主席、图书馆长；

3. 中学部主任。

第二十七条　本大学设学生生活指导委员会，分设群育、军训、体育三部，各设主任一人，其章程另定之。

第二十八条 本大学各学院或各科设院务会议或科务会议，以各该学院或该科教员组织之，以院长或科主任为当然主席，其章程另定之。

第二十九条 本大学附属学校章程另定之。

第五章 附则

第三十条 本大纲由校董会议决公布施行。

第三十一条 本大纲如有未尽事宜，由校务会议提出修正案，于校董会修正之。

校董会规程

第一条 本会定名为私立上海大夏大学校董会。

第二条 本会依据教育部私立大学规程为本大学之代表，并负维持发展本大学之全责。

第三条 本会之职权如左：

1. 议决并修正本大学组织大纲；

2. 决定本大学建设改进及重大进行计划；

3. 选任本大学正副校长；

4. 筹划本大学经费及基金基产；

5. 审核本大学预算决算；

6. 监察本大学财务；

7. 保管本大学财产；

8. 审议校务会议建议事项。

第四条 左列各事项应由校长汇案报告校董会：

1. 关于主要教职员进退事项；

2. 关于建筑计划筹备事项；

3. 关于会计收支状况事项；

4. 关于全校各项统计事项。

第五条 本会互选一人为董事长，设书记一人，由董事长指定之。

校务行政联席会议规程

第一条　本会议依照本大学《组织大纲》第二十六条之规定，由左列人员组织之：

1. 校长、副校长；

2. 大学秘书、教务长、会计主任、事务主任、生活指导委员会主席、图书馆长；

3. 中学部主任。

第二条　本会议之职务如左：

1. 计划各行政部分之联络事项；

2. 处理各行政部分之紧要事项；

3. 汇集各行政部分之报告事项；

4. 建议增进各行政部分之效率事项；

5. 解决各行政部分相互间之困难事项。

第三条　本会议开会时，以大学秘书为主席。

第四条　本会议每月开会一次，遇有特别事故，由主席召集临时会议。

第五条　各行政部分将应行讨论之问题于开会前一日用书面提交本会主席，编订议事日程，提出讨论。

第六条　本会议须有会员过半数出席方得开会。

第七条　本会议会员遇有特别事故，缺席时得请他人代表。

第八条　本会议开会时间以二小时为限，必要时得由主席延长二十分。

第九条　本会议议事纪［记］录由主席核阅签名。

第十条　本会议议决事项由主席将议决结果通告各关系机关，并报告于校务会议。

第十一条　本会议议事规程除以上规定外，依照普通会议规程办理。

校务会议规程

第一条　本会议依照本大学《组织大纲》第二十二条之规定，由左列人员组织之：

1. 校长、副校长；

2. 大学秘书、教务长、会计主任、事务主任、生活指导委员会主席、注册主任、图书馆馆长；

3. 各学院院长、各科主任及附属学校主任；

4. 教授代表。

第二条　本会议之职权如左：

1. 议定本大学进行计划；

2. 议定各种机关及其人员之设置及变更；

3. 议决各种规程条例、规则及细则；

4. 议决学生奖惩事项；

5. 建议应行兴革事宜于校董会；

6. 通过毕业生名单；

7. 议决其他重要事项。

第三条　本会议开会时，以校长为当然主席，校长缺席时，副校长代理之。

第四条　本会议在学期内每月开常会一次，但遇有特别事故，由主席召集临时会议。

第五条　本会议会员于开会前一日将提议事项交主席，先编议事表。

第六条　本会议开会时，由主席先发议事表逐项讨论，但遇必要时得临时动议。

第七条　本会议非有会员过半数出席，不得开会。

第八条　本会议会员遇特别事故缺席时，须请其他会员代表，但会员一人只得代表一人。

第九条　本会议决事件以出席人数四分之三为通过标准。

第十条　本会议开会时间以二小时为准，但遇必要时，由主席宣告延长二十分。

第十一条　本会议议事录散会时由主席核阅签名。

第十二条　本会议议决事项由主席摘要公布之。

第十三条　本会议议事程序除以上规定外，依照普通会议规则办理。

教务处规程

第一条　本处依据本大学《组织大纲》第十二、十三、十六条之规定，设教务长一人、注册主任一人、教务员及书记若干人。

第二条　教务长之职权如左：

1. 计划并主持全校教务；

2. 监导本处职员办理本处事务；

3. 报告本处进行事务于校务会议；

4. 计划本处事务之进行，并建议于校务会议；

5. 执行校务会议关于本处之议决案；

6. 商同各学院院长、各科主任，并秉承校长办理关于聘请教员事宜；

7. 召集教务委员会并为其主席；

8. 执行教务委员会之议决应由本处执行各案；

9. 商同各学院院长或各科主任拟定每学期课程；

10. 与各学院院长及各科主任接洽相关之课务；

11. 出席校务行政联席会议，商洽与其他行政部分联络之事项；

12. 接受教授及学生关于课务上之接洽；

13. 许可本处教务员及书记一星期以内之请假；

14. 签署本处对外文书；

15. 审核各教员授课时间以及薪俸数目，并通知会计处。

第三条　注册主任之职权如左：

1. 执行学则上关于招生注册学分请假考试事宜；

2. 办理并布告学生关于上课时间、教室分配、教员告假等事宜；

3. 会同教务长指导本处职员办理本处事宜；

4. 办理教务上各种统计并报告于各有关系机关；

5. 监导印刷课、文书课、庶务课事务员书记办理关于本处事务；

6. 签发注册证、学生证、学生在校证明书、学生成绩报告单。

第四条　本处设注册、课务、成绩及招生四课，各课之职掌如左：

甲　注册课

（1）预备及保管学生注册、表册；

（2）办理学生注册、选课、改课事宜；

（3）统计各院科、各年级新旧学生注册人数；

（4）登记及保存关于学生迟到注册请假书；

（5）办理关于学生转院、转科、转系及休学事宜；

（6）办理关于学生停学及退学除名等事宜；

（7）办理关于教务之各项布告及文书事宜。

乙　课务课

（1）办理课程表；

（2）点查及登记学生出席及缺席表；

（3）登记教员告假；

（4）查核学生请假；

（5）筹备小考、期考及补考；

（6）分配教具及调查教具损失；

（7）分配教室并注意其整洁；

（8）排定学生坐［座］次；

（9）接受各院院长或各科主任之指导关于课务事宜；

（10）办理关于征集并布告教科书及参考书目；

（11）办理关于参观招待事宜；

（12）办理关于编辑本处各项刊物事宜。

丙　成绩课

（1）预备及保管学生成绩表册；

（2）登记核算及报告学生成绩；

（3）收集及保管教授之成绩报告；

（4）接受各院院长或各科主任之指导关于各该学院或该科学生成绩事宜；

（5）办理关于新生、转学生成绩事宜；

（6）办理关于学生学业之褒奖及警告事宜；

（7）办理关于本处之印鉴保管及监用事宜；

（8）办理关于本校学生转学、休学、退学事宜；

（9）核算学生毕业成绩；

（10）填写毕业文凭及证书，并保管存根。

丁　招生课

（1）拟订招生简章；

（2）拟定招生广告及关于招生之文件；

（3）审查新生各项凭证；

（4）办理关于考试新生之一切手续；

（5）登记新生考试结果；

（6）接洽关于入学一切手续；

（7）办理本课各种统计并保管本课表册。

会计处规程

第一条　本处依据本大学《组织大纲》第十二、十四条之规定，设会计主任一人、会计员若干人。

第二条　会计主任之职权如左：

1. 负本处一切责任并监导本处会计员处理各该课事务；

2. 召集财政委员会并为其主席；

3. 会同教务长事务主任拟定每学期预算表提交财政委员会讨论；

4. 造具一学期决算表提交财政委员会审查；

5. 建议关于会计计划于校务会议；

6. 执行校务会议关于本处之议决案；

7. 执行财委会之议决应由本处执行各案；

8. 签发本校一切收款之正式收据；

9. 会同事务主任签发支款传票；

10. 会同校长签订阅［关］于银钱契约；

11. 会同校长或副校长签发支票；

12. 签署本处对外之文书；

13. 许可本处职员一星期以内之告假；

14. 代表本大学负对外一切收支责任；

15. 出席校务行政联席会议。

第三条　本处设出纳、簿计［记］两课，其执掌如左：

甲　出纳课

（1）经营经费收支；

（2）检查庶务课所购置之物件；

（3）检查图书馆所购置之图书；

（4）会同簿记课编制预算、决算及每月计算书；

（5）保管并使用本处印鉴。

乙　簿记课

（1）登记各种账目；

（2）办理学生缴费及退费；

（3）会同出纳课编制预算、决算及每月计算书；

（4）保管账册、缴费单、传票、各种契据发票及其他关于登记之文件；

（5）造具本处各种统计及计算表；

（6）办理本处文书。

第四条　本处支款悉凭事务主任及会计主任签字之传票，倘手续未备不得支付。

第五条　本处收款悉以会计主任盖章之正式收据为凭，倘未盖章或由他人盖章者作为无效。

第六条　本处每周定两日为付款日，其日期每学期由财政委员会规定之。

事务处规程

第一条　本处依据本大学《组织大纲》第十二条及第十五条之规定，设事务主任一人，事务员、书记若干人。

第二条　事务主任之职权如左：

1. 负本处一切责任，并监导本处事务员、书记处理各该课事务；

2. 会同会计主任及教务长拟定每学期预算表；

3. 计划本处事务之进行，并建议于校务会议；

4. 执行校务会议关于本处之议决案；

5. 召集事务委员会并为其主席；

6. 签订关于购置校具及租赁之契约；

7. 签发传单并保存其存根；

8. 决定五十元以下之校具购置；

9. 通知会计处关于全校职员薪俸及校工工资；

10. 许可本处事务员、书记一星期以内之告假；

11. 签署本处对外之文书；

12. 执行事务委员会议决应由本处执行各案；

13. 出席校务行政联席会议。

第三条　本处设庶务、工务、斋务、卫生、印刷、收发六课，各课之职掌如左：

甲　庶务课

（1）购置修理及保管登记校具与其他用品；

（2）修理及布置校舍校园；

（3）保存购物单、领物单之存根；

（4）保管及核发文具；

（5）维持校内安宁秩序，并会同卫生课管理校舍之清洁卫生；

（6）进退训练及管理校工校警；

（7）接洽并办理关于学生杂务事项；

（8）保管本校出版各种刊物；

（9）办理学生制服及分发事宜；

（10）办理关于本校学生校徽之定制及收发事宜；

（11）起草本处各种文件并保存其底稿；

（12）保管及盖用本处印鉴；

（13）保管本处各种文件及表册。

乙　工务课

（1）办理关于各种建筑事宜；

（2）办理关于房屋、桥梁、马路、沟渠修理事宜；

（3）办理关于水电工程事宜；

（4）调查及统计日用水电事宜；

（5）办理关于各种测量绘图及其他编制工程图表事宜。

丙　斋务课（本课同时隶属于学生生活指［导］委员会）

（1）管理宿舍；

（2）办理学生住宿及通学事宜；

（3）管理学生行李寄存及出舍事宜；

（4）核发电泡并保存学生领取电泡凭单；

（5）会同卫生课管理宿舍清洁卫生事宜；

（6）督察及训练全校校工；

（7）保管及检验宿舍用具并保存宿舍检查表存根。

丁　卫生课（本课同时隶属于学生生活指导委员会）

（1）检查学生体格；

（2）办理预防疾病事宜；

（3）视察校内各地每日清洁卫生情形；

（4）维持校舍、宿舍、膳厅、厨房、浴室、厕所等处之清洁卫生；

（5）监督校工办理校内清洁事宜；

（6）督察厨房关于膳食之清洁卫生；

（7）办理关于学生疾病之诊察调治及报告其家长事宜；

（8）办理关于疗养院之设备整理事宜；

（9）保管各种药品及清膳卫生用具；

（10）会同斋务、庶务两课办理其他事务；

（11）指导学生养成健康习惯；

（12）纠正学生不合卫生之行动；

（13）接受各方关于学校卫生事项之建议。

戊　印刷课

（1）抄写及印刷中西文讲义文件；

（2）保管讲义文件及底稿；

（3）保管印刷用具材料；

（4）登记每日抄写工作。

己　收发科

（1）收发及保管邮电；

（2）管理邮票及寄发本校各种刊物；

（3）保管重要函件登记簿；

（4）分发学生挂号信件；

（5）签发领信证；

（6）保管学生领信印鉴。

教务委员会条例

第一条　本委员会依照本大学《组织大纲》第二十五条之规定组织之。

第二条　本委员会以教务长、各学院院长、各科主任、注册主任为当然委员，以教务长为当然主席。

第三条　本委员会之职权如左：

1. 拟定全校教务计划；

2. 拟订各学期开班学程；

3. 议决关于教务之各项章程或标准；

4. 审核学生毕业成绩并核准毕业论文；

5. 审查学生小考及学期成绩；

6. 议处学生违犯［反］试场规则行为；

7. 计划各学院及各科之联络及发展；

8. 稽核各学院及各科教员之成绩；

9. 指导教务处之职员；

10. 通过新生入学并审核转学生转学成绩；

11. 修订招生及入学审查标准；

12. 审核教务之各种统计；

13. 讨论校长副校长或校务会议交议案件；

14. 接受各方关于教务上之提议；

15. 审订军事训练及普及体育各种计划。

第四条　本委员会在学期内每两星期开常会一次，但遇特别事故，得由主席召集临时会议。

第五条　本委员会议决之重要事项，经校务会议审查通过后施行之。

导师制条例

第一条　本校为增进教学效能，并使学生于功课之外得到学问上及生活上之指导起见，对于大学各学院、各科全体学生施行导师制。

第二条　导师由校长于本校教职员中聘请之。

第三条　全体学生依其所习之主系及辅系学程，分为若干组，由导师分别指导之。

第四条　指导要点为学术讨论、专题研究、职业指导及个人困难问题咨询等项。

第五条　指导期间自学生入校起至毕业止。

第六条　学生经分组后，除转院、转系或其他特别情形经群育部许可外，不得转入他组。

第七条　学生毕业或休学离校时，所缺之额数以相当分系之学生补充之。

第八条　导师制一切施行手续由群育部商承校长负责办理。

第九条　导师制施行细则另定之。

附导师制施行细则

第一条　本细则根据《导师制条例》第九条拟订之。

第二条　群育部于每学期开学两星期后将各组导师及学生姓名公布之。

第三条　各组导师及学生姓名公布后，由群育部函知各导师，请其即行开始指导。

第四条　学生有转院、转系者须持证向群育部登记，以便改入他组。

第五条　导师离校时由群育部商请校长聘任其他教员接替。

第六条　每学期新生入学后，群育部得按其所属院科及正副学系，分别添入各组。

第七条　导师对于指导方面发生困难时，得商同群育部解决之。

第八条　每学期始末，开全体导师会议各一次，报告指导方针及其经过情形，并提出应行讨论之问题，其会议时期及地点由群育部决定通告之，于必要时得开全体导师临时会议。

第九条　导师会议开会时以校长为当然主席。

第十条　导师指导学生之时间及地点由各导师自定之，于必要时得由群育部分配之。

第十一条　各组导师为增进指导效能起见，得将两组学生合并或交换指导，并须将合并或交换情形通知群育部。

图书委员会条例

第一条　本委员会依照本大学《组织大纲》第二十五条之规定组织之。

第二条　本委员会除以图书馆长、教务长、各院长、各科主任、附属学校主任及教导主任为委员，以图书馆长为本会当然主席，主持开会并执行本会议决事项。

第三条　本委员会之职权如左：

1. 拟定图书馆经费支配标准；

2. 审核图书馆经费收支；

3. 稽核存书数目；

4. 拟订募捐书籍及筹募图书经费计划；

5. 讨论图书馆改进事宜。

6. 讨论其他关于图书事宜。

第四条　每学期图书经费支配标准决定后，由主席通知各院长及各科主任，由各院长及各科主任会同各系主任签制选购书籍名单，送交图书馆长审查价格，如无超过支配标准，书籍如无重复，即行定购；否则将名单交还各院长及科主任修改；中学部则通知中学主任会同各科主任行之。

第五条　各院科主任与图书馆馆长签定［订］可购之书名单，连同发票应由图书馆馆长交与事务主任签发传票。

第六条　本委员会委员互推一人至二人专司审核经费收支及存书数目，至少每学期一次。

第七条　本委员会得通过向会计处拨存现款百元以备零星购书之用。

第八条　每学期图书经费收支账目经审查员审查后，由本委员会会同财政委员会公布之。

第九条　本委员会每月开会一次，必要时得临时由主席召集之。

第十条　本委员会议决之重要事项经校务会议审查通过后施行之。

考试委员会条例

第一条　本委员会依照本大学《组织大纲》第廿五条之规定组织之。

第二条　本委员会由校务会议推举若干人组织之，任期一年，连选连任。

第三条　本委员会以校长为当然主席。

第四条　本委员会设常务委员三人，代表主席主持各种考试。

第五条　本委员会之职权如左：

1. 审查小考、大考及毕业考试之试题；

2. 监督上项各种考试；

3. 议决关于考试各项重要问题；

4. 通知教务委员会关于学生违犯［反］试场规则事项。

第六条　本委员会于每学期之始末各开常会一次，但遇特别事故，得由主席召集临时会议。

第七条　本委员会议决之重要事项经校务会议审查通过后施行之。

学生生活指导委员会条例

第一条　本委员会依照本大学《组织大纲》第十八、二十五、二十七条之规定组织之。

第二条　本会设群育、体育、军事训练三部及斋务、卫生两课。

第三条　本会设主席一人，各部各设主任一人，由校长聘定之。

第四条　本会除以主席、各部主任、校医、女生指导员及群育员为当然委员外，由校务会议就本校教职员中推举若干人为委员。

第五条　本委员会之职权如左：

1. 决定本校训育方针；

2. 会同教务委员会决定本校军训实施计划；

3. 会同教务委员会决定本校普及体育实施计划；

4. 会同事务处促进本校卫生及斋舍清洁；

5. 决定导师制施行方针；

6. 讨论校长及教务会议提交本会处理事项。

第六条　本委员会每两星期开会一次，临时会遇必要时由主席召集之。

第七条　本委员会主席代表本会出席校务会议及校务行政联席会议。

第八条　本委员会议决之重要事项，经校务会议审查通过后施行之。

群育部规则

第一条　本部依《组织大纲》第二十七条之规定以群育部主任、群育员、女生指导员等组织之。

第二条　本部主任之职权如左：

1. 执行学生生活指导委员会关于本部之议决事项；

2. 指导学生养成公共生活之良好习惯；

3. 纠正学生谬误思想及不良言动；

4. 指导学生团体组织事宜；

5. 指导并审查学生发刊事宜；

6. 主持办理导师制施行事宜；

7. 考查学生操行并执行惩奖事宜；

8. 筹办学生各种课外竞赛事宜；

9. 筹备学校全体集会事宜；

10. 派员指导学生各种集会；

11. 接受各方关于群育事项之建议；

12. 评定学生课外作业之成绩；

13. 审核学生团体募捐；

14. 建议群育改进计划于生活指导委员会。

第三条　本部办理事务，如遇与本校各处及其他各部有关系时得会同各该处部办理之。

体育部规则

第一条　本部依《组织大纲》第二十七条之规定，以体育部主任及体育指导员等组织之。

第二条　本主任之职权如左：

1. 主持学生体育之普遍训练及体育成绩之考验事宜；

2. 办理学生体育各种竞赛事宜；

3. 组织各种球队参加对外比赛事宜；

4. 负责管理运动场、体育馆及保管运动器具；

5. 编订每学期体育经费预算表；

6. 签发体育用费之传票；

7. 办理其他关于体育事宜。

第三条　本部办理事务如遇与本校各处及其他各部有关系时，得会同各该处部办理之。

军事训练部规则

第一条 本部依《组织大纲》第二十七条之规定，以军事训练部主任及军事助教组织之。

第二条 本部主任之职权如左：

1. 会同教务处编订各级学生军事训练计画［划］；

2. 编订军事训练惩奖章程；

3. 会同群育部考核学生思想言行，并指导其生活，逐步达到军队化、纪律化；

4. 会同体育部办理学生体格锻炼事宜；

5. 办理学生野外演习、实弹射击事宜；

6. 办理参观检阅事宜；

7. 负责保管军训各种用具；

8. 办理其他关于军事训练事宜。

第三条 本部办理事务，如遇与教务处、事务处、其他各部有关系时得会同各该处部办理之。

第四条 本部对学生通告，用令文行之。

各学院院长及各科主任办公细则

第一条 各学院院长及各科主任及职务如左：

1. 拟定各该学院或各该科进行计画［划］；

2. 规画［划］各该学院或各该科课程；

3. 会同教务长提出拟请之教员于校长；

4. 召集各该学院院务会议或各该科科务会议，并为其主席；

5. 报告各该学院院务会议或各该科科务会议议决事项于教务委员会或校务会议；

6. 建议各该学院或各该科进行事项于校务会议；

7. 执行校务会议及教务委员会关于各该学院或各该科之议决事项；

8. 与教务长商定课务之进行；

9. 指导教务处及图书馆职员；

10. 每学期开学前通知教务处公布应用之教科书；

11. 提出各该学院或各该科应购之教科书及参考书于图书馆主任；

12. 与教员接洽课务事项；

13. 接受学生关于学科上之接洽；

14. 布告学生关于各该学院或各该科进行事项；

15. 审核各该学院或各该科学生成绩；

16. 代表各该学院或各该科对外接洽。

第二条 各学院院长及各科主任办公时间由主任自定，至少每周以十二小时为准。

第三条 各学院院长及各科主任请假逾一星期，其职务应请人代理。

各系主任及各组主任办公细则

第一条 各系及各组主任及职务如左：

1. 拟定各该系或各该组进行计画［划］，并建议于教务委员会；

2. 规画［划］各该系或各该组课程；

3. 提出拟请之教员于各该学院院长或各该科主任；

4. 商同各该学院院长或各该科主任处理各该系或各该组课务；

5. 与各该系或各该组教员接洽课务；

6. 接受学生关于各该系或各该组之接洽事项；

7. 核定毕业生论文题目；

8. 指导毕业生撰著论文并评定其成绩；

9. 各系主任及各组主任于每学期始业时担任本系或本组学生之指导事项。

第二条 各系主任及各组主任办公时间由各主任自定，至少每周以三小时为准。

组织大纲（1926 年）

民國十五年一月

大夏大學一覽

馬君武題

马君武题名之《大夏大学一览》

（1926 年 1 月）

一、本大学定名为大夏大学。

二、本大学以陶冶新旧文化、研究深邃学术、养成高尚人格、造就专门人材［才］为宗旨。

三、本大学设本科、预科、高等师范专修科及附属中学。

四、本大学本科分文科、理科、教育科、商科。

五、本科修业期限四年，预科二年，高等师范专修科二年，附中四年。

六、本大学设校长一人，由董事会选举，总辖全校事务，聘任全校教员。

七、本大学设董事会，以热心教育、对本大学实力扶助者组织之，其职权如左：

（一）选举校长；

（二）审决本大学进行计划；

（三）筹集本大学基金；

（四）审查本大学预算及决算；

（五）审议其他重要事项。

八、董事会组织细则由董事会另订之。

九、本大学各科设主任各一人，附中设主任一人。

十、本大学设总务处、注册处、会计处主任各一人。

十一、本大学设秘书一人。

十二、本大学设校务议会，以校长及秘书暨各处主任、各科主任、附中主任组织之，以校长为主席，其职务如下：

（一）科与系之设废及变更；

（二）各机关之设废及变更；

（三）厘订各种规则；

（四）编制本校预算及决算；

（五）规定训练管理之方针；

（六）筹划建筑及设备事宜；

（七）议决其他重要事宜。

十三、本大学校务议会得酌设各种委员会，其常设者如左：

（一）章程委员会；

（二）财政委员会；

（三）审计委员会；

（四）招生委员会；

（五）入学审查委员会；

（六）图书设备委员会；

（七）学生自治指导委员会；

（八）出版委员会；

（九）体育委员会；

（十）演讲委员会。

十四、本大学设教务联席会议，以各科及各系主任组织之，其职务如左：

（一）议决各科教务之联络事件；

（二）规定学生成绩之标准；

（三）建议重要事项于校务议会。

十五、本大学设教授会，以全体教授组织之。

十六、本大学各科设教授会，以各该科之教授组织之，其职务如左：

（一）规画［划］各该科课程；

（二）建议重要事项于校务议会及教务联席会议；

（三）审议各该科教务事项。

十七、各处及各委员会细则另订之。

组织大纲（1941 年）

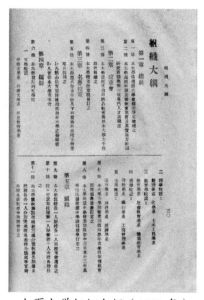

大夏大学组织大纲（1941 年）

第一章　总则

第一条　本大学系遵照大学组织法规定组织之。

第二条　本大学遵照中华民国教育宗旨及其实施方针以研究高深学术培植专门人才为职志。

第二章　校董会

第三条　本大学设校董会，以热心教育对于本大学力予扶助者组织之。

第四条　本大学校董会章程另订之。

第三章　名誉校董

第五条　本大学设名誉董事，备具下列资格者由校董会董事长敦聘之。

1. 凡热心教育、望隆德劭、扶助本大学之发展者；

2. 凡曾任本大学董事者。

第四章　编制

第六条　本大学设左列五学院：

一、文学院设：中国文学系、外国文学系、历史社会学系；

二、理学院设：数理学系、化学系、土木工程学系；

三、教育学院设：教育学系、社会教育学系、职业教育学系；

四、商学院设：会计学系、银行学系、工商管理学系；

五、法学院设：法律学系、政治学系、经济学系。

第七条 本大学各学院修业期限四学年，其学程依据教育部所颁科目表订定之。

第八条 本大学附设中学修业期限初中三年，高中三年，其学程依据部颁中学课程标准订定之。

第五章 组织

第九条 本大学设校长一人、副校长一人，由校董会选任之。

第十条 校长室设主任秘书一人、秘书若干人，由校长聘任之。

第十一条 本大学设教务、训导、总务三处，分设教务长、训导长、总务长各一人，分别秉承校长主持各该处事宜，均由校长就教授中聘请兼任之。

第十二条 本大学各学院各设院长一人，分别秉承校长商同教务长主持院务。

第十三条 本大学各学院所有学系各设系主任一人，分别商承教务长暨各院院长主持系务。

第十四条 本大学各学院院长、各系主任由校长就教授中聘请兼任之。

第十五条 本大学教授、副教授、讲师、助教均由校长聘任之。

第十六条 本大学教务处设注册主任一人，秉承教务长主持注册、招生及指导该处职员办理教务事宜，由校长聘任之。

第十七条 本大学教务处分设课务、成绩、印刷三组及图书馆，各设主任一人，分别秉承教务长主办各该组馆事宜，均由校长聘任之。

第十八条 本大学训导处分设生活指导、军事管理、体育卫生三组，各设主任一人，分别秉承训导长主办各该组事宜，由校长聘任之。

第十九条 总务处分设文书、会计、事务三组，各设主任一人，分别秉承总务长主办各该组事宜，由校长聘任之。

第二十条 本大学各处室设各项职员若干人，为佐理人员，由校长任用之。

第六章 会议

第廿一条 本大学设校务会议，由校长、副校长、主任、秘书、教务长、训导长、总务长、各学院院长、各系主任及教授代表二人组织之，以校长为主席，讨论全校一切重要事项。

第廿二条　本大学设校务行政委员会，以校长、副校长、主任、秘书、教务长、训导长、总务长为当然委员，以校长为主席，其职权：

（一）计划各行政部分之联络事项；

（二）处理各行政部分之紧要事项；

（三）增进各行政部分之教导事项；

（四）解决各行政部分相互间之困难事项。

第廿三条　本大学设教务会议，由教务长、各学院院长、注册主任、各系主任组织之，以教务长为主席，讨论一切教务事项。

第廿四条　本大学设训导会议由校长、副校长、训导长、教务长、全体导师暨训导处各组主任组织之，以校长为主席，讨论一切训导事宜。

第廿五条　本大学设总务会议，由总务长及总务处各组主任组织之，以总务长为主席，讨论并处理一切总务事项。

第廿六条　本大学得设其他各种委员会，其名称、职权、人选等，由校长提交校务会议决定之。

第廿七条　本《组织大纲》未规定事项，适用《大学组织法》之规定。

第廿八条　本《组织大纲》经校董会议决公布施行。

第廿九条　本《组织大纲》之修改由校长或校务会议委员五人以上之提议，经校董会议决，由校长公布之。

第二编

大夏大学科则与院则

大夏大学各科科则（1924 年）

文科科则

一、本大学文科以研究文学、哲学、历史、政治、经济、美术等学科为宗旨。

二、本科分为三门：（一）文学门，（二）哲学门，（三）社会科学门。第一门设国文系、英文系、德文系、法文系；第二门设哲学及心理学系；第三门设历史学系、法政学系、经济学系。

三、其他规则均按照本大学本科规则办理。

理科科则

一、本大学理科以研究专门科学、传布科学智识、造就科学人材［才］为宗旨。

二、本科暂设二系：（一）数理系，（二）化学系。

三、其他规则均按照本大学本科规则办理。

教育科科则

一、本大学教育科以研究教育学术、造就师范与中等学校师资教育行政人员及教育专门人材［才］为宗旨。

二、凡本科学生应于最后一学年内依教员之指导编著教育论文一篇，经本科教授会认可者方能毕业。

三、其他规则均按照本大学本科规则办理。

商科科则

一、本大学商科以研究高深商业学术、造就专门人材［才］以应社会需要为宗旨。

二、本大学商科学生于其最后修业之年内须作毕业论文一篇，或在商场实习作报告一篇，经商科教务会议认为满意方能毕业。

三、关于缴费注册、奖学、请假及其他各种规则与各科相同者由本校通则规定之。

预科科则

一、本大学预科以修习通［普通］学科准备升入大学本科为宗旨。

二、凡毕业本大学预科者得直接升入本大学本科，不必另受本科入学试验；其未毕业之预科学生，如其所缺只一二学程，得暂行升入本科，但其所缺学程应于一年内补习。

三、本大学预科课程分甲、乙二部，凡预备升入文教商三科之学生，应选甲部课程其预备升入理科者应选乙部课程。

四、其他规则均接照本大学章程办理。

大夏大学各科科则（1926 年）

文科科则

一、本大学文科以研究文学、哲学、历史、政治、经济、美术等学科为宗旨。

二、本科分为三门：（一）文学门，（二）哲学门，（三）社会科学门。第一门设国文系、英文系及其他外国文系；第二门设哲学及心理学系；第三门设历史学系、法律学系、政治学系、经济学系、社会学系。

三、其他规则均按照本大学本科规则办理。

理科科则

一、本大学理科以研究自然科学、造就专门人材［才］以应社会需要为宗旨。

二、本科暂设二系：（一）数理系，（二）化学系。

三、其他规则通照本大学本科规则办理。

教育科科则

一、本大学教育科以研究教育学术、造就师范与中等学校师资教育行政人员及教育专门人材［才］为宗旨。

二、凡本科学生应于最后一学年内依教员之指导编著教育论一篇。经本科教授会认可者方能毕业。

三、其他规则均按照本大学本科规则办理。

商科科则

一、本大学商科以研究高深商业学术、造就专门人才以应社会需要［要］为宗旨。

二、本大学商科学生于其最后修业之年须作论文一篇，经商科教务会议认为满意方能毕业。

三、关于缴费、注册、奖学、请假及其他各种规则与各科相同者，由本校通则规定之。

预科科则

一、本大学预科以修习基本学科准备升入本大学本科为宗旨。

二、凡毕业本大学预科者得直接升入本大学本科，不必另受本科入学试验；其未毕业之预科学生，如其所缺只一二学程，得暂行升入本科，但其所缺学程应于一年内补习。

三、本大学预科课程分甲乙二部，凡预科［备］升入文、教、商三科之学生应选甲部课程，预备升入理科者应选乙部课程。

四、其他规则均按照本大学章程办理。

高等师范专修科科则

子、宗旨　本大学高等师范专修科，以造成初级中学与同等学校职教员及地方行政人员为宗旨。

丑、学生通则

一、入学资格：

1. 旧制初级师范毕业者；

2. 修完三三制高级中学第二年级或四二制高中第一年级者；

3. 旧制中学毕业后曾充学校教职员或服务其他教育机关一年以上者。

二、入学应试验之科目：

1. 国文；

2. 历史；

3. 地理；

4. 数学；

5. 理化；

6. 英文。

附注：不入英文系者免试英文。

三、报名手续　与大学各科同。

四、入学手续　与大学各科同。

五、纳费　　　与大学本科同。

六、注册规则　与大学各科同。

七、试验及成绩评定规则　与大学同，惟高师科分系选修课程以七十分为及格，其不及格者亦应补考或重修之。

八、毕业绩点　本大学专修科学程定为一百绩点，二年毕业。

九、毕业证书　凡修完本大学专修科所规定之学程、考试及格者，由本大学授予毕业证书。

十、请假规则　与大学各科同。

十一、休学规则　与大学各科同。

十二、转学：

（甲）本专修科学生如修学一学年或毕业后有志转入本大学文、理、教、商、预各科者，须经各该科主任许可后，其给予相当绩点及如何补习情形由本大学入学审查委员会定之；

（乙）本大学文、理、商、教、预各科学生如欲转入专修科者应照（甲）项办理。

十三、学生集会规则　与大学各科同。

十四、惩戒规则　与大学各科同。

十五、宿舍规则　与大学各科同。

十六、图书馆规则　与大学各科同。

大夏大学各院院则（1937 年）

文学院院则

一、本大学文学院以研究中国文学、英文、史地及社会学等科为目标。

二、本学院共分四系：

（1）中国文学系；

（2）英文系；

（3）史地系；

（4）社会学系。

三、本学院各系修业期限四年。

四、本学院学生须选定一系为主系，于该系课程中至少须选习四十学分（各系另有规定）。

五、主系学程选定后须依本院院长之指导选择其他一系（除理学院各系）为辅系，至少须于该系课程中选习二十一至二十四学分。

六、本学院各系学生须修满一百五十学分，平均指数在 1.00 以上，于第六第七学期须作论文一篇，经本系系主任或指导教授审查合格，并经教务会议通过并口试及格后方准毕业。

七、本学院毕业学生得称文学士。

八、关于缴费、注册、奖惩、请假及其他各种规则悉依本校《学生通则》规定。

理学院院则

一、本大学理学院以研究数学、物理、化学及土木工程等学科为宗旨。

二、本学院分为三系：（一）数理系，（二）化学系，（三）土木工程系。

三、本学院各系修业期限四年。

四、本学院各系学生须修满一百五十学分，平均指数在 1.00 以上，于第六第七学期作论文一篇，经本学院教授会议审查通过后方准毕业，土木工程系学生并须于第三学年末暑期作野外实习三星期。

五、本学院毕业生得称理学士。

六、关于缴费、注册、奖惩、请假及其他各种规则悉依本校《学生通则》规定。

教育学院院则

一、本大学教育学院以研究教育学术，造就师范与中等学校师资、教育行政人员及专门教育人才为宗旨。

二、本学院设左列三系：

（1）教育行政系；

（2）教育心理系；

（3）社会教育系。

三、本学院各系修业期限四年。

四、本学院各系学生须修满一百五十个学分，平均指数在 1.00 以上，于第六第七学期作论文一篇，经本学院教授会议审查通过，并经口试及格后方准毕业。

五、本学院毕业学生得称教育学士。

六、关于缴费、注册、奖惩、请假及其他各种规则悉依本校《学生通则》规定。

商学院院则

一、本大学商学院以研究商业学术、造就专门人才以应社会需要为宗旨。

二、本学院共分三系：

（1）工商管理系；

（2）银行系；

（3）会计系。

三、本学院学生应于上列三系中选择一系为主系，另选其他一系为辅系。

四、本学院各系修业期限四年。

五、本学院各系学生须修满一百五十个学分平均指数在 1.00 以上，体育及格，于最后一年作论文一篇，经本学院教授会议审定通过，并经口试及格后方准毕业。

六、本学院学生在第三学年暑假期内，得由本校介绍至银行或铁路或其他机关实习。

七、本学院毕业生得称商学士。

八、关于缴费、注册、奖惩、请假及其他各种规则悉依本校《学生通则》规定。

法学院院则

一、本大学法学院以研究法律、政治、经济，造就专门人才应社会需要为宗旨。

二、本学院共分三系：

（1）法律学系；

（2）政治学系；

（3）经济学系。

三、除法律学系学生外，政治及经济二系学生除其专门之主系外，得由系主任之指导选择其他一系为辅系，主系学程至少在该系专门必修及专门选修学程内修习四十八学分，辅系学程至少在该系学程内修习二十四学分，余可任意选修其他学程。

四、本学院各系修业期限四年。

五、本学院各系学生须修满一百五十学分，平均指数在 1.00 以上，于第六、第七学期作论文一篇，经本学院教授会议审查通过，并经口试及格后方准毕业。

六、本学院毕业学生得称法学士。

七、凡选本学院各系为辅系学程者必须修习指定之学程。

八、关于缴费注册奖惩请假及其他各种规则悉依本校《学生通则》规定。

师范专修科科则

一、本大学师范专修科以造成初级中学及同等学校教职员为宗旨。

二、本专修科分左列五组：

1. 国文组；

2. 史地组；

3. 英文组（暂停）；

4. 自然组；

5. 艺术组（暂时不设）。

三、本专修科各组修业期限两年。

四、本专修科各组应修学程计专修学程占分之七十七，即六十五学分内，普通必修二十五学分，分组必修四十学分，教育学程占百分之二十三，即十九学分。

五、本专修科各组学生须修满八十四学分，平均指数在 1.00 以上方准毕业。

六、关于缴费注册奖惩请假及其他各种规则悉依本校《学生通则》规定。

大夏大学沪校各院院则（1940 年）

文学院院则

一、本大学文学院以研究中国文学、英文、史地及社会学等科为目标。

二、本学院共分三系：

（1）中国文学系；

（2）外国语文学系；

（3）历史社会学系。

三、本学院各系修业期限四年。

四、本学院各系学生需修满学一百三十二学分，平均指数在 1.00 以上，国文、英文会考及格，于第六、第七学期须作论文一篇经院务会议通过，并于第八学期终通过毕业考试方准毕业。毕业考试规则另定之。

五、凡毕业论文未经呈缴学生于四年级第二学期不准注册。

六、本学院毕业学生得称文学士。

七、关于缴费、注册、奖惩、请假及其他各种规则悉依本校《学生通则》规定。

理学院院则

一、本大学理学院以研究数学、物理、化学及土木工程等学科为宗旨。

二、本学院分为三系：

（一）数理学系；

（二）化学系，化学系分纯粹化学及化学工业二组；

（三）土木工程学系。

三、本学院各系修业期限四年。

四、本学院各系学生需修满一百三十二学分，平均指数在 1.00 以上，国文、英文会考及格，于第六、第七学期作论文一篇经院务会议通过，并于第八学期通过毕业考试方准毕业。毕业考试规则另定之。土木工程系学生并须于第三学年末暑期作野外实习六星期。

五、凡毕业论文未经呈缴学生于四年级第二学期不准注册。

六、本学院毕业生得称理学士。

七、关于缴费、注册、奖惩、请假及其他各种规则悉依本校《学生通则》规定。

教育学院院则

一、本教学院以研究教育学术，造就中等学校师资、教育行政及社会教育人员以及教育学术研究人才为宗旨。

二、本学院设下列三系：

（1）教育学系；

（2）社会教育系；

（3）职业教育系。

三、本学院各系修业期限四年。

四、本学院各系学生须修满一百三十二个学分，平均指数在 1.00 以上，于第六、第七学期作论文一篇经院务会议通过，并于第八学期终通过毕业考试方准毕业。毕业考试规则另定之。

五、凡毕业论文未经呈缴学生于四年级第二期不准注册。

六、本学院毕业学生得称教育学士。

七、关于缴费、注册、奖惩、请假及其他各种规则悉依本校《学生通则》规定。

商学院院则

一、本大学商学院以研究商业学术、造就专门人才以应社会需要为宗旨。

二、本学院共分三系：

（1）银行学系；

（2）会计学系；

（3）工商管理学系。

三、本学院各系修业期限四年。

四、本学院各系学生须修满一百三十二个学分，平均指数在 1.00 以上，国文、英文会考及格，于第六、第七学期作论文一篇经院务会议通过，并于第八学期终通过毕业考试方准毕业。毕业考试规则另定之。

五、凡毕业论文未经呈缴学生于四年级第二期不准注册。

六、本学院学生在第三学年暑假期内得由本校介绍至银行或铁路或其他机关实习。

七、本学院毕业生得称商学士。

八、关于缴费、注册、奖惩、请假及其他各种规则悉依本校《学生通则》规定。

法学院院则

一、本大学法学院以研究法律、政治、经济，造就专门人才应社会需要为宗旨。

二、本学院设下列三系：

（1）法律学系；

（2）政治学系；

（3）经济学系。

三、本学院各系修业期限四年。

四、本学院各系学生须修满一百三十二（法律系一百五十）学分，平均指数在 1.00 以上，国文、英文会考及格，于第六第七学期作论文一篇经院务会议通过，并于第八学期终通过毕业考试方准毕业。毕业考试规则另定之。

五、凡毕业论文未经呈缴学生于四年级第二期不准注册。

六、本学院毕业学生得称法学士。

七、关于缴费、注册、奖惩、请假及其他各种规则悉依本校《学生通则》规定。

师范专修科科则

一、本大学师范专修科以造就初级中学及同等学校教职员为宗旨。

二、本专修科分下列三组：

（1）国文组；

（2）史地组；

（3）数理组。

三、本专修科各组修业期限两年。

四、本专修科各组应修学程，计普通必修学程占十九至廿三学分，教育学程占十九学分，分组专修学程占四十二至四十六学分。

　　五、本专修科各组学生须修满八十四学分，平均指数在 1.00 以上，国文、英文或日文会考及格，通过毕业考试方准毕业。

　　六、关于缴费、注册、奖惩、请假及其他各种规则悉依本校《学生通则》规定。

大夏大学各院院则（1947年）

文学院院则

一、本大学文学院以研究中国文学、英文、历史、社会学及教育学等科为目标。

二、本学院共分四系：

1. 中国文学系；

2. 外国语文学系；

3. 历史社会学系（分社会、历史二组）；

4. 教育学系。

三、本学院各系修业期限四年。

四、本学院各系学生须修满一百三十二学分，教育学分一百四十二学分；国文、英文会考及格；于第六、第七学期须作论文一篇，经院务会议通过；并于第八学期终通过毕业考试，方准毕业（必要时得增修学分，但增修之学分最多不得超过十五学分，教育学系最多不得超过十学分）。毕业考试规则另定之。

五、共同必修之国文及外国文两科目，须于各该科目之学分数修毕时举行严格考试，不及格者须继续修习至考试及格时为止。

六、部颁科目表实施后，应届毕业生未修满规定之科目及各科目规定学分数者，不得毕业。

七、凡毕业论文未经呈缴学生于四年级第二学期不准注册。

八、本学院毕业学生得称文学士。

九、关于缴费、注册、奖惩、请假及其他各种规则，悉依本校《学生通则》规定。

理工学院院则

一、本大学理工学院以研究数学、物理、化学及土木工程等学科为宗旨。

二、本学院分为三系：

1. 数理学系，分数学、物理二组；

2. 化学系；

第三编

大夏大学招生简章

大夏大学暑期学校简章（1926 年）

一、宗旨

本大学设暑期学校，以利用暑假时期推广教育、补助学业为宗旨。

二、学历

自七月八日起至八月廿一日止（阴历五月廿九日至七月十四日止）。

（报名）六月一日起至七月五日止；

（注册）七月八、九、十日；

（开课）七月十二日（阴历六月初三日星期一）；

（试验）八月二十日；

（放假）八月二十一日。

马君武题名之《大夏大学暑期
学校简章》(1926 年 5 月)

三、入学资格（男女生兼收）

（甲）本大学在校学生；

（乙）国内各大学本预科生；

（丙）中学及初级师范教员；

（丁）旧制中学或初级师范毕业生担任小学教员者；

（戊）新制高中二三年级生；

（己）旧制中学毕业生。

四、学额

寄宿生五百人，通学生三百人。

五、课程

（一）大学课程；

（二）预科课程；

（三）高师课程；

（四）中学补习课程。

六、纳费

甲、学费

1. 大学学程每门五元；

2. 预科学程每门四元；

3. 高师学程每门五元；

4. 补习学程每门四元。

乙、寄宿生缴费

1. 住新校舍全期六元，住致和里及小沙渡路宿舍五元，女生宿舍六元；

2. 膳费十元；

3. 杂费五元。

丙、实验费

凡选习实验科学者须另缴实验费。

以上各费须于开校时缴清方得注册上课，中途退学者除膳费外所缴各费概不退还。

七、绩点

每学程每星期授课五小时，全暑期为六星期，共三十小时，作二绩点计算。实验功课以每星期实验四小时至六小时，作二绩点算。暑期学校之绩点依其程度成绩，得作本大学各该科毕业绩点算。

八、证书

凡成绩及格者给予各该学程修业及格证书。

九、免受秋季入学试验

凡本暑期学校学生，如于秋季有志继续升入本大学各科，得免受本大学入学试验，但以在暑期学校所修之学程为限。

十、入学须知

甲、凡具有本简章第三条所规定之资格者，得将毕业证书或肄业证书缴呈本校，经认可后即可报名；

乙、报名时填具履历表、选课表，并报名费一元，函寄或直接到大夏大学暑期学校办公处缴纳（寄宿与否应于此时声明）；

丙、本校宿舍只预备桌椅铺架等，住校生须携带蚊帐、被褥、洗面具等；

丁、开学一星期后来校者不收；

戊、所选课程至多不得过八绩点（即四学程），寄宿生至少须选三学程；

己、所选课程旷课在十小时以上者，不准参与暑校大考；

庚、每学程选修人数至少须有二十人方能开班。

十一、每周学校生活表

星期一至星期五上课　上课时间上午七时至十时，下午四时至七时。

星期六　本校组织游览团，定每星期六游览上海名胜与工厂及教育机关，并设各种娱乐，于每星期六晚举行户外游艺会、演映活动电影。

甲、游览名胜　如徐园、愚园、半淞园、哈同花园、南园等；

乙、参观工厂　如商务印刷厂、中华印刷厂、泰丰罐头厂、申报馆、自来水厂等；

丙、吴淞观海，并参观炮台、无线电台及吴淞各校；

丁、徐家汇天文台，并参观图书馆、南洋大学等；

戊、星期六晚户外游艺会、电影、音乐。

十二、本校概况

甲、新建校舍

本校胶州路劳勃生路口新校舍计三层洋房，占基六亩余，第一层后进中间为大礼堂，可容八百人，右手为化学实验室，左手为图书馆、阅报室，前进右手为物理实验室、心理实验室、学生俱乐部，左手为办公室、会客室等；第二层计大小课堂十六所，他如办公室、各科主任室、议事室、教员休憩室、女生休憩室等俱备；第三层为宿舍，可容住一部分学生约三百人。校舍之后毗连潘家花园，即本大学附属中学校舍所在，可作课余游禊之所，屋傍空地三十余亩，绿菌［茵］缤纷，浅草如褥，各种运动及竞技之场莫此为宜。

乙、交通便利

本大学设在文化中心之上海，地点为胶州路劳勃生路口，由外滩至静安寺路电车与至曹家渡公共汽车均经胶州路口，下车入校不过数武［步］，交通甚为便利。

注意：本大学文科、理科、教育科、商科、预科、高等师范科及附中订有详章一册，计一百五十余页，函索附邮十分即寄。

大夏大学民国十八年秋季招生简章（1929 年）

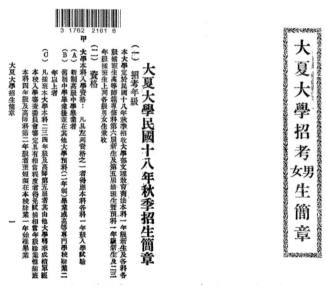

大夏大学招考男、女生简章（1929 年秋）

（一）招考年级

本大学定于民国十八年秋季招收大学部文、理、教育、商、法本科一年级新生及各科各级插班生，高等师范专修科第六届新生及第五届插班生暨预科一年级新生及二、三年级插班生。上列各级男女生兼收。

（二）资格

甲、大学本科入学资格　凡具左列资格之一者得应本科各科一年级入学试验：

（A）新制高级中学毕业者；

（B）旧制中学毕业后，并在其他大学预科（二年制）毕业或高等专门学校肄业二年以上者；

（C）凡插班本大学本科二、三、四年级及高师第五届者，其由他大学转来成绩单，经本校入学审查委员会审定，具有相当程度者得免试插相当年级肄业；惟插班本科四年级及高师科第二年级者，至短须在本校肄业一年始准毕业。

乙、高等师范专修科入学资格　凡具左列资格之一者得应高等师范专修科入学试验：

（A）新制高级中学毕业者；

（B）旧制中学毕业后，并在其他大学预科（二年级）毕业或高等专门学校肄业二年以上者；

（C）旧制师范毕业（五年制毕业）后并在教育界服务一年以上者。

丙、工业化学专修科入学资格与理科一年级同。

丁、预科入学资格　　凡具左列资格之一者得应预科入学试验：

（A）预三

1. 修完三三制高级中学第二年级课程者；

2. 修完其他大学或高等专门学校预科（二年制）第一年级课程者；

3. 旧制中学毕业后并有教育经验一年以上者。

（B）预二

1. 修完三三制高级中学第一年级课程者；

2. 修完旧制中学第三年级课程者；

3. 专门学校预科（一年制）毕业者。

（C）预一

1. 三三制初级中学毕业者；

2. 修完旧制中学第二年级课程者。

注意：本大学对于投考各级新生之学历证明书或转学生由其他大学转来之成绩单审查素主严格，如有伪造文凭来考或妄开成绩转学，一经察［查］出即行除名，尚希投考新生及转学生留意为幸。

（三）试验科目及各科用书

注意：除国文、英文及第二外国语用各该文字作答案外，其余各科答案用中文及英文均可。

甲、本科文、理、教、商、法及工业化学专修科一年级试验之科目及参考书如左：

1. 国文　国学常识及作文

2. 英文

（a）Tien Lan Lin: *Selections of English Reading*

（b）Lockwood and Emerson: *Composition and Rhetoric*

3. 西洋历史 Robinson & Breasted: *A Gensrl［General］History of Europe*

4. a. 物理　b. 化学　c. 生物学（三科中任择两科）参考书：

A. Milligan and Gale: *Practical physics*

B. Black and Conant: *Practical Chemistry*

C. G. W. Hunter: *Civic Biology*

5. 数学

（甲）文科、商科、教育科、法科

高等代数　Rietz and Crathorne: *College Algebra*

（乙）理科及工业化学专修科

高等代数（同前）

平面解析几何　Smith and Gale: *New Analytic Geometry*

6. 第二外国语（德文、法文或日文第二年级程度）

乙、高等师范专修科入学试验之科目及各科用书全与本科相同，惟可免试第二外国语。

丙、预科入学试验之科目如下：

（A）预三

1. 国文　国学常识及作文

2. 英文

（a）H. F. Mac Nair: *Short Stories for Chinese Students*

（b）Genug and Hansou: *Composition and Rhetoric*

3. 数学

甲组（预备升入大学文科、教育科、商科、法科者）

高等代数　Rietz and Crathorne: *College Algebra*

乙组（预备升入大学理科及工业化学专修科者）

高等代数（同前）

三角　Granville: *Plane Trigonometry*

4. 化学　Black and Conant: *Practical Chemistry*

5. 中外近世史　《欧洲思想大观》林科棠译、《中国近世史》

6. 第二外国语（德文或法文或日文第一年程度）

（B）预二

1. 国文　国学常识及作文

2. 英文

（a）Huizinga: *The World's Best Short Stories*

（b）E. Clipkinger: *Written and Spoken English, Mother Tongue Book II, Nesfield Grammar Book IV*

3. 数学

初等代数　Wentworth and Smith: *Elementary Algebra*

平面几何　Wentworth: *Plane and Solid Geometry*（Plane Geometry only）

4. 科学常识

5. 史地常识

（C）预一

1. 国文　国学常识及作文

2. 英文：

（a）Kitredge and Farley：*Concise English Grammar*

（b）Lamb: *Tales from Shakespeare*

3. 数学　《混合数学》

4. 科学常识

5. 史地常识

（四）报名手续

报名时应缴左列各件：

（一）履历书；

（二）毕业证书或肄业证书（报名时缴来文凭或证书，皆于发表后四星期内发还，若不领还者恕不负责）；

（三）最近四寸半身照片（若无照片则绝不准报名）；

（四）报名费二元；

（五）如系插班生须将前在学校各学期之成绩报告单及中学或大学预科毕业文凭直寄本校入学审查委员会审查。

（五）报名日期及地点

甲、日期：

第一次　十八年八月五日起；

第二次　十八年八月廿三日起（报告地点与试验地点同）；

第三次　十八年九月九日起。

乙、地点：上海胶州路劳勃生路口三百〇一号本校。

（六）试验日期及时间

甲、日期：

第一次　十八年八月十八、十九两天（星期日、星期一）；

第二次　十八年九月六、七两天（星期五、星期六）；

第三次　十八年九月廿五、廿六两天（星期三、星期四）。

乙、考试时间表（各科均同）

日＼时	上午八时至十二时	下午二时至五时
第一日	国文、国学常识、第二外国语	英文、历史或地理
第二日	科学	数学

（七）入学手续

入学时应缴左列各件：

（一）入学愿书；

（二）保证书；

（三）入学费十元。

（八）纳费

学生费用见左列各项：

甲、本科高师暨工业化学专修科学费每学期四十元，预科每学期三十五元；

乙、注册、诊察、体育、讲义及汤水费每学期九元；

丙、凡选修实验学程者每学程每学期约纳实验费二、三元左右；

丁、膳费每学期三十元；

戊、宿费分两种：

1. 住胶州路第一、第二及第六（女生）新宿舍者每学期二十元；

2. 住致和里及小沙渡宿舍者每学期十五元。

己、赔偿准备金每学期四元（赔偿余款或未有赔偿者均于下学期注册截止时发还）；

庚、书报费每学期二元；

辛、基金费每学期一元；

壬、如系通学生每学期应缴校舍费三元。

（九）毕业年限

甲、本科四年毕业；

乙、预科三年毕业；

丙、高师二年毕业；

丁、工业化学专修科二年毕业。

（十）毕业绩点及学位

本大学本科各科学程均为一百五十绩点，四年毕业，授予学士学位；高等师范专修科学程九十绩点，两年毕业，授予高等师范专修科毕业文凭；工业化学专修科二年毕业，授予工业化学专修科毕业文凭；预科学程计一百三十二绩点，三年修完，授予大学预科毕业文凭。凡于一学期中每周授课一小时，兼自修二小时者为一绩点。但实验、实习及作文等以二小时至三小时为一绩点。大学本科每学期选修学程至少以十六绩点为限，至多以二十绩点为限。至于高等师范专修科、工业化学专修科及大学预科每学期选修绩点之最低及最高限度详见十八年《大夏一览》。

按：附注略。

大夏大学高级中学保送学生入学办法（1930 年）

第一条　学校资格

公立及已立案之私立高级中学，著有成绩者，得向本校请求保送学生免试入学。

第二条　请求手续

（A）前项学校须于三个月前将请求书送交本校核办；

（B）请求时须附寄该校详章二份（每遇该校详章重印时须另寄二份）；

（C）对于上项学校，本校如认为不满意时，得于三个月前通知该校，停止保送学生。

第三条　保送手续

（A）保送学生，须于本校开学前两星期，由该校将该生最后二年成绩单连同像[相]片二张，及报名费二元，直寄本校招生及入学审查部；

（B）本校招生简章所列新生入学时应考各科，该生在原校修过，而成绩在乙等以上者，概予免试。

大夏大学民国二十一年春季招生简章（1932 年）

大夏大学招考男、女生简章（1932 年春）

（一）招考年级

本大学定于民国二十一年春季招收左列各学院各科各年级男女插班生：

（A）大学部文、理、教育、商、法一年级插班生及二、三年级转学生；

（B）师范专修科一年级新生（师专科不收插班生）；

（C）预科三年级插班生；

（D）大学高中部一、二年级插班生；

（E）附设女子幼稚师范学校一年级插班生。

（二）入学资格

甲、大学各学院一年级入学资格

凡具左列资格之一者得应各学院一年级插班生入学考试：

（A）新制高级中学毕业后并在其他大学肄业一学期者；

（B）旧制中学及预科（二年制）毕业后并在其他肄业一学期者。

乙、转学各学院二、三年级资格

（A）入学资格：凡转学生之原校必为国立或省立或教育部立案之私立大学；

（B）试验科目：凡转学本大学各学院二、三年级者，其入学资格及转来成绩单经本校入学审查部审定认为合格者，得仅受国文、英文考试，并经各该院长口试编入相当年级肄业。惟转学生在本校第一学期为试读生，如成绩优良，第二学期乃认为正式生，并量其在本校第一学期成绩之优劣，确定承认其转来学分之总数。又转学本校各学院至少须在本校肄业三学期以上方得毕业；

（C）转学生应备左列各件：

1. 转学证书及成绩单（粘贴照片骑缝盖印），由原校直接寄本校招生及入学审查部主任收；

2. 高中或大学预科（二年制）毕业文凭；

3. 原校校长或教务长介绍信。

附注：大学各学院一年级插班生，师范专修科第一年级新生，预科三年级及高中一、二年级插班生，必须经入学考试，不得援转学生办法。

丙、师范专修科入学资格

凡具左列资格之一者，得应师范专修科一年级入学试验：

（A）新制高级中学毕业者；

（B）旧制中学毕业后，并在其他大学预科（二年制）毕业者。

丁、预科三年级入学资格

凡具左列资格者得应预科三年级插班生入学试验：

修完三三制高级中学第三年级上学期课程者。

戊、大学高中部

（A）高中二年级入学资格

凡具左列资格之一者得应大学高中部二年级插班生入学考试：

1. 修完三三制高级中学第二年级上学期课程者；

2. 旧制中学毕业者。

（B）高中乙年级入学资格

凡具左列资格者得应大学高中部一年级插班生入学考试：

三三制初级中学毕业后并修完其他高中第一年级第一学期课程者。

己、附设女子幼稚师范学校入学资格

凡女子身心健全具有左列资格之一者，得应附设女子幼稚［师］范学校第一年级插班生入学试验：

1. 修完三三制高中一年级课程者；

2. 旧制师范（四年制）毕业者；

3. 初级中学毕业后，具有三三制高中一年级同等程度并曾在学校或其他教育机关服务一年以上者（初级中学毕业文凭及服务证书须于报名时呈验）。

（三）试验科目及各科用书

注意：除国文、英文用各该文字作答案外，其余各科答案用中文、英文均可。

甲、大学部文、理、教育、商、法各学院一年级插班生试验科目：

（一）文学院

1. 国文：能运用文言或语体文自由发表思想，并能解读古文译为语体文加以新式标点。

2. 英文：谙熟文法，能作明白清顺之短文，并具达意英汉互译之能力。

3. 中外历史：

陈哲衡：《世界史》

Robinson and Breasted: *A General History of Europe*

顾颉刚、王伯祥：《新制高中本国史》

4. 中外地理

张其筠：《本国地理》（商务印书馆）

Wolcott: *Geography of the World*

5. 数学（包括代数、几何）

6. 物理、化学（任择一门）

A. Milligan and Gale: *Practical Physics*

B. Black and Conant: *Practsal*［*Practical*］*Chemistry*，或傅式说及胡莹［荣］铨合译：《化学概论》（商务印书馆）

7. 体格检查（于考试发表后另定时间举行）。

（二）理学院

1. 国文（同文学院）

2. 英文（同文学院）

3. 高等代数　Rietz and Crathorne: *College Algebra*

三角　Granville: *Plane and Spherical Trignometry*

几何　Schultze Sevenoak Schuyler: *Plane and Solid Geometry*

4. 物理、化学、生物（任择二门，物理及化学参考书同文学院）

生物学参考书　Benjamin and Gruenenberg: *Biology and Human Life*

5. 体格检查（于考试发表后另定时间举行）。

（三）教育学院：考试科目各科参考书及体格检查概同文学院。

（四）商学院：考试科目各科参考书及体格检查概同文学院，惟数学考代数一门。

（五）法学院：考试科目各科参考书及体格检查概同文学院。

乙、师范专修科一年级试验科目各科参考书及体格检查概同文学院。

丙、预科三年级大学高中部一、二年级插班生入学试验科目：

（A）预科三年级

（一）普通考试科目

1. 国文　能运用文言或语体文自由发表思想并解答普通之国学常识。

2. 英文　*General Efficiency in English*（Grammar, Composition and Literature）

3. 物理、化学、生物（任择二门）

A. Milligan and Gale: *Practeal*［*Practical*］*Physics*

B. Black and Conant: *Practical Chemisty* 或傅式说及胡莹［荣］铨合译：《化学概论》（商务印书馆）

C.Benjamin and Gruenberg: *Biology and Human Life*

（二）分组应试科目

（甲）拟进文学组及教育组者：

1. 世界史

2. 社会科学概论

（乙）拟进理学组者：

1. 高等代数　Rietz and Crathorne: *College Algebra*

2. 解释［析］几何

（丙）拟进商学组者：

1. 高等代数（同理学组）

2. 世界地理　张其筠：《战后新世界》（商务印书馆）

（B）大学高中部二年级

1. 国文　能用文言或语体文自由发表思想并解答普通之国学常识。

2. 英文

（a）Advanced grammar

（b）Beginner's Composition

3. 实用物理　Milligan and Gale: *Practical Physics*（任择一门）

实用化学　Black and Conant: *Practical Chemistry*

或傅式说、胡荣铨合译：《化学概论》（商务印书馆）

4. 数学：

（a）初等代数　Wentworth and Smith: *Elementary Algebra*

或［屠］坤华译：《温德华士代数学》（商务印书馆）

（b）平面几何

Wentworth: *Plane and Solid Geometry*（Plane Geometry only）

马君武译：《温德华士平面几何》(商务印书馆)

5. 中国近代史　李泰芬:《中国近百年史》(商务印书馆)

6. 体格检查（于考试发表后另定时间举行）

（C）大学部高中一年级

1. 国文

2. 英文：文法及短论

3. 数学：初等代数　Wentworth and Smith: *Elementary Algebra*

或屠坤华译:《温德华士代数学》(商务印书馆)

4. 史地常识

5. 体格检查（于考试发表后另定时间举行）

丁、附设女子幼稚师范学校一年级入学试验科目:

1. 国文

2. 社会科学常识

3. 史地常识

4. 口试（包括幼稚教育及儿童学）

5. 体格检查（于考试发表后另定时间举行）

（四）报名手续

报名时应缴左列各件：

（一）履历书；

（二）毕业文凭或肄业证书（报名时缴来文学［字］或证书须候教育部审查完毕时发还）；

（三）最近四寸半身照片二张（若无照片，不准报名）；

（四）报名费二元（报名后考否或取否，照片及报名费概不退还）；

（五）如系转学生，须将前在学校各学期之成绩报告单及中学或大学预科毕业文凭直寄本校入学审查部审查。

（五）报名日期及地点

甲、日期：二十一年一月十五日起（报名地点与试验地点同）。

乙、地点：上海梵王渡中山路本校。

（六）试验日期及时间

甲、日期：二十一年一月廿七、廿八两天（星期三、四）。

乙、考试时间表（各学院各科均同）。

时 日	上午九时至十二时	下午二时至五时
第一日	国文	英文、历史或社会科学
第二日	数学	自然科学

（七）入学手续

入学时应缴左列各件：

（一）入学愿书；

（二）保证书；

（三）入学费十元。

（八）纳费

学生费用见左列各项：

甲、各学院及师范专修科学费每学期四十五元，预科及大学高中部每学期四十元附设女子幼稚师范学校每学期三十元；

乙、注册、体育、杂费每学期十元（附设女子幼稚师范学校只收七元）；

丙、凡选修实验学程者每学程每学期约纳实验费二元至三元；

丁、膳费自理，每学期约三十元；

戊、宿费每学期二十元（男女生宿舍一律）；

己、赔偿准备金每学期四元（赔偿余款或未有赔偿者均于次学期注册截止时发还）；

庚、书报费每学期三元（附设女子幼稚师范学校不另收）；

辛、建筑费每学期五元；

壬、男生冬季制服费约十二元，女生约四元（多退少补）。

（九）毕业年限

甲、各学院四年毕业；

乙、预科三年毕业；

丙、师范专修科二年毕业；

丁、附设女子幼稚师范学校二年毕业。

（十）毕业学位及绩点

本大学各学院学程均为一百五十绩点，四年毕业，授予学士学位；师范专修科学程八十四绩点，两年毕业，授予师范专修科毕业文凭；预科学程计一百三十二绩点，三年修完，授予大学预科毕业文凭；附设女子幼稚师范学校，二年毕业。凡于一学期中每周授课一小时兼自修二小时者为一绩点，但实验、实习及作文以二小时至三小时为一绩点。大学各学院每学期选修选学程至少以十六绩点为限，至多以二十绩点为限。至于师范专修科、大学预科及附设女子幼稚师范学校，每学期选修绩点之最高及最低限度，详见二十年《大夏大学一览》。

附注：

（一）本大学校址在上海梵王渡中山路西首，来校时可在西藏路白克路宁波同乡会对面乘本校公共汽车（每小时往返一次）直达本校，或乘十六路无轨电车至曹家渡，改雇人力车（约小洋一角）达本校。

（二）本大学印有《一览》，函索附邮票廿分即寄（空函不覆），招生简章函索即寄。

（三）凡有志投考本大学者可亲自来校报名；如现居远方，可将履历书、毕业证书或肄业证书、最近四寸半身相片二张及报名费二元等件邮寄本校报名；如系转学生，须将前在学校各学期之成绩单及中学文凭直书寄本校招生及入学审查部审查后，照转学生规则办理。

兹附报名表格于后，凡通信报名者请填写此表格，随同上列各件挂号寄来。

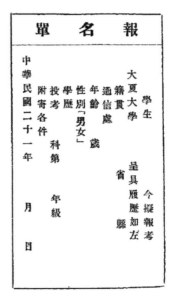

大夏大学报名单

大夏大学第十一届暑期学校招生通告（1936 年）

甲、宗旨

本校利用暑假推广高等教育，为左列人员谋进修之利益：

（一）各大学肄业生；

（二）准备投考大学者；

（三）中小学校教职员；

（四）准备参加考试院各种考试者；

（五）欲增进作事效能或文艺科学之高深智能者。

乙、入学资格

男女学生具有相当学力者。

丙、报名手续

六月廿五日起，七月六日前，携带证书来本校教务处填写报名表格并缴纳报名费一元。

丁、学科

文、理、教育、商、法，各科实用学科约四五十种。

戊、日期

民国廿五年七月六日起，至八月十六日止。

己、校址

上海梵王渡中山路。

庚、简章

函索即寄。

大夏大学民国二十五年度招生简章（1936 年）

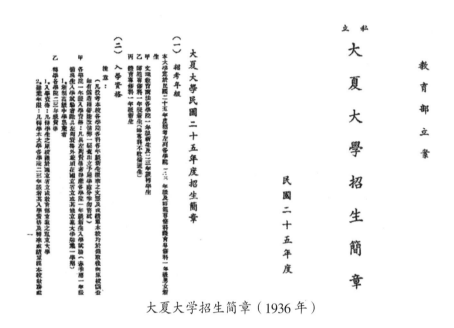

大夏大学招生简章（1936 年）

（一）招考年级

本大学定于民国二十五年度招考左列各学院一、二、三年级及师范专修科、体育专修科一年级男女新生。

（甲）文、理、教育、商、法各学院一年级新生及二、三年级转学生；

（乙）师范专修科一年级新生（师专科不收插班生）；

（丙）教育专修科一年级新生。

（二）入学资格

注意：凡投考本校各学院、各科、各年级新生缴来之文凭及成绩单，本校均于录取后向原校调查，如有伪造、顶替、涂改诸弊，一经查出，立于退学处分，幸勿尝试。

（甲）各学院一年级入学资格

凡具左列资格者，得应各学院一年级新生入学试验（春季应一年级插班生入学试验者，除具左列资格外，并须在国立、省立或其他立案大学肄业一学期）：

1. 新制高级中学毕业者。

（乙）转学各学院二、三年级资格

1. 入学资格：凡转学生之原校限于国立、省立或教育部立案之私立大学。

2. 肄业年限：凡转学本大学各学院二、三年级者，其入学资格及转来成绩单，经本校教务处审定认为合格，并经笔试及各该院长口试及格后，编入相当年级肄业。惟转学生在本校第一学期为试读生，如成绩优良，第二学期乃认为正式生，并根据其在本校第一学期成绩之优劣确定承认其转来学分之总数。又转学本校各学院至少须在本校肄业三学期以上方得毕业。

3. 转学生应备左列各件：

A. 转学证书及成绩单（粘贴照片骑缝盖印），由原校直接寄本校教务处注册主任收；

B. 高中或大学预科（二年制）毕业文凭；

C. 原校校长或教务长介绍信。

（丙）师范专修科入学资格

凡具左列资格者得应师范专修科一年级入学试验：

1. 新制高级中学毕业者。

（丁）体育专科入学资格

凡具左列资格之一者得应体育专修科一年级入学试验：

1. 新制高级中学毕业者；

2. 与高中毕业同等之体育学校毕业者。

（三）试验科目

注意：

1. 除英文外，数学及自然科学亦得用英文作答案，其他各科答案概须用中文。

2. 各院科一年级新生入学试验各科命题以二十一年十一月教育部颁行高级中学课程标准为依据。

（甲）文、教育、商、法各学院一年级及师范专修科一年级新生试验科目

1. 国文：能运用文言或语体文自由发表思想，并能解读古文译为语体文加以新式标点；

2. 英文：谙熟文法，能作明白清顺之短文，并具达意英汉互译之能力；

3. 中外历史；

4. 中外地理；

5. 数学、经济、政治（任择一门，又数学包括代数、几何）；

6. 物理、化学、生物（任择一门）；

7. 体格检查。

（乙）理学院一年级试验科目：

1. 国文（与文学院同）；

2. 英文（与文学院同）；

3. 数学（包括代数、几何、三角）；

4. 物理、化学、生物（任意择二门，又土木工程系指定考物理、化学二门）；

5. 体格检查。

（丙）体育专修科一年级试验科目：

1. 国文（与文学院同）；

2. 英文（与文学院同）；

3. 数学（与文学院同）；

4. 物理、化学、生物（任选择二门）；

5. 术科（或体能测验）；

6. 体格检查。

（丁）转学各学院二、三年级各系试验科目

一、普通考试（各学院二、三年级各系均同）：

1. 国文；

2. 英文；

3. 自然科学（投考理学院者得免试本门）；

4. 口试；

5. 体格检查。

二、分系主要科目考试

1. 文学院

应二年级考试者

（1）中国文学系

A 心理学　B 中国学术概论

（2）英文系

A 英汉互译　B 修辞学

（3）史地学系

A 中国上古及中古史　B 自然地理及人生地理

（4）社会学系

A 社会科学概论　B 社会学

应三年级考试者（各系除考二年级各科目外，须加考左列各门）

（1）中国文学系

A 中国通史　B 中国文字学　C 哲学概论

（2）英文系

A 西洋上古及中古史　B 近代短篇小说

（3）史地学系

A 中国近世史　B 西洋上古及中古史　C 中国地理

（4）社会学系

A 人类学　B 社会起源　C 社会问题

2. 理学院

应二年级考试者（数理系、化学系、土木工程系均同）：

（A）普通物理　（B）普通化学　（C）微积分

应三年级考试者除考二年级各科目外，数理系加考力学一门，化学系加考分析化学一门，土木工程系加考应用力学一门。

3. 教育学院（教育行政系额满；中学教育系只有一年级，本年度均暂不招二、三年级转学生）

应二年级考试者（教育行政系、教育心理系、社会教育系均同）：

A 教育原理　B 心理学概论　C 中国社会问题

应三年级考试者（各系除考二年级各科目外，须加考左列各门）：

（1）教育行政系

A 教育行政　B 教育统计　C 教育史

（2）教育心理系

A 教育心理　B 教育统计　C 教育史

（3）社会教育系

A 社会教育概论　B 教育统计　C 教育史

4. 商学院

应二年级考试者（银行系、会计系、交通及商业管理系均同）：

A 经济学原理　B 会计学

应三年级考试者（各系除考二年级各科目外，加考左列各门）：

（1）银行系

A 商业原理　B 货币银行

（2）会计系

A 商业原理　B 高等会计

（3）交通及商业管理系

A 商业原理　B 铁路运输

5. 法学院

应二年级考试者

（1）法律系

A 社会学　B 西洋近代史　C 法学通论　D 民法总则

（2）政治学系

A 社会学　B 西洋近代史　C 政治学概论

（3）经济学系

A 社会学　B 西洋近代史　C 经济学原理

应三年级考试者（各系除考二年级各科目外，须考左列各门）

（1）法律系

A 刑法　B 民法债权　C 民法物权

（2）政治学系

A 经济学原理　B 比较政治　C 比较宪法

（3）经济学系

A 政治学概论　B 货币银行　C 西洋经济发达史

（四）报名手续

报名时应缴左列各项：

（甲）履历书；

（乙）毕业文凭或毕业证书，报名时缴来文凭或证书录取入学者须候教育部审查完毕时发还，未考取者限发表后四星期内领回，过期不负保管之责；

（丙）最近四寸半身照片三张（无照片者不准报名）；

（丁）报名费二元（报名后与考与否或录取与否，照片及报名费概不退还）；

（戊）如系转学生，须将前在学校各学期之成绩报告单，及中学或大学预科毕业文凭，迳［径］寄本校教务处注册主任审查。

（五）报名日期及地点

（甲）日期：

第一次　民国廿五年七月十三日起；

第二次　民国廿五年八月一日起。

（乙）地点：

上海梵王渡中山路本校。

（六）试验日期及地点

（甲）日期：

第一次　民国廿五年七月廿四、廿五日两天；

第二次　民国廿五年八月十四、十五日两天。

（乙）考试时间表（各学院各科均同，备有试验科目时间表，于报名时分阅）。

日期	上午八时半至十二时	下午二时至五时
第一日	国文	英文、历史
第二日	自然科学	数学及社会科学

（丙）地点：

上海梵王渡中山路本校。

（七）廿五年度开学日期

秋季　九月一日（星期二）开学，开始缴费，办理入校手续；

　　　九月十一、十二日（星期五、六）注册；

　　　九月十四日（星期一）上课。

春季　二月十一日（星期四）开学，开始缴费，办理入校手续；

　　　二月十九日、二十日（星期五、六）注册；

　　　二月二十二日（星期一）上课。

（八）入学手续

入学时应缴左列各件：

（甲）入学志愿书；

（乙）保证书；

（丙）入学费六元。

（九）纳费

学生费用见左列各项：

（甲）各学院、师范专修科及体育专修科学费每学期五十元；

（乙）宿费每学期二十元（各生须一律住校）；

（丙）每学期体育费三元、杂费六元（包括注册、汤水、医药等费，惟讲义费不在内）；

（丁）图书、仪器费每学期四元；

（戊）建筑费每学期五元；

（己）凡选修实验学程每学期约纳实验费三元至五元；

（庚）赔偿准备金每学期五元（赔偿余款或未有赔偿者均于次学期注册截止后发还）；

（辛）制服费男生每套夏季约四元，冬季约十一元外，加军用品约一元八角，女生每套无论冬夏均三元（多退少补）；

（壬）已缴费学生未经注册而请退费者，如系新生，入学费不退还；如系旧生，注册费一元不退还。已注册者所缴各费除赔偿准备金、制服费外，概不退还。

（十）肄业年限

（甲）本大学各学院学程遵照部章均为一百五十学分，四年毕业，授予学士学位；

（乙）师范专修科学程八十四学分，两年毕业，授予师范专修科毕业文凭；

（丙）体育专修科学程八十四学分，两年毕业，授予体育专修科毕业文凭。

附注：

（一）本大学校址在上海中山路梵王渡西首，来校时可在西藏路、白克路宁波同乡会对过乘坐本校公共汽车（每小时往返一次）直达本校，或乘一路公共汽车至兆丰花园，或乘十六路无轨电车至曹家渡改雇人力车（约小洋一角）达本校。

（二）本大学印有《一览》，函索附邮票十五分（空函不覆），招生简章附邮一分即寄。

（三）凡有志投考本大学者，可亲自来校报名。如现居远方，可将履历书、毕业证书或肄业证书、最近四寸半身相片三张及报名费二元等件邮寄本校教务处报名。如系转学生，须将前在学校各学期之成绩单及中学文凭直寄本校教务处注册主任审查后，照转学生规则办理。

按：报名表略。

大夏大学代办监务总局会计、业务人员训练班招生简章 （1942 年）

一、宗旨

本训练班以代监务总局训练会计业务人员供该局任用为宗旨。

二、学额

一百名，分会计、业务两组，各五十名，男女兼收。

三、修业年限

一年。

四、应考资格

（一）曾在公立或已立案之私立高级中学毕业得有证书者。

（二）具有同等学力者。

五、报名手续

报名时须呈缴左列各件：

（一）新生报名单（向报名处索取）；

（二）毕业证书或足资证明之文件；

（三）最近二寸半身相片四张；

（四）报名费五元。

六、考试科目

（一）笔试：公民、国文、英文、数学（包括高等代数、平面几何、三角）、中外史地。

（二）口试。

（三）体格检查。

七、报名日期

自卅一年二月十日起至二月十八日截止。

八、考试日期

卅一年二月二十一、二十二日。

九、膳食津贴

本训练班受训学员每月由监务总局发给膳食津贴国币八十元。

十、任用

在本训练班修业期满考试及格学员统由监务总局分发任用，月给薪水七十元至一百元，津贴照支。惟如不听调派任用或于奉委后服务未满三年而离职者，应扣发其证书并追缴在学时一切费用。

十一、地址

贵阳次南门外讲武堂大夏大学。

第四编

大夏大学学生通则

大夏大学学生通则（1924 年）

大夏大学简章（1924 年 8 月）

一、本科入学资格

凡具有左列资格之一者得应本科入学试验：

（一）新制高级中学毕业者；

（二）旧制中学毕业，并在其他大学预科毕业，或高等专门学校肄业二年以上者。

二、预科入学资格

凡具有左列资格之一者得应预科入学试验：

（一）预一

1. 旧制中学毕业者；

2. 修完新制高级中学第一年课程者。

（二）预二

1. 修完其他大学预一课程者；

2. 修完新制高中第二年课程者。

三、本科入学试验之科目如左

（一）国文；

（二）英文；

（三）中外近世史；

（四）物理化学；

（五）立体几何及三角。

四、预科入学试验之科目如左

（一）预一

1. 国文；2. 英文；3. 初等代数及平面几何；4. 科学常识；5. 世界地理。

（二）预二

1. 国文；2. 英文；3. 初等代数及三角；4. 初等化学；5. 中外近世史。

五、报名手续

报名时应缴左列各件：

（一）履历书；

（二）毕业证书或肄业证书；

（三）最近四寸半身照片；

（四）报名费二元。

六、入学手续

入学时应缴左列各件：

（一）入学愿书；

（二）保证书；

（三）入学费十元。

七、学费

学生费用见左列各项：

（一）本科学费每学年八十元，预科七十元，均分两期缴楚；

（二）注册医药及讲义费每学期四元；

（三）凡选修实验之学程，每学程约缴实验费二元至六元；

（四）膳宿费每学期四十元（通学生不收膳宿费）；

（五）赔偿准备金每学期四元（赔偿余款或全未赔偿者均于学期告终时发还）；

（六）书籍由学生自备，每学年约需三十元。

八、奖学费

本大学本年设奖学费额若干名，每名四十元，凡学生成绩优良而经济困难者，得享此项优待。

九、绩点

本大学本科各科学程均为一百五十绩点，四年毕业。预科学程计八十绩点，二年修完。凡于一学期中每周授课一小时兼自修二小时者为一绩点，但实验、实习及作文等，以二小时至三小时为一绩点。每学期选修学程至少以十八绩点为限，至多以二十绩点为限，但遇有特别情形，经各该科主任许可时，得减少至十四绩点或增加至念四绩点。

十、年级

凡具有本大学本科所规定之入学资格者编为第一年级生，修满三十六绩点者编为第二年级生，修满七十二绩点者编为第三年级生，修满二百零八绩点者编为第四年级生。

十一、学位

本科毕业生得受学士学位。

十二、注册规则

（一）每学期开始时，各学生须先缴纳本大学所规定之各项表格及学费方能按照本大学所定时日注册。

（二）逾期注册者，须另缴注册费，以每日一元计至五元为限。如有重要事故，先期须向注册部主任告假，由注册部主任酌量情形免其缴纳。

（三）凡学生于开学后逾二星期尚未到校注册者即以退学论。

（四）凡学生于开学后逾二星期不得改易或增加其所选之学程。

十三、试验及成绩评定规则

（一）本大学各科试验分平时及学期两种。各学程最后成绩由教员斟酌平时及学期试验之成绩决定之。

（二）学生缺课时数在授课总时数五分之一以上者不与学科试验。

（三）每学程成绩以在六十分以上者为及格，其不及格者分补考（六十分以下四十分以上）与重修（四十分以下）两种。

（四）各学生每学期所修绩点如有二分之一以上在补考之列或三分之一以上在重修之列者即令退学。

（五）每学期开始二星期内举行补考一次，补考者每科须缴费一元。

（六）凡学生考试舞弊者应即除名。

十四、请假规则

（一）凡学生缺课须先向注册部请假。

（二）凡缺课而又不能回宿舍住宿者须兼向学生指导员请假。

（三）学生缺席应否补习所缺功课由各该教员酌定。

（四）假期满后须至请假处销假。

十五、休学规则

凡学生因病或事故预料一个月以上不能上课者，应提出休学请求书，于校长经许可后方得休学，其期限自一学期至二学年，二年不回校者即行除名。

大夏大学本科及预科学生通则（1926 年）

一、本科入学资格　凡具有左列资格之一者得应本科入学试验：

（一）新制高级中学毕业者；

（二）旧制中学毕业并在其他大学预科毕业或高专门学校肄业二年以上者。

二、预科入学资格　凡具有左列资格之一者得应预科入学试验：

（一）预二

1. 修完其他大学预科一年课程者；

2. 修完三三制高中第二年课程者。

（二）预一

1. 旧制中学毕业者；

2. 修完三三制高级中学第一年课程者。

三、本科入学试验之科目及参考书如左

1. 国文　国学常识及作文

2. 英文

（1）G. E. Merkley & A. C. Ferguson: *Composition and Rhetoric*

（2）MacNeir's: *Short Stories*

3. 西洋历史　Robinson & Breasted: *A General History of Eureoe*［*Europe*］

4. a 物理、b 化学、c 生物学（三科中任择两种）参考书

A. Milligan & Gale: *Practical Physics*

B. Black & Conant: *Practical Chemistry*

C. G. W. Hunter: *Civic Biology*

5. 数学

甲、文科商科教育科

高等代数　Rietz & Crathorne: *College Algeora*［*Algebra*］

乙、理科

高等代数（同前）

平面解析几何　Smith & Gale: *New Analytic Geometry*

6. 第二外国语（德文、法文或日文）

四、预科入学试验之科目如下

（一）预二

1. 国文　国学常识及作文

2. 英文

（1）Clippinger: *Written and Spoken English*

（2）Goldsmith: *The Vicar of Wakefield*

3. 数学　甲组（预备升入大学文科、教育科、商科者）

高等代数　Rietz & Crathorne: *College Algebra*

乙组（预备升入大学理科者）

高等代数（同前）

三角　Granville: *Plane Trigonometry*

4. 化学　Black & Conant: *Practical Chemistry*

5. 中外近世史《欧洲思想大观》林科棠译

（二）预一

1. 国文

2. 英文

（1）Reed and Kellogg: *Higher Lessens in English*

（2）Lamb: *Tales from Shakespeare*

3. 数学　初等代数 Wentworth & Smith: *Elementary Algebra*

平面几何 Wentworth: *Plane & Solid Geometry*（Plane Geometry only）

4. 科学常识

5. 世界地理

五、报名手续　报名时应缴左列各件：

（一）履历表

（二）毕业证书或肄业证书

（三）最近四寸半照片

（四）报名费二元

六、入学手续　入学应缴左列各件：

（一）入学愿书

（二）保证书

（三）入学费十元

七、学费　学生费用见左列各项：

（一）本科学费每学年八十元，预科七十元，均分两期缴纳。

（二）注册、诊察、体育、讲义及汤求［水］费，每学期七元。

（三）凡选修实验之学程，每学程约缴实验费二元至六元。

（四）膳宿费每学期四十八元（但住致和里及小沙渡路宿舍者，每学期四十三元）。

（五）赔偿准备金每学期四元（赔偿余款或全未赔偿者，均于学期告终时发还）。

（六）图书费每学期二元。

（七）基金费每学期一元。

（八）校服费临时酌定。

八、奖学金

本大学本年设奖学金额以二十名为限，每名四十元。凡学生成绩优良而经济困难者得享受之。

九、绩点

本大学本科各科学程均为一百六十绩点，四年毕业。预科学程计八十绩点，二年修完。凡于一学期中每周授课一小时兼自修二小时者为一绩点，但实验实习及作文等以二小时至三小时为一绩点。每学期选修学程至少以十八绩点为限，至多以二十二绩点为限（自民国十三年秋季升入本科者均须修习一百六十绩点）。

十、年级

凡具有本大学本科所规定之入学资格者编为第一年级生，修满三十六绩点者编为第二年级生，修满七十二绩点者编为第三年级生，修满一百零八绩点［者］编为第四年级生。

十一、学位

本科毕业生照所习学科颁给学士学位。

十二、注册规则

（一）每学期开始时各学生须先缴纳本大学所规定之各项表格及学费方能按照本大学所定时日注册。

（二）缴费未清者不得注册。

（三）逾期注册者须另缴注册费，以每日一元计，至五元为限。如因至亲死亡或本身有重病迟到注册者，由注册处主任及各该科主任酌量情形免其缴纳。

（四）凡学生于开学后逾二星期尚未到校注册者，即以退学论。

（五）凡学生于开学后逾二星期不得改易或增加其所选之学程。

（六）学生入学注册后不得改名。

十三、试验及成绩评定规则

（一）本大学各科试验分平时及学期两种，各学程最后成绩由教员斟酌平时及学期试验之成绩决定之。

（二）学生缺课时数在授课总时数五分之一以上者不得与学期试验。

（三）每学程成绩以在六十分以上者为及格，其不及格者分补考（六十分以下四十分以上）与重修（四十分以下）两种。

（四）各学生每学期所修绩点如有二分之一以上在补考之列或三分之一以上在重修之列者，即令退学。

（五）每学期开始二星期内举行补考一次，补考者每学程须缴费一元。

十四、请假规则

◆ 学生请假应填具请假书，经注册处准许方为有效。

◆ 学生因事或因病请假，曾经注册处准许者，其缺席作为缺课。

◆ 学生因病请假三日以上者，须附呈校医证明书。

◆ 学生未经准假擅自缺席者作旷课论。

◆ 学生旷课一次作为缺席二次计算。

◆ 学生销假时须持准假证至所缺课之各该教员处声明，否则作旷课论。

◆ 学生缺席时数在每学程授课时数五分之一者不得与该学程试验。

◆ 学生缺席应否补习所缺功课由各该教员酌定。

十五、休学规则

凡学生因病或事故预料一个月以上不能上课者，应提出休学请求书于校长，经许可后方得休学，其期限自一学期至二学年，二年不回校者即行除名。

十六、转学及退学规则

（一）凡愿转入本大学肄业之学生，至少须在其他大学肄业一年以上，并须先提出请愿书、转学证书及学科成绩表，经本校许可者，得编入相当年级。

（二）转学学生对于本校所规定科目，如已在他校学习，经本校入学审查委员会许可者，得给予相当绩点。

（三）本大学学生中途退学者所缴除赔偿准备金外各费概不退还。

十七、教育贷金规则

本大学为使成绩优良、家境寒素学生不致中途辍学起见，特设教育贷金办法，所订规则如左：

（一）名额　本学年暂定为二十名。

（二）资格　本大学本科三四年级学生品学优良而经济困难，经教育贷金委员会审查合格者。

（三）贷额　以每年应缴学费为限。

（四）归还年限　毕业后两年内。

（五）保证人　各界有声望人物经贷金委员会认可者（本校教职员不能作保证人）。

（六）请愿书　凡学生欲贷金者须提出请愿书于教育贷金委员会。

十八、学生结社集会规则

（一）学生组织团体以研究学术及联络同乡或同学情谊者为限。

（二）上项团体须将章程及职员呈报校务议会，经审定后方得享受在本校集会之权利。

（三）上项团体如有修改章程及改选职员时，须重新呈报校务议会。

（四）学生团体集会欲借用本校教室或礼堂者，须先向总务处邀准，凭许可单使用。

（五）学生团体邀请外宾演讲时须先商得本校演讲委员会之同意。

（六）本校房舍操场不准校外任何团体借用。

（七）学生团体开会如欲兼借本校杯盘者，每次征使用费大洋五角，借礼堂演电影者每次征费大洋三元。

（八）在礼堂开讲演时听众务须脱帽静坐，不得参差出入致乱秩序而损观瞻。

（九）借用本校开会时不得有升旗、放炮及扰乱秩序引起误会之举动。

（十）学生集会时间不得与本校所定全体集会时间冲突。

（十一）借用教室集会时不得将编定席次任意迁乱。

（十二）学生团体集会有违上列各项规则时，一经查明，即将该团体取消。

（十三）学生不得用政党名义在本校开会。

（十四）学生个人或团体布告其纸张大小不得超出本校所规定者。

（十五）上项布告须交由庶务员代贴以资整齐。

十九、惩戒规则

第一条　惩戒方法分为六种：

（一）训诫；

（二）记过；

（三）停止应享权利；

（四）停学；

（五）退学；

（六）除名。

第二条　凡学生犯左列各项之一者，按其情节之轻重，由校务议会执行训诫、记过或停止其应享权利：

（一）违犯［反］校规者；

（二）无故旷课者；

（三）对教职员无礼者；

（四）故意捐［损］坏校具或房舍者（除惩戒外按值责令赔偿）。

第三条　凡学生考试舞弊者除记过外不给分数。

第四条　凡学生犯下列各项之一者，按情节轻重予以记过或停学：

（一）张贴毁谤本校布告扰乱秩序者；

（二）学生互殴者；

（三）个人或少数人滥用全校名义在外招摇者。

第五条　凡学生逾期未缴学费、膳费或其他应缴各费者，受停学或停止一部分应享权利之惩戒。

第六条　凡学生犯左列各项之一者，受退学之惩戒：

（一）旷课过多者；

（二）一学年内所习学程有二分之一在补考之列，或三分之一以上在重修之列者。

第七条　凡学生犯左列各项之一者，按情节轻重，受停学或除名之惩戒：

（一）毁辱师长者；

（二）殴打同学者。

第八条　凡学生犯左列各项之一者，受除名之惩戒：

（一）历经惩戒仍不悛改者；

（二）一学年内记过三次者；

（三）不法行为或品行不端与本大学秩序或名誉有重大关系者。

第九条　其他临时发生之越轨举动，由校务议会按情节之轻重执行相当惩戒。

二十、宿舍规则

（一）凡学生于每学期开始时须将各费缴清呈验银行收据，方得入宿舍居住。

（二）凡学生入宿舍后不准迁移，如有特别情形，须经总务处核准。

（三）各寝室床位之数由总务处核定，先入居住者不得阻止后来之人。

（四）每两人给大方桌一张，一人给小方桌一张，床橙［凳］每人各一张，痰盂、字纸篓每寝室一只，惟大间寝室得酌添之。

（五）房内电灯由总务处预行配定，如欲增加光力者，须先向总务处请准，其所超过额定光力之数，每增十支至念支，每月应缴电费一元，由声请人负担。如不预报，私擅增添光力者，一经查出，除没收电泡外，应征所开增用电费加倍之罚金。

（六）住宿学生须共同维持清洁，不得随地吐痰及乱掷零星物件于室内外。

（七）不得在楼上窗口向楼下倾水。

（八）会客须在楼下学生会客室内，除得同房人同意者外，不得引入寝室。

（九）宿舍内不准留宿外人。

（十）寝室内不得藏危险物及违禁物。

（十一）楼上窗口不得悬晒衣履及其他杂物。

（十二）宿舍内不得喧嚣致碍公安，并须维持公众秩序。

（十三）在寄宿舍内不得有不规则之举动。

（十四）便溺应在所指定之地，以维公众卫生。

（十五）每晚十时一律息［熄］灯。

（十六）新校舍之寝室皆用木板隔成，学生不得在寝室内烹肴或于晚间息［熄］灯后燃烛致招失火，违者查出严重处分。

（十七）除星期六、星期日及节假日外，每晚七时后不得在宿舍弹唱。

（十八）房内校具须负责保管，每学期告终点交校役，交明庶务股验收后，方准出舍，如有损坏当照价赔偿。

二十一、图书馆规则

第一条　开馆时间，除例假停止外，规定上午八时至十二时，下午一时至五时、七时至九时半，星期日下午三时至五时、七时至九时半。

第二条　借书时间，除星期日及例假外，每日上午八时半至十一时半，下午一时半至四时半，但遇必要时得斟酌伸缩之。

　　第三条　欲借图书，须持注册证向本馆领取借书证（每人以一张为限），依式填交馆员核阅，凭证借书。

　　第四条　借书证用完时或学期结束时，须将原证送还。

　　第五条　借书证倘有遗失，应注意下列各项：

　　（一）须至馆声明；

　　（二）在未经声明前被检［捡］得该借书证者借去图书，应由原领证人负责；

　　（三）补证每次须缴补证费小洋二角。

　　第六条　本馆图书不多，颇有供不应求之势，借书人只可在阅书室参考，不得携出室外，倘有违章携出室外者，一经查出，应停止其借书权利一星期。

　　第七条　在阅览室借阅图书应注意下列各项：

　　（一）宜肃静，勿高声朗诵、重步偶语，致妨他人阅览；

　　（二）勿吸烟，勿随地吐痰；

　　（三）陈列图书、杂志、报章不得携出室外，阅后并须归还原处；

　　（四）借书手续应依据以下二项：

　　A. 欲借何书应就目录卡片中选择，记该书分类号数于借书证，交馆员检取；

　　B. 受书时须用中文正楷签名于书片。

　　第八条　图书阅毕须即交还，不得任意辗转传阅。

　　第九条　所借书籍如于馆门关闭时尚未阅毕，借书人可持该书至借书处声明保留，惟保留之书只以一日为限。

　　第十条　阅书时应注意下列各项：

　　（一）勿污损；

　　（二）勿评注；

　　（三）勿折角。

　　第十一条　借阅图书如有剪裁或遗失、污损等情者，应即按照原价赔偿。

　　第十二条　本规则自布告日施行。

大夏大学学生通则（1930 年）

第一章　入学及转学

第一条　入学

（一）资格

甲、大学各学院及师范专修科一年级

（1）新制高级中学毕业者；

（2）旧制中学毕业后并在其他大学预科（二年制）毕业者。

乙、预科

A. 预科三年级

（1）修完三三制高级中学第二年级课程者；

（2）修完其他大学预科（二年制）第一年级课程者。

B. 预科二年级

（1）修完三三制高级中学第一年级课程者；

（2）旧制中学毕业者。

C. 高中部一年级新生（遵照部令由预科一年级改办高一设在大学部梵王渡新校址）

（1）三三制初级中学毕业者；

（2）修完旧制中学第三年级课程者。

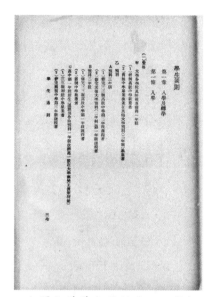

大夏大学学生通则（1930 年）

（二）试验科目及各科参考书

甲、大学各学院及师范专修科一年级

（1）国文　国学常识及作文

（2）英文

（a）Tien-Lan Lin: *College English Readings*

（b）Lockwood and Emerson: *Composition and Rhetoric*

（3）西洋史 Robinson and Breasted: *A General History of Europe*

（4）（a）物理（b）化学（c）生物学（三科中任择两科）

（a）Milligan and Gale: *Practical Physics*

（b）Black and Conant: *Practical Chemistry*

（c）G. W. Hunter: *Civic Biology*

（5）数学

（a）文学院、商学院、教育学院、法学院

高等代数 Rietz and Crathorne: *College Algebra*

（b）理学院

平而［面］解析几何 Smith and Gale: *New Analytic Geometry*

高等代数同前

（6）第二外国语（德文、法文或日文第二年级程度，师范专修科免试）

乙、预科

A. 预科三年级

（一）通试科目

（1）国文　国学常识及作文

（2）英文

（a）English Composition

（b）General Efficiency in English

（3）实用物理：Milligan and Gale: *Practical Physics*

（二）分组应试科目

甲、拟进文学组者

1. 中国文化史

2. 社会科学概论

乙、拟进教育学组者

1. 中国文化史

2. 教育原理

丙、拟进理学组者

1. 高等代数 Rietz and Crathorne: *College Algebra*

2. 立体几何

丁、拟进商学组者

1. 高等代数（同前）

2. 世界地理

B. 预科二年级

1. 国文　国学常识及作文

2. 英文

（a）Advanced grammar

（b）Beginner's Composition

3. 科学概论

4. 数学

5. 中国近代史

（a）初等代数 Wentworth and Smith: *Elementary Algebra*

（b）平面几何 Wentworth: *Plane and Solid Geometry*

C. 高中部一年级新生

1. 国文　国学常识及作文

2. 英文　文法及短论

3. 数学　混合数学

4. 科学常识

5. 史地常识

（三）报名手续（报名时应缴左列各件）

甲、履历书

乙、毕业证书或肄业证书（报名时缴来文凭或证书，皆于考试发表后四星期内发还，过期若不领还恕不负责）

丙、最近四寸半身照片二张（若无照片不准报名）

丁、报名费二元

戊、如系转学生，须将原校转学证书及成绩单、中学毕业证书或大学预科毕业文凭直寄本校招生及入学审查部审查。

（四）入学手续（入学时应缴左列各件）

甲、入学愿书

乙、保证书

丙、入学费十元

（五）纳费

甲、大学各学院及师范专修科学费每学期四十五元，预科暨高中部每学期四十元；

乙、每学期注册费一元，体育费二元，杂费七元；

丙、凡选修实验学程者，每学程每学期约纳实验费二元至四元；

丁、宿费每学期二十元；

戊、赔偿准备金每学期四元（赔余于次学期注册停止后第一日起发还）；

己、书报费每学期三元；

庚、校舍建筑费每学期五元；

辛、已缴费学生未经注册而请退学者，如系新生入学费不退还，如系旧生注册费不退还；

壬、膳费自理（每学期约三十元）。

第二条　转学

（一）资格　转学学生之原校必须为国立或省立大学或教育部立案之私立大学。

（二）证书　转学学生必备具下列证书：

甲、转学证书及成绩单粘贴照片（骑缝盖印），由原校直寄本校招生及入学审查部收；

乙、原校校长或教务长介绍信；

丙、高中或大学预科毕业证书。

（三）凡转学本大学各学院二、三年级者，其由他大学转来成绩单，经本校入学审查部审定，具有相当资格者得仅受国文及英文考试，编入相当年级肄业，第一学期在本校为试读生，如成绩优良，乃认为正式生，并确定其转学学分。

（四）承认绩点

甲、承认每学期绩点不得超过转学学校规定每学期所修绩点之平均限度；

乙、预科或附中绩点一概不得转移；

丙、暑校绩点可比照平常学期各学期各学程上课时数推算。

（五）年限　转学学生至少须在本校肄业一年半以上方得毕业。

第二章　注册

第一条　注册规则

（一）每学期开始时，各学生须先缴纳本校所规定之各项表格及学费，方能按照本校所定时日注册；

（二）缴费未清者不得注册；

（三）学生不得托人代为注册；

（四）逾期注册者需另缴注册费，以每日一元计五元为限；

（五）凡学生于开学后逾三星期尚未到校注册者，即不得注册；

（六）凡学生于开学后逾二星期，不得改易其所选之学程；

（七）学生入学后不得改名；

（八）凡经正式注册后，退学者作中途退学论，所缴各费，除赔偿准备金及膳余外，概不退还。

第二条　注册须知

（一）新旧学生入学须先向出纳股领取缴费单，然后赴本校所指定之银行缴费，领取缴费收据；

（二）持银行缴费收据向庶务股领取用膳证及入舍证，然后将用膳证交给厨房着其安排席次，并须将入舍证交给所住宿舍之斋夫，着其将行李搬入宿舍，银行收据经庶务股盖印后本人仍须收回，未缴费者概不招待入住及用膳；

（三）持银行缴费收据向收发股签领各种表格，即课程索引、上课时间表、学生选课表、上课证、学籍表、家长成绩报告单、家长通信单、缺课登记表（新生加领入学愿书保证书）；

（四）各种表格须以毛笔或蓝墨水笔用正楷一一填写，至选修各学程须按照新一览各该学院各该科课程所列范围并参阅课程索引课程时间表选填，如有疑难之处，须请各该学院各该科选课指导员予以指导；

（五）上课证每选一课学程填写一张，须与学生选课表对照无讹，学生选课表须填写同样三份，送请各该学院院长、各该科主任审核签证；

（六）表格填妥及经各学院长或科主任签字后送交表格总检查处检对，如有错误或填写不清，须重行填过（新生须查对文凭及照厅［片］）；

（七）各项手续完备后连同缴费收据缴存教务处注册股，领取注册证，但本人须取回学生选课表一份存查，并须领回上课证，于上课时缴各该课担任教员；

（八）注册手续完竣后各须携私人图章并注册证向事务处收发股盖一印模并签中英文姓名领取领信证，以为将来领取重要信件款项之对证（注意附则）；

（九）注册证须慎重保存不可遗失；

（十）转学院或科者须在选课表备注栏注明由某学院或科转来字样，补习学程亦须于选课表上注明。

第三章　学业成绩

第一条　绩点（Credit）

每周授课一小时，自修二小时，满一学期为一绩点；实验及其他学程无需课外参考者以每周上课二小时或三小时，满一学期作一绩点计算。

第二条　绩分（Grade）

绩点计量绩积分计算。例如学生修完某课时即得相当绩点，但其绩分须随成绩而定，苟其成绩为一等（参看成绩计算法），则其绩分为三，成绩二等绩分为二，成绩三等绩分为一，至四等成绩无绩分，五等成绩无绩点亦无绩分，此以一绩点之学程计算。若学程为三绩点，以例类推，即每次乘三，例如三绩点之学程，成绩一等绩分为九，成绩二等绩分为六，成绩三等绩分为三，成绩四等绩分为零，成绩五等无绩点亦无绩分。

第三条　指数（Index）

绩点与绩分之比率为指数。一学期之总绩分用绩点总数除之，即得学期之指数，将四年内所修绩点总数除总绩其分，商数即为毕业指数。

第四条　试验

（一）月考　一学期分两次月考，教员于考试周内指定某次上课时间为月考。

（二）临时考试　教员得随时察验学生成绩，作短时间之考试。

（三）学期考试　每学期终举行学期考试，时间及地点由教务处指定。

（四）补考

甲、补考限制　月考或学期考试学生因病缺席，经校医证明后，方得具函向教务长请求补考。

乙、补考时限　前学期所读之功课，如因重病或至要事缺考，本学期若不补考则以后永不得补考。

丙、补考费　补行学期考试者每学程须纳费一元。

第五条　成绩

（一）每月成绩　一月内平日成绩及月考成绩合并为一月成绩。

（二）学期成绩　包含下列成绩之总平均数：

（甲）平日成绩；

（乙）月考成绩；

（丙）学期考试；

（丁）教员评判。

（注）"教员评判"一项指教员视察所及评定学生平时之勤惰、学业之进步及课室内之态度，如参加讨论演习例题种种，是项既占学期成绩四分之一，影响总平均数不少。

（三）成绩之报告　本校为各学生置备成绩小册一本，登记在学期间全部成绩，于各生入学第一学期告终由教务处登记成绩，于下学期注册时发交该生以备注册时之用；

俟注册完竣后，仍须将此册缴交教务处成绩股保存，如有遗失，须照章补领。至于家长成绩报告单，须于注册时由该生将家长姓名、住址及本学期选修功课逐一填写清楚，缴交教务处，以便于学期告终时成绩股将该生之成绩登记清楚后寄交该生家长。

（四）成绩计算法　计算成绩用一二三四五等级，五等为不及格。数〔教〕员于记分时以比较一级内之成绩分配等第，得一等者照"常态分配"，应占全级百分之五，二等者百分之二十，三等者百分之五十，四等者百分之二十，五等者百分之五。

（注）高年级生程度较齐或选修人数过少，自然不应勉强凑合以符"常态分配"之原则。故关于此种特殊情景，须由教员酌量情形办理。

注意：十八年春季以前之绩点仍照旧一览计算法计算。

第六条　各级应修绩点
注意：此种规定自十八年秋季第一年级新生起实行。

年级　　　绩点　　　学期	第一学期（秋季）	第二学期（春季）
一年级	二二	二二
二年级	二〇	二〇
三年级	一八	一八
四年级	一五	一五
共一五〇绩点		

第四章　编级、毕业、学位

第一条　编级
（一）大学一年级　正式录取或由预科升学毋须补修预科绩点者，为大学一年级正式生。
（二）大学二年级　修满大学学程三十六至四十四成绩点，并其第一学年指数在 1 以上者，升为大学二年级正式生，指数在 1 以下者为试读生。
（三）大学三年级　修满大学学程七十六至八十四绩点，并其第二学年平均指数在 1 以上者，升为大学三年级正式生，指数在 1 以下者为试读生。
（四）大学四年级　修满大学学程一百十二至二百二十绩点，并其第三学年平均指数在一以上者，升为大学四年级正式生，指数在 1 以下者为试读生。试读生应守下列规则：

甲、在试读期内，不准代表学校参加各项运动比赛；

乙、在试读期内，不得担任校内各种组织之重要职员；

丙、成绩若未见进步，得令其退学。

第二条　毕业及学位

修完规定学程、品行优良者，由本校依照下列条件，照所习学科颁给学士学位：

（一）修满一百四十二绩点，军事训练六绩点，党义二绩点，共一五〇绩点；

（二）四年内之总平均指数在 1.00 以上，即各课总平均为三等；

（三）主系及副主系所应选绩点数符合各学院各科学则之规定；

（四）必修学程之指数俱在 1 以上。

第五章　请假规则

第一条　学生请假应填具请假书，经教务长准许方为有效。

第二条　学生因事或因病请假，曾经教务长准许者，其缺席作为缺课。

第三条　学生因病请假须附呈校医证明书。

第四条　学生未经准假擅自缺席者作旷课论。

第五条　学生旷课一次，作为缺席二次计算。

第六条　学生销假时须持准假证至所缺课之各课教员处声明，否则作旷课论。

第七条　学生缺席时数在每学程授课时数五分之一者，不得与该学程学期试验，如曾参加学期试验，其成绩亦作无效，并不得请求补考。

第八条　学生缺席应补习所缺功课，时间由各该教员酌定。

第六章　休学、退学

第一条　休学

凡学生因病或特别事故预科一个月以上不能上课者，应提出休学请求书于教务长，经许可后方得休学，其期限自一学期至二学期，一年不回校者，取消学籍。

第二条　退学

（一）大学一年级学生，年终时指数在七十百分比以下者；

（二）大学二年级学生，年终时平均指数在八十百分比以下者；

（三）大学三年级生，年终时平均指数在九十百分比以下者；

（四）凡中途退学者，赔偿准备金及膳余外各费概不退还。

第七章　奖励、惩戒

第一条　奖励

（一）奖学金

甲、名额　每学期二十名，每名二十元。

乙、标准　品行优良，家境清寒，学期成绩指数在 2.60 以上者。

（二）奖学状

甲、名额　每学期无定额。

乙、标准

（1）学期指数在 2.20 以上者得优等奖学状；

（2）学期指数在 2.40 以上者得特等奖学状；

（3）学期指数在 2.60 以上者得超等奖学状。

第二条　惩戒

（一）惩戒方法

甲、训诫及警告；

乙、记过；

丙、停止应享权利；

丁、停学；

戊、退学。

（二）凡学生犯左列各项之一者，由院长或科主任训诫并授以警告书一纸，同时通告该生家长，如仍有不规则行为，则给第二第三次警告：

甲、应受第一次警告者：

A. 无故缺课满六次者；

B. 对教职员无礼者；

C. 故意毁坏校具或房舍者（除警告外按值责令赔偿）；

D. 扰乱秩序者；

E. 妨害公共卫生者；

F. 未得图书管理员之许可而将参考书或杂志携出馆外，或借书屡次逾期不还者；

G. 侮辱同学者；

H. 殴打校役者；

I. 发表秽亵文字或言论者；

J. 每月月考有二门不及格者；

K. 违背学校校规者。

乙、应受第二次警告者：

A. 缺课六次曾受第一次警告，而再无故缺课满三次者；

B. 曾受第一次警告而再犯同样之情形者。

丙、应受第三次警告者（即予退学处分）：

A. 曾得第二次警告，而再缺课满五次者；

B. 滥用全校名义在外损坏学校名誉者；

C. 伪造成绩者；

D. 曾受第二次警告而仍不悔改者。

（三）凡学生犯前条甲项C、D、F、I等项受第二次警告者，由群育主任执行记过或停止其应享权利。

（四）凡学生考试舞弊者，除给第二次警告外，不给该课绩点。

（五）凡学生犯左列各项之者，由教务会议决予以退学处分：

甲、张贴毁谤本校布告扰乱秩序者；

乙、经警告三次尚不悛改者；

丙、毁辱师长者；

丁、殴打同学者；

戊、毕业学期试验舞弊者；

己、违背校规之情节重大者。

第八章　附则

第一条　凡学生向收发股领取挂号信、快信或包裹，须持本人图章并领信证核对领取；倘托人代领，亦须将私章及领信证交代领人持向核对，始得领取。

第二条　凡学生兑领汇票须会计处盖章者，应于汇票上先盖私章并缴领信证，经核对后始予盖章。

第三条　学生个人或团体如托本校印刷股代印稿件，须先经事务主任签字允准，并向会计处缴纳印刷费。

第四条　凡寄住宿舍学生之电报，由校役分送各该生房内，住外者不送。

大夏大学学生通则（1935 年）

一、入学及转学

第一条　入学

（甲）资格

凡高级中学毕业生，得应本大学各学院及各专修科一年级入学试验。

重要声明：凡投考本校各学院各科各年级新生缴来之文凭及成绩单，本校均于录取后向原缴校调查，如有伪造、顶替、涂改情弊，一经查出，立予退学处分。

（乙）试验科目

注意：除英文、数学及自然科学得用英文作答外，其他各科概须用本国文字作答。

（一）文、教育、商、法各学院一年级及师范专修科一年级试验科目：

1. 国文

2. 英文

3. 中外历史

4. 中外地理

5. 数学、经济、政治（任择一门，数学括包［包括］代数、几何）

6. 物理、化学、生物（任择一门）

7. 体格检查

附注一：商学院数学考代数，并加考簿记。

附注二：各试验科目参考书，另详招生简章。

（二）理学院一年级试验科目：

1. 国文

2. 英文

3. 数学（包括代数、几何）

4. 物理、化学、生物（任择二门），土木土［工］程系指定考物理、化学二门

5. 体格检查

（三）体育专修科一年级试验科目：

1. 国文

2. 英文

3. 数学

4. 物理、化学、生物（任择二门）

5. 术科或体能测验

6. 体格检查

（丙）报名手续

报名时应缴左列各件：

（1）履历书；

（2）毕业文凭或肄业证书（报名时缴来文凭或证书，考取者须候教育部审查完毕后发还，未考取者限发表后四星期内领回，过期不负保管之责）；

（3）最近四寸半身照片三张（无照片者不准报名）；

（4）报名费二元（报名后曾否参与考试或被取与否，照片及报名费概不退还）；

（5）如系转学生，须将前在学校各学期之成绩报名单及中学或大学预科毕业文凭直寄本校教务处注册主任审查。

（丁）入学手续

入学时应缴左列各件：

（1）入学愿书；

（2）保证书；

（3）入学费六元。

（戊）纳费

学生费用见左列各项：

（1）学费　每学期五十元；

（2）宿费　每学期二十元；

（3）图书仪器费四元，体育费三元，杂费六元（包括注册、汤水、医药等费，惟讲义费不在内）；

（4）建筑费　每学期五元。

附注一：凡选修实验学程看［者］，每学程、每学期约纳实验费三元至五元。

附注二：赔偿准备金每学期四元（赔偿余款或未有赔偿者均于次学期注册截止后发还）。

附注三：新生制服费，男生每套夏季约四元，冬季约十四元，女生每套无论冬夏均约三元（多退少补）。

附注四：体育专修科学生入校时应缴运动服装费二十元（包括童子军服装及用具、运动服装、靴袜以及跑鞋等）。

附注五：已缴费学生未经注册而请退费者，如系新生，入学费不退还，如系旧生，注册费（一元）不退还；已注册者无论休学、自动退学或受退学除名处分，所缴各费，除赔偿准备金外，概不退还。但制服费如未定做可予发还。

第二条　转学

（甲）资格　转学学生之原校限于国立省立或教育部立案之私立大学或独立学院。

（乙）证书　转学学生必备具下列证书：

（1）转学证书及成绩单（粘贴照片骑缝盖印）由原校直寄本校教务处注册主任收；

（2）高中或大学预科毕业证书；

（3）原校校长或教务长介绍信。

（丙）试验科目　凡转学本大学各学院二、三年级者，其由他校转来成绩单经本校教务处注册主任审定具有相当资格者，除受国文、英文及主系重要科目考试外，并经各该院长口试，编入相当年级肄业。

（丁）承认学分

（1）转学生转来成绩须视其在本校第一学期成绩之优劣确定承认其转来学分之总数；

（2）承认每学期学分不得超过本校规定每学期所修学分之平均限度。

a. 凡转学生在本校第一学期成绩总指数在一以上者，转来成绩按照本校相当年级得修最高限度学分承认；如原校学分不到本校相当年级准修最高学分数目者，只能按照其原校学分承认，但原校所修科目为本校规定所无者，概不承认。

b. 第一学期成绩总指数在0.9不到1.0者，转来成绩按照a项作九折计算，在0.8不到0.9者作八折计算，在0.7不到0.8者作七折计算，在0.7以下者予以退学处分。

c. 国立省立及已立案之私立大学或独立学院一律待遇，已停办之学校转来成绩概不承认。

（戊）年限　转学生至少须在本校肄业一年半以上方得毕业。

附注：

（1）师范专修科及体育专修科不收转学生。

（2）各学院各科一年级新生必须经入学考试，不得援转学生办法。

（3）转学生报名手续、纳费及入学手续概同各学院一年级新生。

二、注册

第一条　注册规则

（1）学期开始时，学生须先填交本校所规定之各项表格并缴清学杂各费方能注册。

（2）学杂各费未缴清者不准注册。

（3）旧生注册须随带学生证呈验，新生须向注册主任处编定学号并领取介绍书交与各该院长或科主任。

（4）注册时学生必须呈验本人学生证，否则不予注册。

（5）逾期注册者，须缴注册过期费，每日一元，以五元为限。

（6）凡学生于开课后逾二星期到校注册者，减修三学分，逾三星期者不得注册。

（7）凡于注册时错填年级希图多选学分者，经教务处查出后除注销额外多选学分外，并予以相当惩戒。

（8）学生入学后不得改名。

（9）凡在本科三年级以上学生不得改系。

第二条　注册须知

（1）新旧学生入学须先向会计处出纳课领取缴费单，赴本校所指定之银行缴费，领取缴费收据。

（2）持银行缴费收据向事务处斋务课领取入舍证，将入含〔舍〕证交给所住宿舍之斋夫，着其将行李搬入宿舍，其银行收据经斋务课盖印后本人仍须收回。

（3）持银行缴费收据向事务处收发课签领各种表格（课程索引、上课时间表、学生选课表、上课证、学籍备查、缺课登记表，新生加领新生入学指南一份）。

（4）各种表格须以毛笔或蓝墨水笔用正楷一一填写，至选修各学程须按照《一览》各该院科课程所列范围并参阅课程索引、课程时间表选填，如有疑难之处，由各该院科选课指导员予以指导。

（5）上课证每选一门学程填写一张，须与学生选课表对照无讹，学生选课表须填写同样三份送请各该学院院长、各该科主任审查签证（新生须向教务处领取介绍书交与各该学院院长或科主任方可签字）。

（6）表格填妥，经各该学院院长或科主任签字后，送交表格总检查处检对，如有错误或填写不清，须重行填过。

（7）各项手续完备后，连同一寸半身照片一张及缴费收据，缴存教务处，领取学生证（旧生缴上项收据时，须带学生证请注册主任盖章），但本人须取回学生选课表一份存查，上课证由教务处直接汇送担任教授按时点名。

（8）注册手续完竣后，各须携私人图章并学生证向事务处收发课盖一印模并签中英文姓名领取领信证，以为将来领取重要信件或汇款之对证，但旧生所盖印模应与以前所盖者同样（注意本通则第十九）。

（9）学生证须慎重保存，不可遗失（如请求补发须纳费一元）。

（10）转学院或科者，须前一学期未结束时用书面向教务委员会请求，经核准后于第二学期始得照转，否则作为无效。

三、学业成绩

第一条　学分（Credit）

每周授课一小时，自修二小时，满一学期为一学分；实验及其他学程无需课外参考者，以每周上课二小时或三小时，满一学期作一学分计算。

第二条　绩分（Grade）

学分计量，学分计质。例如，学生修完某课时即得相当学分，但其绩分随成绩而定。苟其成绩为一等（参看成绩计算法），则其绩分为三；成绩二等，绩分为二；成绩三等，绩分为一；至四等成绩无绩分；五等成绩无学分亦无绩分。此以一学分之学程计算，若学程为三学分，以例类推。例如三学分之学程，成绩一等，绩分为九；成绩二等，绩分为六；成绩三等，绩分为三；成绩四等，绩分为零；成绩五等，无学分亦无绩分。

第三条　指数（Index）

学分与绩分之比率为指数。一学期之总绩分用学分总数除之，即得学期之指数；将四年内所修学分总数除总绩分为毕业指数。

第四条　试验

1. 小考　一学期至少举行两次以上之小考。

2. 临时考试　教员得随时察验学生成绩，作短时间之考试。

3. 学期考试　自学期终举行学期考试，时间及地点由教务处指定。

第五条　成绩

1. 学期成绩包含下列成绩之总平均数：

（1）平日成绩（包括演习例题、课堂口问、作文、实验，等等）；

（2）小考成绩（包括临时考试）；

（3）学期考试上举三种成绩，各占学期成绩三分之一。

2. 成绩之报告　本校备成绩报告单及成绩登记表二种，一以报告成绩于家长，一以备学生自己查询成绩之用。说明如下：

（1）成绩报告单　于学期结束后二星期内，由教务处将本学期选修各学程之成绩邮寄家长审核。

（2）成绩登记表　此表由教务处制备，登记各期选修学程成绩，学生得向教务处查阅，以为选课时之参考。

3. 成绩计算法　计算成绩分一二三四五等，列五等者为不及格，须重修之，但国文、英文成绩列四等者须重修之。

第六条　各级应修学分

领期　学分 年级	学分数（秋季） 上学期	学分数（春季） 下学期
一年级	二二	二二
二年级	二〇	二〇
三年级	一八	一八
四年级	一五	一五
共一五〇学分		

四、编级毕业及学位

第一条　编级

（1）大学一年级　正式考取者为大学一年级正式生；

（2）大学二年级　修满大学学程三十六至四十四学分，并其第一学年指数在一以上者，升为大学二年级正式生，指数在1以下0.7以上者为试读生；

（3）大学三年级　修满大学学程七十六至八十四学分，并其第二学年平均指数在1以上者，升为大学三年级正式生，指数在1以下0.8以上者为试读生；

（4）大学四年级　修满大学学程为一百十二至一百二十学分，并其第三学年平均指数在1以上者，升为大学四年级正式生，指数在1以下0.9以上者为试读生。

附注：学生在试读期内不得担任校内各种组织之职员。

第二条　毕业及学位

修完规定学程、品行优良者，由本校依照下列条件，照所习学科颁给学士学位：

（1）修满一百五十学分；

（2）四年内之总平均指数在1.00以上，即各课总平均为三等以上；

（3）主系及辅系所应选学分数符合各院科学则之规定；

（4）主系及普通必修学程之指数俱在1以上；

（5）毕业论文依时缴交，经系主任批准并经教务委员会通过；

（6）凡学生于最后一学年得四等成绩之学程准予补考一次。

五、请假、休学、退学及减修学分

第一条　学生请假应填具请假书，经注册主任准许方为有效。

第二条　学生请假曾经注册主任准许者，其缺席作为缺课；未经准假擅自缺席者作为旷课，旷课一次作缺课二次计算。

第三条　学生请假以下列各项事由为限：（1）家庭重大事故，（2）自身疾病。

第四条　因上条（1）项请假者，须由家长或保证人具函向注册主任代为请假，请假期间凡家住本埠者至多以一星期为限，住外埠者至多以两星期为限，逾限作旷课论；因（2）项请假者须于病愈返校三天内持校医或医院医生正式证明书向注册主任补行请假，逾期无效。

第五条　请假手续不完全者作旷课论。

第六条　学生销假时须持准假证至教务处请求销假，否则作旷课论。

第七条　学生注册迟到及缺课时数超过一学期授课时数五分之一者，不得参与学期试验，并不得请求补考。

第八条　学生缺课应补习所缺功课，其工作由各该教员酌定。

第九条　凡学生因病或特别事故预料一个月以上不能上课者，应提出休学请求书于教务长，经许可后方得休学。

第十条　凡学期成绩过劣者，酌予减修学分，改为试读生或予退学处分。

第十一条　继续试读两学期而成绩指数仍在 1.0 以下者，受退学处分。

六、教室规则

第一条　学生准备至教室上课时须严守左列各项：

（1）于下课钟未鸣以前不得拥塞各教室之出口；

（2）教室内原有之班未全退出以前不得任意推门闯入，并不得在门上敲击或任意喧嚣。

第二条　教室内及各甬道中绝对禁止吐痰、喷涕或吸烟。

第三条　学生在教室内必须脱帽，并须穿着制服。

第四条　教员点名时学生不得代人答到。

第五条　教室座位经指定后，学生即须遵守，不得擅自移动。

第六条　教员向学生发问时，学生必须起立作答。

第七条　教员迟到在十分钟以内者，学生须在教室静候。

第八条　学生不得于黑板上或教室内各处乱涂。

第九条　学生在上课时不得阅看课外书报。

第十条　凡经教员所指定之作业，学生必须准时缴交，不得延宕。

第十一条　教员未令学生退席以前，学生不得擅自退席或作任何表示催促教员下课。

第十二条　凡违反上列各条者，除由各教员当面训诫外，并由教务委员会斟酌情形之轻重予以惩戒。

七、试场规则

第一条　学生受试验时，应照教务处编号或教员所指定之座位就座，不得任意变动。

第二条　学生须按时到场受试不得迟到。

第三条　学生除携带笔墨外，非得教员特许，不得携带他物。

第四条　学生应服从主试教员及监试员之告语。

第五条　学生如欲暂时出场，须得主试教员或监试员之许可。

第六条　学生在试场中务须肃静。

第七条　学生受试时不得夹带偷看、抢［枪］替、传递或有他种舞弊行为，违者除取消该学程之成绩外，予以相当处分。

第八条　试题答毕，应即交卷出场。

第九条　学生应准时交卷，逾时不收。

第十条　学生如有违犯［反］本学则情事，主试教员或监试员得令其出场，并由校务会议根据教员书面报告及本通则第九章之规定予以相当惩戒。

第十一条　凡用本国文字作答之卷须用毛笔缮写，用外国文字作答之卷须用墨水笔缮写，各卷字体不得潦草，并绝对不得用铅笔誊清，违反本条规定之各试卷作为无效。

八、奖学金规则

第一条　本大学为鼓励品学兼优之学生，特设各种奖学金。

第二条　本大学各种奖学金给予之期间分为一学期与一学年两种。

第三条　本大学各种奖学金于每学期开学前三星期由院长或教务委员会提出合格人选经校务会议决定公布之。

第四条　本大学各种奖学金每一学生不得享受二种以上，如遇应得奖之学生辍学时，由学校转给其他最优学生。

第五条　本大学各种奖学金于受奖学生缴费时扣除之，如有余剩，发给现金。

第六条　本大学各种奖学金之种类如左：

（甲）大学奖学金；

（乙）清寒奖学金；

（丙）欧剑翁奖学金；

（丁）素霞纪念奖金；

（戊）桂芬纪念奖金；

（己）品珠纪念奖金；

（庚）念慈纪念奖金；

（辛）函谷纪念奖金。

第七条　本大学各种奖学金之办法如左：

（甲）大学奖学金

1. 奖金来源　由本大学支出。

2. 名额　每学期根据各院科学生人数比例定之，总名额限于二十四名。

3. 金额　每名二十元。

4. 受奖条件　凡各院科学生具有左列条件者得受本项奖学金：

（1）学期成绩指数为各学院科中最高者；

（2）操行优良者。

（乙）清寒奖学金

1. 奖金来源　由本大学捐券并经捐款人自由认定其种类。

2. 名额　未定。

3. 金额　分为甲、乙、丙三种：

甲种：每名每年二百元；

乙种：每名每年一百元；

丙种：每名每年五十元。

4. 受奖条件　凡本大学学生具有左列条件者得受本项奖学金：

（1）家境清寒证明属实者；

（2）学行优良者。

（丙）欧剑翁奖学金

1. 奖金来源　由欧剑波先生捐寿仪六千元充奖学基金，每学期大学部动用利息二百元。

2. 名额　每学期四名。

3. 金额　每名五十元。

4. 授奖条件　凡具有左列条件者得受本项奖金：

（1）各学院第三年级第一学期、第二学期，第四年级第一学期或各科第一年级第二学期、第二年级第一学期之学生；

（2）学期成绩指数为全校最高之四名。

（丁）素霞纪念奖金

1. 奖金来源　由王国秀先生纪念太夫人而设（自二十四年度下学期起开始给予）。

2. 名额　每学期一名。

3. 金额　二十五元。

4. 受奖条件　凡具有左例［列］资格者得受本项奖金：

（1）文学院史地学系学生；

（2）学期成绩指数为全系最高者；

（3）操行优良者。

（戊）桂芬纪念奖金

1. 奖金来源　由吴泽霖先生纪念太夫人而设（自二十四［年］度下学期起开始给予）。

2. 名额　每学期一名。

3. 金额　二十五元。

4. 受奖条件　凡具有左列条件者得受本项奖金：

（1）文学院社会学系学生；

（2）学期成绩指数为全系最高者；

（3）操行优良者。

（己）品珠纪念奖金

1. 奖金来源　由陆德音女士纪念太夫人而设（自二十四年度下学期起开始给予）。

2. 名额　每学期一名。

3. 金额　二十五元。

4. 受奖条件　凡具有左列条件者得受本项奖金：

（1）文学院社会学系女生；

（2）学习成绩指数为全系女生最高者；

（3）操行优良者。

（庚）念慈纪念奖金

1. 奖金来源　由应瑛女士纪念太夫人而设（自民国二十四年度下学期起开始给予）。

2. 名额　每学期一名。

3. 金额　二十五元。

4. 受奖条件　凡具左列资格者得受本项奖：

（1）文学院中国文学系学生；

（2）学期成绩在全系中较为优良者；

（3）操行优良者。

（辛）函谷纪念奖金

1. 奖金来源　由李青崖先生经手券［募］集（自二十四［年］度下学期起开始给予）。

2. 名额　每学期一名。

3. 金额　二十五元。

4. 受奖条件　凡具左列资格者受本项奖金：

（1）文学院中国文学系学生；

（2）学期成绩在全校中较为优良者；

（3）操行优良者。

九、奖励及惩戒规则

第一条　奖励

（甲）奖学励行状

1. 奖学状

（1）品行优良、学期成绩指数在 2.20 以上者，得优等奖学状；

（2）品行优良、学期成绩指数在 2.40 以上者，得特等奖学状；

（3）品行优良、学期成绩指数在 2.60 以上者，得超等奖学状。

2. 励行状　凡学生有特殊行为足资表彰者，由校务会议通过后给与本项奖状。

（乙）其他奖状　凡学生对于体育、军训、演说、辩论有特殊成绩者，由生活指导委员会提请校务会议通过后给与奖状。

第二条　惩戒

（甲）惩戒分以下四种：

（1）警告；

（2）停止应享权利；

（3）停学；

（4）除名。

（乙）凡学生犯左列各项之一者，除由主管人员训诫外，由群育部斟酌情形予以一次或二次警告，同时通告该生家长：

（1）对教职员无礼者；

（2）妨害秩序者；

（3）侮辱个人或团体者；

（4）毁坏校具或房舍者（除警告外按值责令赔偿）；

（5）妨害公共卫生者；

（6）发表秽亵文字或言论者；

（7）拾得他人物件隐匿不报者；

（8）考试舞弊者（除该学程学分取消外）；

（9）违背其他校规者。

（丙）凡学生犯前条各项时，除予警告外，群育部得斟酌情形停止其应享权利，其情节较重者由校务会议议决予以一学期之停学处分。

（丁）凡学生犯左列各项之一者由校务会议议决予以除名处分：

（1）扰乱秩序者；

（2）有殴人行为者；

（3）有窃盗行为证据确凿者；

（4）滥用全校名义在外损坏校誉者；

（5）考试舞弊屡戒不悛者；

（6）行为不检妨害校誉而情节重大者；

（7）违背校规情节重大者；

（8）积受警告至三次者。

十、荣誉学会规则

第一条　宗旨

本会以砥砺学术、鼓励研究为宗旨。

第二条　会员

除教务委员会委员为当然会员外，凡具有左列资格之一，经本会会员二人以上之提议，并经会员委员会审查通过者，得为本会会员。会员入会后即为终身会员：

1. 教授或讲师具有专门研究而与本会宗旨相合者；

2. 曾加入大夏学会之学生具有后列条件之一者：

（1）得奖学金者；

（2）研究有特殊成绩者；

（3）学业特优者。

第三条　组织

本会设会长一人，书记一人，会计一人，组织执行委员会，其产生方法由会员互选之，任期一年，连选得连任。

第四条　会务

本会会务分为左列数项：

（1）组织读书讨论会；

（2）聘请专家演讲；

（3）每学期举行大会一次，并举行新会员入会典礼；

（4）编译专门书籍。

第五条　会费

教职员每人入会费五元，学生每人入会费一元。

第六条　附则

本大纲经校务会议通过后施行之。

十一、体格检查规则

第一条　经本校录取之新生或转学生俱应受体格检查，不合格者不得注册入学。

第二条　本校旧生应于每学年受体格检查一次，遇必要时得临时施以检查。

第三条　检查结果认为须受治疗之学生，得依情形轻重酌予指导或疗治，同时通知家长特别注意。

十二、毕业论文规则

第一条　本大学本科学生于毕业前须作论文一篇，经各该系主任或指导教授审查合格，并经教务委员会通过，方准毕业。

第二条　本科第三年第二学期及第四年第一学期为作论文时期。

第三条　论文题目须先经系主任、院长审查核准，于开始时到院登记。

第四条　学生论文由系主任指导［员］，如有特别需要时，得由院长另请本校其他教授担任之。

第五条　学生进行撰著论文时，须随时就正于指导教授。

第六条　论文须于第四年第一学期之末缴交教务长，由教务长分别转送各系主任审核，学生不得将论文迳［径］交系主任收阅。

第七条　论文须备两份，一份由本校图书馆保存，一份由各学院保存。

第八条　论文性质规定如左：

（1）专题研究；

（2）实验报告；

（3）调查报告；

（4）翻译。

第九条　论文须用本校所规定之毕业论文纸以墨笔楷书誊写。

第十条　除实验性质、特殊性质的论文外，论文字数至少须在三万字以上。

第十一条　论文须附有详细参考书目，将材料来源注明。

第十二条　论文中之译名应附原文。

第十三条　论文须加标点。

十三、学生课外作业规则

第一条　学生参加课外作业应以不妨害学业为准。

第二条　学生担任各团体之职务者须具有下列各条件：

（1）品行端正；

（2）学期成绩指数在 1 以上；

（3）限于曾经本校正式生；

（4）在本校肄业一学期以上。

第三条　学生同时不得担任两种团体以上之职务。

第四条　学生任何一次小考成绩有两学程以上列四等者，得由教务处通知群育部，令其退出各种课外作业。

第五条　担任各团体职务各学生名单须于开学后三星期内由各团体负责人员呈报于生活指导委员会及教务处，以便查核。

十四、学生结社集会规则

第一条　凡学生组织团体以研究学术及联络同学情谊者为限。

第二条　凡学生发起组织团体时，须将左列各项报告群育部，经核准后始得开始征求会员：

（1）名称；

（2）宗旨；

（3）发起人姓名；

（4）征求会员范围。

第三条　凡学生各种团体经筹备完竣后，须将左列各项报告群育部，经审查认可后始得成立：

（1）名称；

（2）宗旨；

（3）组织；

（4）进行事项；

（5）经费来源及预算；

（6）有无发行刊物及其性质；

（7）职员姓名；

（8）全体会员姓名。

第四条　凡学生团体业经群育部认可者，如有修改章程或改选职员时，须于两星期内将章程修改之处或职员改选名单报告群育部核准备案。

第五条　凡学生各团体如对校外团体有联络进行事项须先报告群育部，经许可后始得进行。

第六条　凡学生团体或个人有须临时募集款项者，须先将拟募数目及其用途由负责人报告于群育部，经核准后始得开始募捐。

前项捐款支用后须将详细账目报告于群育部核销。

第七条　凡学生团体每学期进行事项及收支账目，须于假前报告群育部。

第八条　凡学生团体有违反本规则或其他妨碍本校秩序行为者，本校得随时取缔之。

第九条　凡学生各种集会须将左列各项于集会二十四小时以前报告群育部，经许可后始得集会：

（1）集会名称；

（2）集会目的；

（3）发起人或团体；

（4）集会地点；

（5）集会时间；

（6）到会人数；

（7）有无校外人参加。

第十条　凡学生各种集会须于每星期五六晚间七时至九时间举行。

第十一条　凡学生各种集会欲借用本校校舍者，须先向事务处领许可证始得使用。

第十二条　凡学生各种团体或临时发起人欲邀请外宾演讲时，须先商得群育部之同意，并须于每日下午四时至六时举行，但不得同时举行二个或二个以上之演讲会。

第十三条　凡学生各种集会虽经群育部许可，而集会中如有妨碍本校秩序或触犯本校校规时，本校得随时禁止其集会。

第十四条　凡学生借用本校集会时，不得将室内器物之原有位置任意迁乱。

第十五条　凡学生集会借用本校器具杯盘或电力者，于必要时得由事务处酌收费用，如有毁损，应照价赔偿。

第十六条　凡学生集会时间不得与本校所定全体集会时间冲突。

第十七条　凡学生各种团体或各种集会所发布告，其用纸大小不得超过本校所规定之尺寸。

十五、学生发行刊物规则

第一条 凡学生之定期刊物，须先将下列各项报告群育部，经审查核准后始得创办：

（1）刊物名称及其宗旨；

（2）刊物出版日期；

（3）发行之负责者；

（4）经费预算及其来源；

（5）编辑人员；

（6）印刷机关；

（7）每期内容字数；

（8）每期发行册数。

第二条 群育部为前条之审查时，须以下列各项为核准条件：

（1）编辑人员确已准备或认定三期以上之稿件；

（2）发行者确已筹足三期以上之经费；

（3）刊物内容以研究学术或评论时势为范围，不得有诬蔑或借端攻击之言论。

第三条 每期刊物出版时，须即送交群育部审阅，如发现有不合前条（3）之规定者，得令其停止发行。

第四条 凡学生之不定期刊物，无论为团体或个人所发行，须于出版时送交群育部审阅后始得发行。

第五条 凡壁报无论其为定期或非定期，在发表以前，须送请群育部审查盖章后，始得在学校指定场所张贴。

第六条 壁报内容如有触犯法令或破坏社会或本校秩序之言论，群育部得随时禁止其发表。

第七条 壁报张贴场所内如发现有未经群育部盖章之壁报，学校得随时将其取下。

第八条 凡经群育部取缔之定期或不定期刊物，倘发行者仍擅自发行，群育部得对于该发行者予以相当之处分。

第九条 凡刊物中有特殊价值之文字，经群育部会同各学院或各科专门教授评定后，应拟褒奖及宣扬办法提出于校务会议议决施行，以资鼓励。

十六、学生参观规则

第一条 本校为增进教学效能起见，如担任某学程教授认为必要时得组织学生参观团，但须会同各该学院院长或科主任及系主任或组主任商订参观事宜。

第二条 学生参观团在本埠参观，其时间由担任教授订定，但不得与学生考试时间冲突。

第三条 学生参观团往外埠参观，须于假期内举行，如有特别情形不能在假期举行者，由教务委员酌定时间。

第四条 学生参观团之人数得由领导教授决定。

第五条 学生参观团出发参观时须受教授之指导，如有不规则行为，教授得令退出参观团，并由校务会议予以相当处分。

第六条 领导参观团之教授其旅费由本校供给。

第七条 学生参观后须将其参观心得报告教授。

十七、学生借阅图书规则

第一条 本校学生欲借图书在图书馆内外阅览者，每学期初须持注册证来本馆向图书馆入馆证及借书证发给处领取入馆证及馆外借出阅览证，逾期注册者向图书馆普通图书阅览股领取。

第二条 入馆证及馆外借出阅览证于终止借书或学期结束时随同所借图书一并送还。

第三条 借书证倘有遗失，应注应［意］下列各项：

（1）须至本馆声明；

（2）在未经声明前被拾得借书证者借去图书，应由原领证人负责；

（3）补证每次须向会计处缴补证费小洋两角以示限制。

第四条 借图书至馆外阅览者应注意下列各项：

（1）借出图书以寻常版本为限，凡珍贵图书及教授指定参考图书概不借出馆外；

（2）欲借何书应就目录中选择，记其书名、分类号数、借书年月日、本己姓名、住所、院科别于馆内或馆外阅览券，并填清代书板签条上应填各项，连同馆外借出阅览证交馆员捡取；

（3）还书时须当时取回馆外借书阅览证；

（4）借书以一星期为限，逾限须续借者得酌量展限，唯至多不得过一星期；

（5）逾限之书欲续借者，须将该书带至出纳处声明，换盖借书日戳；

（6）借阅图书遇本馆有检查之必要时，经本馆通知应即归还；

（7）逾限而不归还者，每部每日罚铜元六枚；

（8）每人借出图书总数以二册为限（但线装书可借至十册）。

第五条 在阅览室借阅图书应注意下列各项：

（1）务宜肃静，勿高声朗诵、重步、偶语，致妨他人阅览；

（2）勿吸烟，勿随地吐痰；

（3）脱帽；

（4）陈列图书、杂志、报章等不得携出室外，阅后并须归还原处；

（5）借书手续应依据第四条（2）（3）两项之规定，但可免去填代书板签条；

（6）所借图书须在该阅览室阅览，阅览未毕因事外出时，必须将所借图书交还后始可外出；

（7）图书或杂志未经馆员许可而携出者，每次每本罚小洋二角，如逾日仍未归还者，每本日递加罚费小洋一角；

（8）每人借出图书总数以四册为限（但线装书可借至廿册，阅完可以更换）。

第六条　书经阅毕，须即交还，不得辗转传阅。

第七条　阅书时应注意下列各项：

（1）勿污损；

（2）勿圈点，勿批评；

（3）勿醮唾翻页；

（4）勿拆［折］角。

第八条　凡借阅图书不还连催三次者，由主管人员予以警告。

第九条　借阅图书者，如有剪裁图画或遗失、污损、批评等情事，责令按照原价加倍赔偿。

第十条　凡应缴费事项，由馆员随时通知。

第十一条　凡应缴费而未缴者，停止其借阅图书权利至营［应］缴清时为止，并得由赔偿准备金内扣。

第十二条　学期结束时，凡借阅图书尚未交还者，下学期来校不得注册，转学者不给转学证，毕业者则扣留其文凭。

第十三条　本馆平时开放时间如下，暑期学校及寒假期内另定之：

甲、大学部参考图书阅览室、普通图书阅览室、报纸阅览室

自星期一至星期五：上午八时至十二时，下午一时至五时，晚间六时半至九时半。

星期六、例假前一日：上午八时至十二时，下午一时至四时。

星期日：晚间六时至九时。

例假及寒暑假期间之开放时间另行规定。

［乙、杂志阅览室

自星期一至星期五：下午一时至五时，晚间六时半至九时半。

星期六或例假前一日：下午一时至四时。

星期日：晚间六时至九时半。］

丙、馆外阅览借出

自星期一至星期六：下午一时至五时。

第十四条　本馆于每学期结束之前十日停止馆外借出，以便清理。

第十五条　书库非经主管人员许可不得入内。

附：图书馆馆外特别阅览规则

本馆为便利著作毕业论文学生借阅参考书起见，特制定馆外特别阅览规则如下：

（1）著作毕业论文学生须先向本馆索取馆外特别阅览券，填写毕业论题，亲向院长陈请签章始能有效；

（2）用馆外特别阅览券借书，至多以六种为限，阅完可以更换；

（3）用馆外特别阅览券借书，以四星期为限，但遇必要时得商请馆长许可延长，惟延长时期至多不能过二星期，至本学期结束时无论满期与否，概须归还；

（4）参考书、指定书、定期刊物及禁止借出图书概不借出；

（5）用本馆馆外特别阅览券借书，须附缴馆外借出阅览证（用馆外借出阅览证所借图书须还清）。

十八、宿舍规则

第一条　本校全体女学生，大学一、二年级男生及师专科，体专科一年级男生须一律住校，其他各年级男生经事务主任许可得住校外。

第二条　凡学生于每学期开始时须将各费向银行缴清，持收据向事务处领入舍证，按照编定号数入舍居住，不得私行迁移。

第三条　宿舍一切器具皆有规定件数，不得任意变动，并须负责保管，每学期告终时由庶务课验收方准出舍，如有损坏当照价赔偿。

第四条　房内电灯均有一定光度，如欲增加光力者，须先报请事务处核准，并征收其所超过定额之电费，计每增十支至廿五支，月费一元。如不预报私擅增添光力者，一经查出，除没收电泡外，应处加倍之罚金。

第五条　偷接电线者，除阻止外，予以一次警告之处分。

第六条　寄宿生作息时间须遵照本校规定。

第七条　寄宿生出外须于晚间十时前回校，非经正式准假不得在外住宿。

第八条　女生每晚九时半必须归寝室，由女生指导员按室点名，其无故缺席者，除通知其家长外，并予以警告，满三次者照章开除。

第九条　女生无家长在沪者，绝对不能在外留宿；其有家长在沪者，每星期六及例假或有特别事故时，如欲留居家中，除家长来函准予请假外，每星期六外出时须亲至女生指导员处注明时日地点及返校时间方准外出。

第十条　除例假外，每日上午八时至十二时、下午一时至四时、晚间八时至十时，不得在宿舍内吹唱喧哗，碍妨公共秩序。

第十一条　寄宿生如患重病，经校医诊断必须迁入医院者，应立即迁出。

第十二条　为严密宿舍门禁，防止闲杂人等混入，以致扰乱秩序、遗失物件起见，凡出入宿舍者须佩带［戴］校徽。

第十三条　寄宿生会客须一律在接待室，晚间会客最迟不得过八时，惟女生宿舍会客以晚间七时为止。

第十四条　男生不得进女生宿室，女生不得进男生宿室。

第十五条　寄宿生须共同维持清洁，不得随地吐痰或乱掷另［零］星物件。

第十六条　宿舍窗口不得悬晒衣履及其他杂物。

第十七条　寄宿生不得在寝室内有下列举动：

（1）赌博饮酒或其他不规则行为；

（2）熄灯后私燃蜡烛或油灯；

（3）烹饪或用膳；

（4）使用电熨斗、电炉、电风扇；

（5）藏匿危险或违禁物品；

（6）留宿外宾；

（7）与通学生向项［顶］替。

第十八条　寄宿生如有违犯［反］宿舍规则及不服宿监、群育员或指导员指挥者，当按情节轻重，予以下列惩戒：

（1）警告；

（2）除名。

十九、其他注意事项

第一条　凡学生向事务处收发课领取挂号信、快信或包裹，须将本人图章并领信证核对领取，倘托人代领，亦非将本人委托证据及其私章信证交代领人持向核对，始得领取。

第二条　凡学生兑领汇票须会计处盖章者，应于汇票上先盖私章，并提出领信证，经核对后始予盖章。

第三条　学生个人或团体如托事务处印刷课代印稿件，须先经事务主任签字允准，并向会计处缴纳印刷费。

第四条　凡寄住宿舍学生之电报由校工分送各该生房内，住外者不送。

大夏大学学生通则（1940 年沪校）

大夏大学学生通则（1940 年沪校）

一、注册

学期开始时学生须先填交本校所规定之各项表格，并缴清学杂各费，方能注册，未缴清者不准注册。

旧生注册须随带学生证呈验，新生须先由教务处编定学号，并领取介绍书，交与各该院长或科主任。

凡新生考取后履行入学手续并缴清各费者，应向教务处领取学生证，逾期注册者须交注册过期费，每日一元以五元为限。

凡学生于开课后逾二星期到校注册者，减修三学分，逾三星期者不得注册。

凡于注册时错填年级希图多选学分者，经教务处查出后，除注销多选之学分外，并予以相当惩戒。

学生入学后不得改名。

凡在本科三年级以上学生，不得更改院系。

二、学业成绩

学分

每周授课一小时，自修二小时，满一学期为一学分，实验及其他学程无须课外参考者，以每周上课二小时或三小时满一学期一学分计算。

绩分

学分计量，绩分计质。例如学生修完某课时，即得相当学分，但其绩分随成绩而定。每一学分所得之绩分，苟其成绩为一等（参看成绩计算法），则其绩分为三；成绩二等，绩分为二；成绩三等，绩分为一；至成绩四等，则无绩分；成绩五等，无绩分并取消其学分。若某一学程为三学分，则成绩一等，绩分为九；成绩二等，绩分为六；成绩三等，绩分为三；成绩四等，绩分为零；成绩五等，无绩分亦无学分。

指数

学分与绩分之比率为指数。一学期之总绩分用学分总数除之即得学期之指数，将四年内所修学分总数除总绩分为毕业指数。

考试

（甲）小考　一学期至少举行两次以上小考。

（乙）临时考试　教员得随时察验学生成绩，作短时间之考试。

（丙）学期考试　每学期终举行学期考试，时间及地点由教务处指定。

（丁）中英文会考　凡选修基本国文、基本英文之学生须一律参加，中、英文会考及格方准毕业，其会考细则另定之。

（戊）毕业考试　凡照校章于规定年限内修完各院科毕业学分，经教务会议审查合格者得参加毕业考试，其毕业考试细则由各院科分别另定之。

学期成绩

学期成绩包含下列成绩之总平均数：

（1）平日成绩（包括演习例题、课堂口问、作文实验，等等）；

（2）小考成绩（包括临时考试）；

（3）学期考试，上举三种成绩各占学期成绩三分之一。

成绩计算法

计算成绩分一二三四五等，列五等者为不及格，须重修之。但国文、英文及主系必修学程成绩列四等者须重修之。

成绩之报告

本校备成绩报告单，于每学期终报告学生家长。

三、毕业及学位

大学各学院具有下列资格、品行优良者，得由本大学颁给学士学位：

1. 修满一百三十二学分（法学院法律系一百五十学分），党义、军训、体育等为各院科学生所必修，但不计学分；

2. 四年内之总平均指数在 1.0 以上，即各学科总平均为三等以上；

3. 主系及辅系所应选学程及学分数符合各学院学则之规定；

4. 主系及普通必修学程之指数俱在 1.0 以上；

5. 毕业论文于第七学期终了缴交教务处，并经审查及格；

6. 国文与英文会考及格；

7. 毕业考试各科成绩俱在三等以上。

师范专修科具有下列资格、品行优良者准予毕业：

1. 修满八十四学分（各组应修学程及学分数应符合该科科则之规定，党义、军训、体育等学分在外）；

2. 二年内之总平均指数在 1.0 以上，即各科总平均在三等以上；

3. 国文及英文会考及格；

4. 毕业考试及格。

四、请假及休学

学生请假应填具请假书，经训导长准许方为有效。

学生请假曾经训导长准许者，其缺席作为缺课；未经准假擅自缺席者作为旷课，旷课一次作缺课二次计算。

学生请假以下列各项事由为限：

（1）家庭或自身重大事故；

（2）自身疾病。

因上条（1）项请假时间超过二小时以上者，须由家长或保证人具函向训导长代为请假，请假期间凡家住本埠者，至多以一星期为限；住外埠者，至多以两星期为限，逾期作旷课论。因（2）项请假者须于病愈返校一天内持校医或医院医生正式证明书，向训导长补行请假，逾期无效。

凡学生因病或特别事故预料一个月以上不能上课者，应提出休学请求书于教务长，经许可后方得休学，但休学以一学期为限，其累计超过肄业年限之一半者，即由本校取消其学籍。

学生于接到导师集会通知后，因病或因事不能出席时，除重病由医生代为证明外，须亲自向训导处请假，经训导长核准后并须向导师声明。

五、减修学分及退学

学生注册迟到及缺课时数超过一学期授课时数五分之一者，不得参与学期试验，并不得请求补考。

学生缺课应补习所缺功课，其工作由各该教员酌定。

凡学期成绩过劣，平均指数在 0.9 以下者，减修三学分；在 0.7 以下者，全部重修；在 0.3 以下，及重修而成绩仍在 0.6 以下者，予以退学处分。

六、奖励及惩戒

奖励

（甲）奖学励行状

（一）奖学状

1. 品行优良，学期成绩指数在 2.20 以上者，得优等奖学状；

2. 品行优良，学期成绩指数在 2.40 以上者，得特等奖学状；

3. 品行优良，学期成绩指数在 2.60 以上者，得超等奖学状。

（二）励行状　凡学生有特殊行为足资表彰者，由校务会议通过后给予本项奖状。

（乙）其他奖状　凡学生对于体育、军训、演说、辩论有特殊成绩者，由校务会议通过后给予奖状。

惩戒

（甲）惩戒分以下四种：

1. 警告；

2. 停止应享权利；

3. 停学；

4. 除名。

（乙）凡学生犯下列各项之一者，除由主管人员训诫外，由训导处斟酌情形予以一次或二次警告，同时通告该生家长：

1. 对教职员无礼者；

2. 妨害秩序者；

3. 侮辱个人或团体者；

4. 毁坏校具或房舍者（除警告外按值责令赔偿）；

5. 妨害公共卫生者；

6. 发表秽亵文字或言论者；

7. 拾得他人物件隐匿不报者；

8. 考试舞弊（除该学程学分取消外）；

9. 违背其他校规者。

（丙）凡学生犯前条各项时，除予警告外，训导处得斟酌情形停止其应享权利，其情节较重者，由校务会议议决予以一学期之停学处分。

（丁）凡学生犯下列各项之一者由校务会议议决予以除名处分：

1. 扰乱秩序者；

2. 有殴人行为者；

3. 有窃盗行为证据确鉴者；

4. 滥用全校名义在外损坏校誉者；

5. 考试舞弊屡戒不悛者；

6. 行为不检妨害校誉而情节重大者；

7. 违背校规情节重大者；

8. 积受警告三次者。

（戊）在一学年内无故缺席导师会二次者，予以告诫之处分；三次者予以警告之处分；四次者退训；退训二次者即由学校除名。

七、各种细则

教室规则

1. 学生准备至教室上课时须严守下列各项：

（1）于下课钟未鸣以前不得拥塞各教室的出口；

（2）教室内原有之班未全退出以前，不得任意推门闯入，并不得在门上敲击或任意喧嚣。

2. 教室内及各甬道中绝对禁止吐痰、喷涕或吸烟。

3. 学生在教室内必须脱帽并须穿着制服。

4. 教员点名时学生不得代人答到。

5. 教室座位经指定后学生即须遵守不得擅自移动。

6. 教员向学生发问时学生必须起立作答。

7. 教员迟到在十分钟以内者，学生须在教室静候。

8. 学生不得于黑板上或教室内各处乱涂。

9. 学生在上课时不得阅看课外书报。

10. 凡经教员所指定之作业，学生必须准时缴交，不得延宕。

11. 教员未令学生退席以前学生不得擅自退席或作任何表示催促教员下课。

12. 凡违反上列各条者，除由各教员当面训诫外，并由教务委员会斟酌情形之轻重予以惩戒。

学生课外作业规则

1. 学生参加课外作业应以不妨害学业为准。

2. 学生担任各团体之职务者须具有下列各条件：

（1）品行端正；

（2）学期成绩指数在 1 以上；

（3）限于本校正式生；

（4）在本校肄业一学期以上。

3. 学生同时不得担任两种团体以上之职务。

4. 学生任何一次小考成绩有两学程以上列四等者，得由教务处通知训导处，令其退出各种课外作业。

5. 担任各团体职务各学生名单须于开学后三星期内由各团体负责人员报告于训导处及教务处，以便查核。

学生结社集会规则

1. 凡学生组织团体以研究学术为限。

2. 凡学生发起组织团体时，须将下列各项报告训导处，经核准后始得开始征求会员：

（1）名称；

（2）宗旨；

（3）发起人姓名；

（4）征求会员范围。

3. 凡学生各种团体经准备完竣后，须将下列各项报告：

（1）名称；

（2）宗旨；

（3）组织；

（4）进行事项；

（5）经费来源及预算；

（6）有无发行刊物及其性质；

（7）职员姓名；

（8）全体会员姓名。

4. 凡学生团体业经训导处认可者，如有修改章程或改选职员时，须于两星期内将章程修改之处或职员改选名单报告训导处。

5. 凡学生各团体如对校外团体有联络进行事项，须先报告训导处许可后始得进行。

6. 凡学生团体或个人有须临时募集款项者，须先将拟募数目及其用途由负责人报告于训导处，经核准后始得开始募捐。

前项捐款支用后须将详细账目报告于训导处核销。

7. 凡学生团体每学期进行事项及收支账目须于假前报告训导处。

8. 凡学生团体有违反本规则或其他妨碍本校秩序行为者，本校得随时取缔之。

9. 凡学生各种集会，须将下列各项于集会二十四小时以前报告训导处，经许可后始得集会：

（1）集会名称；

（2）集会目的；

（3）发起人或团体；

（4）集会址点；

（5）集会时间；

（6）到会人数。

10. 凡学生各种集会欲借用本校校舍者，须先向总务处领许可证，始得使用。

11. 凡学生各种团体或临时发起人欲邀请外宾演讲时，须先商得训导处之同意。

12. 凡学生各种集会虽经训导处许可而集会中如有妨碍本校秩序或触犯本校校规时，本校得随时禁止其集会。

13. 凡学生借用本校校舍集会时不得将室内器物之原有位置任意迁乱。

14. 凡学生集会时借用本校器具杯盘或电力者，于必要时得由总务处酌收费用，如有毁损，应照价赔偿。

15. 凡学生集会时间不得与本校所定全体集会时间冲突。

16. 凡学生各种团体或各种集会所发布告，其用纸大小不得超过本校所规定之尺寸。

学生参观规则

1. 本校为增进教学效能起见，如担任某学程教授认为必要时得组织学生参观团，但须会同各该学院院长或科主任及系主任或组主任商订参观事宜。

2. 学生参观团在本埠参观，其时间由担任教授订定，但不得与学生考试时间冲突。

3. 学生参观团往外埠参观，须于假期内举行，如有特别情形不能在假期举行者，由教务委员会酌定时间。

4. 学生参观团之人数得由领导教授决定。

5. 学生参观团出发参观时，须受教授之指导，如有不规则行为，教授得令退出参观团，并由校务会议予以相当处分。

6. 领导参观团之教授其旅费由本校供给。

7. 学生参观团后须将其参观心得报告教授。

试场规则

1. 学生受试验时，应照教务处编号或教员所指定之座位就坐，不得任意变动。

2. 学生须按时到场受试不得迟到。

3. 学生除携笔墨外，非得教员特许不准携带他物。

4. 学生应听从主试教员及监试员之命令不得喧哗。

5. 学生如欲暂时出场，须得主试教员或监试员之许可。

6. 学生受试时不得夹携、偷看、枪替、传递或有他种舞弊行为，违者除取消该学程之成绩外，予以严重处分。

7. 试题答毕应即交卷出场。

8. 学生应准时连同题目纸交卷，逾时不收。

9. 学生如有违犯本规则情事，主试教员或监试员得令其出场，并由校务会议根据教员书面报告及本通则第六章之规定予以相当惩戒。

10. 凡用本国文字作答之试卷，须用毛笔缮写；用外国文字作答之卷，须用墨水笔缮写。各卷字迹不得潦草，并绝对不得用铅笔缮写。

中、英文会考规则

1. 凡选修基本国文及基本英文之学生应于全年两学期考试及格后参加会考。

2. 会考标准以国文能写作清通而合格式之叙述文、说理文及书牍，英文须能译解英文报章及专门著作为合格。

3. 会考由教务会议设立委员会主持之。

4. 国文、英文或日文会考不及格学生不准毕业。

毕业论文规则

1. 各学院学生于毕业前须作论文一篇，经各该系主任或指导教授审查合格，并经教务会议通过方准毕业。

2. 第二年第二学期及第四年第一期为作论文时期。

3. 论文题目须先经系主任院长审查核准，于学期开始时登记。

4. 学生论文由系主任指导，如有特别需要时，由院长另请本校其他教授指导之。

5. 论文须于第四年第一学期之末缴交教务长，由教务长分别转送各系主任审核，学生不得将论文迳〔径〕交系主任收阅。

6. 论文须备两份，一份由本校图书馆保存，一份由各学院保存。

7. 论文性质规定如下：

1）专题研究；

2）实验报告；

3）调查报告；

4）翻译。

8. 论文须用本校所规定之毕业论文纸以墨笔或墨水笔誊写并加标点。

9. 除实验性质、特殊性质的论文外，论文字数至少需在三万字以上。

10. 论文须附有详细参考书目，将材料来源注明，翻译应附原文。

图书室阅览规则

1. 本校学生欲借图书在图书室内阅览者须凭学生证借书，阅毕交还书籍，收回学生证，不得携书出外。

2. 在阅览室借阅图书应注意下列各项：

1）务宜肃静，勿高声朗诵、重步、偶语，致妨他人阅览；

2）勿吸烟，勿随地吐痰；

3）陈列图书杂志报章等不得携出室外，阅后并须归还原处；

4）图书阅览未毕，因事外出时，必须将所借图书交还后始可外出。

3. 阅书时注意下列各项：

勿污损、勿圈点批评、勿醮唾翻页、勿折角。

4. 借阅图书者，如有剪裁图书或遗失污损批评等情，责令按照原价加倍赔偿。

5. 本室开放时间另定之。

导师制施行细则

1. 除教务长、各学院院长、科主任及训导长为当然导师外，本校另聘教授若干人为导师负训导之责。

2. 全体导师应于每学期之始与终各举行导师会议一次，遇必要时得召集临时会议，其会议规则另订之。

3. 各院就学生现有数目以学系为标准分为若干组，每组人数由十人至二十人，由训导长会同各学院院长分配之。

4. 每组设导师一人，并由导师指定其组中之学生一人为干事，秉承导师之命办理本组一切事务。

5. 各组举行座谈会、学术讨论会、远足会等，应于三日前将时间及地点通知训导处后，由该组干事填写报告表，送交训导处。

6. 导师对于组中学生家庭须作密切之联络，其家庭如不在学校所在地者，应通函征询意见，以作训导之参考。

7. 每组除团体训导外，须常参以个别指导。

8. 学生对于学业修养及其他种种问题，可随时与导师商讨。

9. 导师对于学生之思想、言行、学业、身体、经济状况，应于每学期终详填表格一份交训导处备考。

10. 学生有不堪训导者，导师得提出训导处，再由训导处提出校务会议议决，令其退训加入他组，如再经退训，即由学校除名。

11. 学校根据导师之报告，对于品性优良或次劣之学生得分别予以奖惩，由训导处根据奖惩条例办理之。

八、纳费

甲、各学院正式生及借读生每学期应缴学杂各费计六十五元，外加讲义费一元，此项讲义费于下学期开始时多退少补。

乙、新生入学时缴纳入学费五元。

丙、选科生

1. 选修六学分以下者每学分收费五元，外加杂费十元；

2. 选修六学分以上者应照甲乙两项缴纳全费。

九、救济清寒学生暂行条例

（一）本大学为救济清寒学生起见，特定救济清寒学生暂行条例。

（二）救济金及其名额暂定如下：

甲、清寒奖学金

十二名 一学期学费全免。

乙、清寒助学金

三十名 一学期学费免缴三十元。

丙、贷金

二十名 每月贷给生活费十元。

（三）请求上列各项救济之学生，上项救济金每人以请求一种为限，现在本校肄业满足一学期以上之正式生，品行端正并具有下列资格者为限：

甲、清寒奖学金专为救济成绩平均指数 2.0 以上，经证实家境确属清寒者，但各院科每学期以两名为限；

乙、清寒助学金专为救济成绩平均指数在 1.2 以上，经证实家境确属清寒者；

丙、贷金限于成绩平均指数在 1.5 以上，生活特别清苦而能具妥实保证于毕业后二年内归还者。凡享受贷金之学生家庭接济中途增加时，得自动请求停止。倘查有行动不合之处，得由本校随时取消其贷金。

（四）请求上列各项救济之学生，应于每学期注册前一星期填其请求书，连同家境清寒证明文件，送交本校救济清寒学生委员会，以备审查，过期不收。

（五）请求救济学生经本校查明，家境实非清寒者，得取消其救济金，并追偿其已领得之救济金。

（六）本条例经校务会议通过公布施行。

其他注意事项

凡学生向总务处收发股领取挂号信、快信或包裹，须将本人图章预先留存印鉴核对，并凭证领取；倘托人代领，亦须将本人委托证据及其私章、学生证交代领人持向核对，始得领取。

凡学生兑领汇票，须会计员盖章者，应于汇票上先盖私章，并提出学生证，经对核对后始予盖章。

学生个人或团体如托总务处印刷股代印稿件，须先经总务长签字允准，并向会计股缴纳印刷费。

大夏大学学生通则（1941 年）

学籍

本大学学生学籍分下列二种：

一、正式生：凡本大学原有各系各级之学生，暨本年度起经入学试验合格录取之新生皆为正式生。

二、借读生：国立、省立或已立案之私立大学暨独立学院之肄业生，持有借读证明文件呈请本大学许可者得为借读生。

大夏大学学生通则（1941 年）

入学

一、资格：

凡具有下列资格之一者准予入学：

1. 凡公立或曾经立案之私立高级中学毕业生或具有同等学力、品行端正、体格健全，经本大学入学试验录取者；

2. 曾在公立高级师范毕业并备有毕业后曾经服务一年以上之证明书，经本大学入学试验录取者；

3. 在公立或已立案之私立大学或独立学院肄业生转学本校，经入学及编级试验录取者；

4. 领有公立或已立案之私立大学或独立学院发给之借读证明文件借读本校，经审查合格者。

二、报名试及验：

一年级新生及转学生报名手续及试验科目详见本大学逐届印发之招生简章，此项简章于报名时可向教务处索取。

三、入学手续

入学时应缴左列各件：

1. 入学志愿书；

2. 保证书。

四、入学期限：

新旧各生应于开学时规定日期内到校注册，逾期不到者作缺课论。

纳费

学费四十元，图书费一元，医药费二元，讲义费二元（多退少补），杂费三元，入学费二元（新生缴纳），实验费每一实验学程三元（选修实验学程者缴纳），男生制服两套（连帽、皮带、绑腿、被单）约三十元，女生制服二件及被单约二十元（多退少补，以物价涨落为标准），宿费不收，膳食自理。

注册

一、学期开始时学生须先填交本校所规定之各项表格，并缴清学杂等各费，方能注册。

二、注册时学生必须呈验本人学生证，不得代替注册。

三、新生注册时须向教务处编定学号并领取新生介绍书，交与各该学院院长及系主任。

四、凡学生于开课后逾二星期到校者，减修三学分，逾三星期到校者不得注册。

五、各系学生选修学程须依照各系规定之课程表，并受院长及系主任之指导。

六、学生于选定学程后，如欲更改者，须于开学后规定日期内向教务处领取更改学程片，照式填写，由院长及系主任签字后方能准许，逾期不得更改。

七、学生如欲将选定之学程取消不读者，亦须于规定更改学程期限以内，先得院长及系主任之许可，逾期声请取消者，该学程作为不及格；未声请而自动不读者，以旷课论；但国文、英文及各系主要必修不得请求放弃。

八、新生应补习之学程必须于入学后尽先补习完毕，不得拖延。

九、新旧各生已选读国文或英文而不及格者，应于次学期尽先重读，违者取消注册资格。

编级

一、本大学兼用学分学年制，肄业期限四年，应修学分依照部颁标准。

二、学生分级依左列标准：

1. 大学一年级：正式考取者为大学一年级正式生；

2. 大学二年级：修满大学学程三十六至四十四学分升为大学二年级正式生；

3. 大学三年级：修满大学学程六十四至七十六学分升为大学三年级正式生；

4. 大学四年级：修满大学学程一百十二学分升为大学四年级正式生。

三、各系学生欲从本系转入他系者，须依照转系办法办理，转系办法另订之。

学业成绩

一、学分：每周授课一小时，满一学期为一学分；实验学程以每周上课二小时，满一学期作一学分计算；但其他学程经教务处另行规定者不在此限。

二、绩分：学分计量，绩分计质。例如，学生修完某课时即得相当学分，但其绩分随成绩而定，苟其成绩为一等（参看成绩计算法），则其绩分为三；成绩二等，绩分为二；成绩三等，绩分为一；四等成绩无积分；五等成绩，无学分亦无绩分。此以一学分之学程计算，若学程为三学分，以例类推。例如，三学分之学程，成绩一等，绩分为九；成绩二等，绩分为六；成绩三等，绩分为三；成绩四等，绩分为零；成绩五等，无学分亦无绩分。

三、指数：学分与绩分之比率为指数。一学期之总绩分用学分总数除之，即得学期之指数；将四年内所修学分总数除总绩分为毕业指数。

四、试验：分以下三种：

1. 临时考试：教员得随时察验学生成绩，作短时间之考试；

2. 小考：一学期至少举行一次以上之小考；

3. 学期考试：每学期终举行学期考试，时间及地点由教务处指定。

五、成绩：学期成绩包含下列成绩之总平均数：

（一）平日成绩（包括演习例题、课堂口问、作文实验及阅读报告等）；

（二）小考成绩（包括临时考试）；

（三）学期考试。

六、成绩之报告：本校备成绩报告单及成绩登记表二种，以备报告学生家长及学生查询之用。

七、成绩计算法：计算成绩分一、二、三、四、五等，列五等者为不及格须重修之；但国文、英文成绩及各主系主要学程成绩列四等者亦须重修之。

八、凡学期成绩过劣者，得酌予减修学分，改为试读或予退学处分。

九、有连续性之全年学程必须读满一年，该项学分方得承认，如其中有半年不及格，须将此一半学程重读。

十、学生一学期内如有某一学程缺课时间逾上课时间五分之一者，不得参与该学程之期学考试。

十一、考试时如本人因重病或骤遭大故，经教务处核准者，得于复学时请求补考，但补考成绩最高列三等，其无故规避考试者不予补考。

请假、休学及退学

一、学生请假不到一日者，须至教务处申述理由，填具请假书；在一日以上及学校召集之各种集会请假者，须到训导处办理手续，经准许后，方为有效。

二、学生请假经准许者其缺席作为缺课，未经准假擅自缺席者作为旷课，旷课一次作缺课二次计算。

三、学生缺席升旗礼每五次及纪念周、国民月会每三次者各扣该学期总学分一学分，但学生因本人重病或父母丧事请假者，得具函请求给予特假免扣学分。

四、学生无故外宿者，第一次给予口头警告，第二次给予一次书面警告，第三次给予二次书面警告，第四次予以退学处分。

五、每学期请假超过上课时间五分之一，无论其为特假、事假、病假，一律不准参与大考，并不准补考。

六、学生请假在一日以上者，须持准假证至训导处请求销假，否则仍作缺课论。

七、凡学生因病或特别事故预料一个月以上不能上课者，应请求教务长准予休学，休学期间以一年为限，逾期作自动退学论。

八、学生请发转学证书者，作为退学，以后如请复学，应作新生待遇；但受退学处分者不得请求复学。

毕业及学位

一、修完规定学程，品行优良者，由本校依照下列条件，照所习学科颁给学士学位：

1. 修满八学期；

2. 修满规定学分及学程；

3. 四年内之总平均指数在 1.00 以上；

4. 国文、英文及系主基本学程之指数俱在 1 以上；

5. 毕业论文依时缴交，经系主任批准并经教务委员会通过；

6. 体育测验须达及格标准。

二、转学生至少须在本校肄业三学期，连同前校肄业期限必须满足八学期方得毕业。

各项规则

一、教室规则

第一条　学生准备至教室上课时须严守左列各项：

1. 于下课号未吹以前不得拥塞各教室门口；

2. 教室内原有之班未全退出以前不得任意推门闯入，并不得在门上敲击或任意喧嚣。

第二条　教员上下课时由该班班长发立正口令，全体学生须立起致敬。

第三条　教室内及各甬道中绝对禁止吐唉〔痰〕或吸烟。

第四条　学生在教室内必须脱帽。

第五条　教员点名时学生不得代人答到。

第六条　教室座位经指定后学生即须遵守，不得擅自移动。

第七条　教员向学生发问时，学生必须起立作答。

第八条　教员迟到在十五分钟以内者，学生须在教室静候。

第九条　学生不得于黑板上或教室内各处乱涂。

第十条　学生在上课时不得阅看课外书报。

第十一条　教员未令学生退席以前，学生不得擅自退席。

第十二条　凡违反上列各条之规定者，除由教员当面训诫外，并斟酌情形之轻重予以惩戒。

二、试场规则

第一条　学生于期中考试及学期考试时，请携带学生证入场，并放置桌上，否则不得考试。

第二条　学生于期中考试及学期考试时，应照教务处编号或教员所指定之座位就座，不得任意变动。

第三条　学生须按时到场受试，不得迟到。

第四条　学生除携带笔墨外，非得教员特许，不得携带他物。

第五条　学生应服从主试教员及监试员之指导。

第六条　学生如须暂时出场，须得主试教员或监试员之许可。

第七条　学生在试场中务须肃静。

第八条　学生受试时，不得夹带、偷看、枪替、传递或有他种舞弊行为，违者除取消该学程之成绩外，予以相当处分。

第九条　试题答毕，即交卷出场。

第十条　学生应准时交卷，逾时不收。

第十一条　学生如有违犯上列各条情事，主试教员或监试员得令其出场，并通知训导处，并予以相当惩戒。

三、奖学金及贷金办法

本校为救济清寒及战区学生起见，设有下列数种奖学金及贷金，交由训导处办理，其规定办［法］如下：

（一）黔籍学生奖学金：免学费全额五十名，每名每学期四十元；免学费半额五十名，每名每学期二十元。免费标准：（1）家境清寒（2）操行（3）学业成绩等三项（新生亦得申请）。

（二）学生学费贷金：学费全额五十名，每名四十元；学费半额一百名，每名二十元。以上二种尽先给战区清寒学生，给予标准与（一）项同。

（三）清寒贷金：学费贷金五名，每名四十元；书籍文具费贷金五名，每名二十元。凡在本校肄业一年以上，平均成绩指数在 1.50 以上而家境清寒者均可申请。

（四）战区学生生活贷金：全额四十名，每名每月十元；半额二十名，每名每月五元。以上二种限战区清贫学生（申请学费贷金及战区生活贷金以在本校肄业满一学期之学生为限）。

（五）申请手续：先到训导处领取申请表格，依式填写，由训导处核查竣事后，提交学生贷金审查委员会审核公布。

四、奖励及惩戒规则

第一条　奖励

（甲）奖学励行状

（一）奖学状：

（1）品行优良、学期成绩指数在 2.0 以上者，得优等奖学状；

（2）品行优良、学期成绩指数在 2.40 以上者，得特等奖学状；

（3）品行优良、学期成绩指数在 2.60 以上者，得超等奖学状。

（二）励行状：凡学生有特殊行为足资表彰者，由校务会议通过后给予本项奖状。

（乙）其他奖状：凡学生对于体育、军训、演说、辩论有特殊成绩者，由训导处提请校务会议通过后给予奖状。

第二条　惩戒

（甲）惩戒分以下四种：

（1）警告；

（2）停止应享权利；

（3）停学；

（4）除名。

（乙）凡学生犯左列各项之一者，除由主管人员训诫外，由训导处斟酌情形，予以一次或二次警告，同时通告该生家长：

（1）对教职员无礼者；

（2）妨害秩序者；

（3）侮辱个人或团体者；

（4）毁坏校具或房舍者（除警告外按值责令赔偿）；

（5）妨害公共卫生者；

（6）发表秽亵文或言论者；

（7）拾得他人物件隐匿不报者；

（8）考试舞弊者（除该学程学分取消外）；

（9）违背其他校规者。

（丙）凡学生犯前条各项时，除予警告外训导处得斟酌情形停止其应享权利，其情节较重者由训导长调查事实报告校长，予以一学期之停学处分。

（丁）凡学生犯左列各项之一者，由训导长调查事实报告校长，予以除名处分：

（1）扰乱秩序者；

（2）有殴人行为者；

（3）有窃盗行为证据确凿者；

（4）滥用全校名义在外损坏校誉者；

（5）考试舞弊屡戒不悛者；

（6）行为不检妨害校誉而情节重大者；

（7）违背校规情节重大者。

（戊）积受警告至三次者，由校长予以除名处分。

五、毕业论文规则

第一条　本大学学生于毕业前须作论文一篇，经各该系主任或指导教授审查合格，并经教务委员会通过方准毕业。

第二条　本科第三年第二学期及第四年第一学期为作论文时期。

第三条　论文性质规定如左：

（1）专题研究；

（2）实验报告；

（3）调查报告；

（4）翻译。

第四条　论文题目须先经系主任、院长审查核准，于开始时到各该院登记。

第五条　学生论文由系主任或专任教授指导，如有需要时得由院长及系主任另请本校其他教员担任之。

第六条　学生进行撰著论文时，须随时就正于指导教员。

第七条　论文须于第四年第一学期之末缴交教务处，分别转送指导者，如不能如期缴交，下学期不予注册。

第八条　除实验性质特殊性质的论文外，论文字数至少须在三万字以上。

第九条　论文须附有详细参考书目，将材料来源注明。

第十条　论文中之译名应附原文。

第十一条　论文须加标点。

六、学生课外作业规则

第一条　学生参加课外作业应以不妨害学业为准。

第二条　学生担任各团体之职务者，须具有下列各条件：

（1）品行端正；

（2）学期成绩指数在 1 以上；

（3）限于本校正式生；

（4）在本校肄业一学期以上。

第三条　学生同时不得担任两种团体以上之职务。

第四条　学生任何一次小考成绩有两学程以上列四等者，得由教务处通知训导处，令其退出各种课外作业。

第五条　担任各团体职务各学生名单须于开学后三星期内由各团体负责人员呈报于训导处，以便查核。

七、学生结社集会规则

第一条　凡学生组织团体以研究学术及联络情谊者为限，但同乡会依法不得组织。

第二条　凡学生发起组织团体时须将左列各项报告训导处，经核准后始得开始征求会员：

（1）名称；

（2）宗旨；

（3）发起人姓名；

（4）征求会员范围。

第三条　凡学生各种团体经筹备完竣后，须将左列各项报告训导处，经审查认可后始得成立：

（1）名称；

（2）宗旨；

（3）组织；

（4）进行事项；

（5）经费及预算；

（6）有无发行刊物及其性质；

（7）职员姓名；

（8）全体会员姓名。

第四条　凡学生团体业经训导处认可者，如有修改章程或改选职员时，须于两星期内将章程修改之处或职员改选名单报告训导处核准备案。

第五条　凡学生各团体如对校外团体有联络进行事项，须先报告训导处，经许可后始得进行。

第六条　凡学生团体有须临时募集款项者，须先将拟募数目及其用途由团体负责人呈请训导处经核准后始得开始募捐，捐款支用后须将详细账目报告于训导处核销。

第七条　凡学生受外界之委托拟在校内募捐者，须得训导处之许可后始得开始募捐。

第八条　凡学生团体每学期进行事项及收支账目须于该学期结束前报告训导处。

第九条　凡学生团体有违反本规则或其他妨碍本校秩序行为者，本校得随时取缔之。

第十条　凡学生各种集会，须将左列各项于集会二十四小时以前报告训导处，经许可后始得集会：

（1）集会名称；

（2）集会目的；

（3）发起人或团体；

（4）集会地点；

（5）集会时间；

（6）到会人数；

（7）有无校外人参加。

第十一条　凡学生各种集会，须在非上课时间内举行。

第十二条　凡学生各种集会借用本校校舍者，须持训导处核发之集会证向总务处接洽使用。

第十三条　凡学生各种团体欲邀请外宾演讲时，须先商得训导处及教务处之同意。

第十四条　凡学生各种集会，虽经训导处许可，而集会中如有妨碍本校秩序或触犯本校校规时，本校得随时禁止之。

第十五条　凡学生集会借用本校器具、杯盘或电力者，于必要时得由总务处酌收费用，如有毁损，应照价赔偿。

第十六条　凡学生集会时间不得与本校所定全体集会时间冲突。

第十七条　凡学生各团体或各种集会所发布告，须向训导处领用本校所备之通告纸。

八、学生发行刊物规则

第一条　凡学生编印刊物，以定期及学术专刊为原则。

第二条　凡学生之刊物，须先将下列各项报告训导处，经审查核准者始得创办：

（1）刊物名称及其宗旨；

（2）刊物出版日期；

（3）发行之负责者；

（4）经费预算及其来源；

（5）编辑人员；

（6）印刷机关；

（7）每期内容字数；

（8）每期发行册数。

第三条　训导处审查定期刊物时，以下列各项为核准条件：

（1）编辑人员确已准备或认定三期以上之稿件；

（2）发行者确已筹足三期以上之经费。

第四条　学生发行学术专刊，须送呈训导处转请各专任教授审核之。

第五条　刊物内容以研究学术或评论时势为范围，不得有诬蔑或借端攻击之言论。

第六条　刊物出版时须即送交训导处审阅，如发现有不合前条之规定者，得令其停止发行。

第七条　凡经训导处取缔之刊物，倘发行者仍擅自发行，训导处得对于该发行者予以相当之处分。

第八条　凡刊物中有特殊价值之文字，经训导处会同各学院或各科专门教授评定后，应拟褒奖及宣扬办法提出于校务会议议决施行，以资鼓励。

九、学生借阅图书规则

第一条　本校学生欲借图书在图书馆内外阅览者，每学期初须持注册证向图书馆借书证发给处领取馆内及馆外阅览证，逾期注册者向图书馆出纳处领取。

第二条　馆内及馆外阅览证于终止借书或学期结束时，随同所借图书一并归还。

第三条　借书证倘有遗失，应注意下列各项：

1. 须至本馆声明；

2. 在未经声明前被拾得借书证者借去图书应由原领证人负责；

3. 补证每次须向总务处会计股缴补证费国币三角。

第四条 借图书至馆外阅览者应注意下列各项：

1. 借出图书以寻常版本为限，凡普通参考书、珍贵图书及教授指定参考图书，概不借出馆外；

2. 欲借何书，应就目录中选择，记其书名、分类号数、借书年月日、本人姓名、住所、院系别于馆内或馆外阅览券，连同借出阅览证交馆员检取；

3. 还书时须当时取还借出阅览证；

4. 借书以一星期为限，逾限须续借者得酌量展限，惟至多不得过一星期；

5. 逾限之书欲续借者，须将该书带至出纳处声明，换盖借书日戳；

6. 借阅图书遇本馆有检查之必要或系教授指定参考书时，经本馆通知，应即归还；

7. 逾限而不归还者，每部每日罚国币二分；

8. 每人借出图书总数以二册为限（但线装书可借至十册）。

第五条 在阅览室借阅图书应注意下列各项：

1. 务宜肃静，不得高声朗诵、重步、偶语，致妨他人阅览；

2. 不得吸烟或随地吐痰；

3. 不得带［戴］帽；

4. 陈列图书、杂志、报章等不得携出室外，阅后并须归还原处；

5. 借书手续应依据第四条（1）（2）两项之规定；

6. 所借图书须在阅览室阅览，阅览未毕因事外出时，必须将所借图书交还后始可外出；

7. 图书或杂志未经馆员许可而携出者，每次每本罚国币二角，并扣留借书证二星期，如逾日仍未归还者，每日递加国币一角；

8. 每人借出图书总数以四册为限（但线装可至二十册），阅完可以更换。

第六条 图书借阅完毕即须交还，不得辗转借阅。

第七条 阅书时应注意下列各项：

1. 不得污损；

2. 不得圈点或批注。

第八条 凡借阅图书不还连催三次者，予以相当惩处。

第九条 借阅图书者，如有遗失、污损、圈点、批注等情事，责令按照市价加倍赔偿或其他处分。

第十条 凡应缴罚款而未缴纳者，得停止其借阅图书权利，至缴清时为止。

第十一条 学期结束时，凡借阅图书尚未交还者，下学期来校不得注册，转学者不给转学证，毕业者则扣留其文凭。

第十二条　本馆平时及寒暑假开放时间另定之。

第十三条　本馆于每学期结束之前十日停止馆外借出，以便清理。

第十四条　书库非经主管人员许可不得入内。

附：图书馆馆外特别阅览简则

本馆为便利著作毕业论文学生借阅参考书起见，特订定馆外特别阅览简则如下：

1. 著作毕业论文学生须先向本馆索取馆外特别阅览证，填写毕业论文题目，亲向院长及系主任陈请签章，再经图书馆主任签章后，始能发给。

2. 用馆外特别阅览证借书至多以六种为限，阅完可以更换。

3. 用馆外特别阅览证借书以四星期为限，但遇必要时，得商请图书馆主任许可延长，惟延长时期至多不能过二星期，至本学期结束时无论其期满与否概须归还。

4. 参考书、指定书、定期刊物及禁止借出图书概不借出。

5. 用图书馆馆外特别阅览证借书须附缴馆外借出阅览证。

十、寝室规则

（一）寝室内必须整齐清洁。

（二）各生床位已经编定后不得私自调换。

（三）寝室内一切器具皆有规定件数，不得任意变动，并须负责保管。

（四）寝室内外不得随地吐痰及抛掷零星物品，尤不得任意污损墙壁及敲钉挂物与在窗口悬晒衣物。

（五）床被必须整理清楚。

（六）晚间九时半必须归还寝室。

（七）寄宿生无家长在筑者，绝对不能在外留宿；其有家长在筑者，逢星期六及例假前一日晚间或有特别事故时如欲留居家中，必须先向训导处或女生指导处请假。

（八）上课及自修时间内，不得在寝室内吹奏音乐及纵声谈笑。

（九）寝室内不得有下列举动：

1. 赌博、饮酒或其他不规则行为；

2. 熄灯后私自燃灯烛；

3. 熄灯后高声谈笑；

4. 在寝室内或窗口、走廊漱洗；

5. 在寝室内烹饪或用膳；

6. 私自调换灯泡；

7. 藏匿危险或违禁物品；

8. 留宿外宾；

9. 大声叫唤。

（十）寄宿生如患重疾，经校医诊断必须迁入医院者，应立即迁往。

（十一）如有违反寝室规则及不服从主管人员指导者，当按情节轻重予以下列处分：

1. 口头警告；

2. 一次书面警告；

3. 二次书面警告；

4. 除名。

十一、学生领取电信规则

第一条　凡学生向总务处收发股领取挂号信、快信或包裹，须将本人图章及领信证核对无讹后，始得领取；倘托人代领，须将本人委托证据及其私章暨领信证交代领人持向收发股，经核对无讹后始得领取。

第二条　凡学生兑领汇票须本校盖章者，应于汇票上先盖私章，提出领信证，经核对无讹后始予盖章。

第三条　凡学生之电报，住校内者由校工分送，住校外者不送。

附则

第一条　本校学生及借读生除应遵守本通则外，并须遵守临时各种布告。

第二条　本通则经校务会议通过后由校长公布施行，如有未尽事宜，由校务会议随时修改之。

大夏大学学生通则（1947 年）

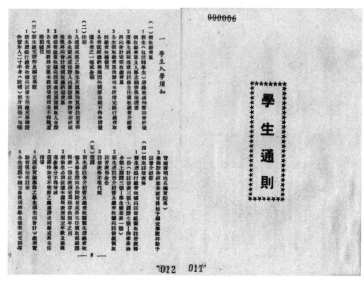

大夏大学学生通则（1947 年）

一、学生入学须知

（一）领取缴费单

1. 新生（包括转学生）凭录取通知书向会计室领取缴费单及入学志愿书与保证书。

2. 复学生经核准后向注册主任领取缴费介绍书，再向会计室领取缴费单。

3. 各生领取缴费单后即向本校指定银行缴费，取回缴费收据备用。

4. 各费既经缴纳，无论因何种原由，概不得申请发还各费之一部或全部。

（二）住宿

1. 凡远道来沪之新旧生，在沪无法觅得住宿者，得由各生家长或保证人向总务处申请寄宿，经核准后再向会计室领取缴纳宿费单。

2. 凭宿费缴单收据向训导处定房间，领取入舍证。

3. 各生房间经排定后，未经训导处核准，不得随意搬动铺位。

（三）新生缴交证件及编定学号

1. 新生凭银行缴费收据向注册主任缴交学籍证件暨本人二寸半身（脱帽）照片四张（每张背面书明姓名、籍贯、院系）。

2. 学籍证件经审查认可后始予编定学号，并给予注册介绍书。

（四）领取注册表格

1. 旧生凭银行缴费收据向注册组领取注册表格一份（计注册表三张、上课证七张——法律系得多领上课证三张——学生备查表一张）。

2. 新生凭注册介绍书及缴费收据向注册组领取注册表格全份。

3. 注册表格不准代领。

（五）选课

1. 新生凭注册介绍书及缴费收据，旧生凭缴费收据及学生证向各院院长或系主任领取部颁课程表一张，此表须妥为保存，供四年之用。

2. 新旧生必须依据本课程表所规定年级及学程选修学分，不得增减。

3. 选课时如有不明了之处，应请求同学或系主任指导。

4. 凡选修实验学程之学生，须先向会计室缴清实验费后，始准注册。

5. 各生选课手续完毕后，须将学生备查表交训导处。

6. 改选课程日期及办法另行公布。

（六）填写表格

1. 各项表格须用墨笔端楷填写（草书或用铅笔填写一概拒收）。

2. 院系与组别须分别填写清楚。

3. 学程名称不得简写，凡一学年学程必须注明"上"或"下"及组别等。

4. 表内每格填写一种名称，不得两格混写一处。

（七）审查学分

1. 选课决定后，须将注册表（三张）上课证（七张）请求院长或系主任审核学分，经签字盖章后方为有效。

2. 注册表一张须缴呈院长或系主任存查。

（八）注册

1. 注册表格经院长或系主任签准后，即向教务处按院别缴交，注册表（二张）、上课证连同缴费收据、学生证、入学志愿书、保证书，经教务处盖章登记后始有效。

2. 各生注册后，由教务处发还注册表一张及所选学程上课证之全份。

3. 各生应发还之表格凭学生证向注册组领取，以免拥挤。

（九）上课

1. 新旧生注册后，即应到校上课，并将上课证送呈教授以便点名。

2. 每种学程缺课在总时数五分之一以上，应予扣考，并取销［消］该学程之学分，以零分计算总平均。

（十）签盖本人印鉴

1. 各生注册后，携带本人私章及学生证向收发处签盖印鉴，嗣后提取汇票及挂号函件均以此印鉴为凭。

2. 本人印鉴遇有变更或遗失时，必须凭学生证及新章向收发处申明作废，并再行签盖印鉴。

（十一）领取借书证

1. 各生注册后，凭注册表及学生证向本校图书馆领取借书证。

2. 领取借书证之日期另定之。

二、学业成绩规则

（一）学分：

1. 每周授课一小时，满一学期为一学分。实验学程以每周上课二小时，满一学期作一学分计算。但其他学程经教务会议另行规定者，不在此限。

2. 学生每学期应按照院系及年级所规定学程学分修习，至少不得少于十二学分。但应届毕业学期如有一、二科不及格者，在次学期补足学分时，或留级学生在应届毕业学期修学分时，经系主任核准者，得酌减学分数。

3. 留级学生在次学期修习学分，应减修三至六学分。

（二）试验：

1. 临时试验：教员得随时察验学生成绩，作短时间之试验。

2. 小考：一学期至少举行一次以上之小考。

3. 学期考试：每学期终举行学期考试。

4. 毕业加考：应届毕业学期，在期终考试前，按照部章规定，各院系主要学程三门，举行毕业加考。

（三）成绩：

学期成绩包括下列成绩之总平均数：

1. 平日成绩（包括演习例题、课堂口问、作文、习验及阅读报告等）；

2. 小考成绩（包括临时考试）；

3. 学期考试成绩。

（四）成绩计算：

1. 学生学业成绩采用百分记［计］分法：以六十分为及格，五十分以上而不及六十分者，得补考一次，不及五十分者，应重修之。

2. 每学程平日成绩与小考成绩应占该学程学期总成绩百分之五十，学期考试所占之百分比同。有练习或写作之学程，平时成绩占该学程总成绩百分之五十，小考占百分之二十，学期考试占百分之三十。

3. 学期成绩以每学程之学分数，乘该学程所得之分数为学分积，以学分数总和除学分积之总和，所得之商数为学期学业成绩平均数。

4. 有连续性之全年学程，必须读满一年，该项学分方得承认。如其中有半年不及格，须将此一半学程重修。

5. 学生一学期内，如有某一学程缺课占上课时间五分之一者，不得参与该学程之学期考试，并以不及格学程论。

6. 学生修习学程未经参加学期考试者，不予承认学分。

（五）补考：

1. 学生合于下列条件之一者，得予补考：

（A）学生学期成绩不及格科目之学分总数不满学期修习学分总数三分之一，其不及格科目在五十分以上者；

（B）学生于考试前，因病或重大事故，附有证明经核准者（事后请求，不生效力）。

2. 学生学期成绩不及格科目之学分数，在该学期修习学分总数三分之一以上者，不得补考，应令留级。

3. 学生补考成绩及格者，概以六十分计算，但以一次为限。补考仍不及格者，应令重读。

4. 补考时间由教务处规定，逾期不再举行。

5. 学生补考应缴纳补考费。

（六）成绩优良奖励：

1. 学生学业成绩名列每系第一名，其成绩总平均在八十分以上，操行在乙等以上者，经校务会议通过，给予免缴次学期学费之奖励。

2. 学生学业成绩总平均在八十分以上者，经校务会议通过，分别给予奖励学状：

（甲）总平均在九十分以上者，给与超等奖学状；

（乙）总平均在八十五分以上者，给与特等奖学状；

（丙）平均在八十分以上者，给与优等奖学状。

3. 学生学业成绩在八十分以上而名列每学程第一者，经校务会议通过，给予荣誉生之奖励。

（七）留级、退学及学业成绩警告：

1. 学生修习学程不及格学分（不及六十分）在一学期修习学分总数三分之一以上者，留级。

2. 学生修习学程不及格学分占一学期修习学分总数二分之一以上者，应令退学。

3. 学生每学期学业成绩总平均不及六十分者，警告一次。连续二学期受警告者，应予留级。连续三学期受警告者，应令退学。

4. 学生在肄业期间受警告合计三次，而非连续者，应予留级。

5. 学生因学期成绩总平均不及格而受警告者，如经补考及格后，其警告仍不得取消。

6. 学生留级后，次学期修习学程不及格学分又占该学期所修学分总数三分之一以上者，应令退学。

7. 学生成绩过劣，得提交教务会议酌予留级或退学处分。

8. 学生修习学程不及格学分占一学期修习学分总数三分之一，而该生主系学科成绩特别优良，总平均成绩又在六十分以上者，得免予留级。

（八）毕业及学位：

修完规定学程、品行优良者，由本校依照下列条件，照所习学科，颁给学士学位：

1. 修满八学期，其学籍经部令核准者；

2. 修满规定学分及学程，毕业加考经通过者；

3. 四年内之总平均在六十分以上者；

4. 基本国文、英文经通考及格者；

5. 毕业论文依时呈缴，经系主任批准，并经教务委员会通过者。

附注：

上项规则系参照部颁专科以上学校学籍规则第五章、第八章及第九章之规定拟订，复经民国十二年六月十五日本校第四次教务会议修增通过。又经民国三十五年一月九日第五十八次校务会议及同年一月十七日第四次教务会议增订施行。又同年十一月十七日第二次教务会议修正公布施行。

三、学生申请转院或转系办法

（一）本办法参照部颁专科以上［学］学校学籍规则第三章订定之。

（二）学生如认所入院系与本人志趣不合，经家长或监护人之证明，得请求转入他院或他系肄业。

（三）申请转院或转系以学籍经部令核准者为限。

（四）申请转院限于二年级开始以前，转系限于第三年级开始以前，均以一次为限，并须修满转入院系所规定之课程，方得毕业。

（五）本校转院或转系于每学年未结束前一个月申请之。

（六）申请转院或转系之学生，必须呈缴下列各件：

1. 本人报告；

2. 家长或监护人证明书；

3. 原肄业院长或系主任证明书；

4. 转入院长或系主任证明书。

（七）转院或转系均由教务长提出教务会议决定之，经布告后始生效。

（八）未经核准转院或转系之学生，不得预修其他院系之课程。

（九）复学生遇有转院或转系时，得按本办法申请之。

四、学生申请转学办法

（一）本办法参照部颁专科以上学校学籍规则第三章订定之。

（二）凡本校学生肄业在一年以上，其学籍经部令核准者，始得请求转学。

（三）凡申请转学之学生，必须呈缴下列各件：

1. 本人报告；

2. 家长或监护人证明书；

3. 缴回本人学生证；

4. 缴交二寸半身相片一张；

5. 领转学证书时，须缴纳转学证书费。

（四）凡申请转学之学生须经教务长核准后，方得发给转学证书（附有各学期成绩单）。

（五）凡经发给转学证书转学之学生，不得再请求回校复学。

（六）转学证书只许填发一次。

五、学生申请休学办法

（一）本办法参照部颁专科以上学校学籍规则第五章订定之。

（二）学生因身体或家庭之特殊情形，经家长或监护人之证明得申请休学，必要时得请求继续休学。惟休学时间总共不得超过二学年。

（三）申请休学之学生必须呈缴下列各件：

1. 本人报告；

2. 家长或监护人证明书；

3. 缴回本人学生证；

4. 缴交本人二寸半身相片一张。

（四）申请休学及休学年限须经教务长核准后，方得发给休学证明书。

（五）休学生遇有申请继续休学时，必须呈缴下列各件：

1. 本人报告；

2. 家长或监护人证明书；

3. 缴回休学证明书。

（六）申请休学或继续休学之学生，应于每学期开学前一个月申请之，但肄业生得于学期未结束前申请之。

（七）休学之学生不得呈请借读或转学。

（八）休学时学期成绩尚未结束者，复学时仍在原级肄业。

（九）休学生其学籍未经部令核准者，必须呈缴高中毕业证书，以便转报学籍。

（十）休学生申请复学时，其办法另定之。

（十一）未遵校章，不办休学手续之学生，以自动退学论。

（十二）休学逾期之学生不得请求复学或借读，但学籍核准者，得申请发给肄业证明书。

六、学生申请复学办法

（一）本办法参照部颁学籍规则第五章订定之。

（二）休学期满之学生得请求复学，惟以前后休学期间，不得超过二学年者为限。

（三）未经核准休学之学生，不得请求复学。

（四）请求复学定于暑假期内，用书面申请，经教务长核准，获得通知书者，方得复学。

（五）复学时必须与原肄业之院系及学科相衔接，不衔接者不准复学。

（六）复学时学籍未经核准者，必须呈缴正式高中毕业证书，否则不准注册。

（七）复学时须转院系者，应按照转系之规定办理。

（八）复学时必须缴回休学证明书。

七、教室规则

（一）学生准备至教室上课时须严守左列各项：

1. 于下课钟未鸣以前不得拥塞各教室之出口；

2. 教室内原有之班未退出以前不得任意推门闯入，并不得在门上敲击或任意喧嚣。

（二）教室内及各甬道中绝对禁止吐痰或吸烟。

（三）学生在教室内必须脱帽。

（四）教员点名时学生不得代人答到。

（五）教室座位经指定后，学生即须遵守不得擅自移动。

（六）教员向学生发问时，学生必须起立作答。

（七）教员迟到在十分钟以内者，学生须在教室静候。

（八）学生不得于黑板上或教室内各处随意涂写。

（九）学生在上课时不得阅看课外书报。

（十）凡经教员所指定之作业，学生必须准时缴交，不得延宕。

（十一）教员未令学生退席以前，学生不得擅自退席，或作任何表示催促教员下课。

（十二）凡违反上列各条者，除由各教员当面训诫外，并由教务委员会斟酌情形之轻重予以惩戒。

八、学生课外作业规则

（一）学生参加课外作业应以不妨碍学业为准。

（二）学生担任各团体之职务者，须具有下列各条件：

1. 品行端正；

2. 学习成绩指数在 1 以上；

3. 限于本校正式生；

4. 在本校肄业一学期以上。

（三）学生同时不得担任两种团体以上之职务。

（四）学生任何一次小考成绩有两学程以上列四等者，得由教务处通知训导处，令其退出各种课外作业。

（五）担任各团体职务各学生名单，须开学后三星期内由各团体负责人员报告于训导处及教务处，以便查核。

九、学生参观规则

（一）本校为增进教学效能起见，如担任某学程教授认为必要时，得组织学生参观团，但须会同各该学院院长或科主任及系主任或组主任商订参观事宜。

（二）学生参观团在埠参观，其时间由担任教授订定，但不得与学期考试时间冲突。

（三）学生参观团往外埠参观，须于假期内举行，如有特别情形不能在假期举行者，由教务委员会酌定时间。

（四）学生参观团之人数，得由领导教授决定。

（五）学生参观团出发参观时，须受教授之指导，如有不规则行为，教授得令退出参观团，并由校务会议予以相当处分。

（六）领导参观团之教授，其旅费由本校供给。

（七）学生参观后，须将其参观心得报告教授。

一〇、试场规则

（一）学生受试验时，应照教务处编号或教员所指定之座位就坐［座］，不得任意变动。

（二）学生须按时到场受试不得迟到。

（三）学生除携笔墨外，非得教员特许，不准携带他物。

（四）学生应听从主试教员及监试员之命令，不得喧哗。

（五）学生如欲暂时出场，须得主试教员或监试员之许可。

（六）学生受试时不得夹携、偷看、抢［枪］替、传递或有他种舞弊行为，违者除取消该学程之成绩外，予以严重处分。

（七）试题答毕应即交卷出场。

（八）学生应准时连同题目纸交卷，逾时不收。

（九）学生如有违犯［反］本规则情事，主试教员或监试员得令其出场，并由校务会议根据教员书面报告及本通则第十五章之规定，予以相当惩戒。

（十）凡用本国文字作答之试卷，须用毛笔缮写，用外国文字作答之卷，须用墨水笔缮写。各卷字迹不得潦草，并绝对不得用铅笔缮写。

一一、中英文会考规则

（一）凡选修基本国文及基本英文之学生，应于全年两学期考试及格后参加会考。

（二）会考标准以国文能写作清通而合格式之叙述文、说理文及书牍，英文须能译解英文报章及专门著作为合格。

（三）会考由教务会议设置委员会主持之。

（四）国文、英文会考不及格学生不准毕业。

一二、图书馆阅读规则

（一）本校学生欲借图书馆内阅览者，须凭学生证借书，阅毕交还书籍，收回学生证，不得携书出外。

（二）在阅览室借阅图书应注意下列各项：

1. 务宜肃静，勿高声朗诵、重步、偶语，致妨他人览阅；

2. 勿吸烟，勿随地吐痰；

3. 陈列图书、杂志、报章等不得携出室外，阅后并须归还原处；

4. 图书阅览未毕因事外出时，必须将所借图书交还后始可外出。

（三）阅书时注意下列各项：

1. 勿污损；

2. 勿圈点批评；

3. 勿蘸唾翻页；

4. 勿折角。

（四）借阅图书者如有剪裁图画或遗失、污损、批评等情，责令按照原价加倍赔偿。

（五）图书馆开放时间另定之。

一三、毕业论文规则

（一）各学院学生于毕业前须作论文一篇，经各该系主任或指导教授审查合格，并经教务会议通过，方准毕业。

（二）第三年第二学期及第四年第一学期为作论文时期。

（三）论文题目须先经系主任、院长审查核准，于学期开始时登记。

（四）学生论文由系主任指导，如有特别需要时，由院长另请本校其他教授指导之。

（五）论文须于第四年第一学期之末缴交教务长，由教务长分别转送各系主任审核，学生不得将论文迳〔径〕交系主任收阅。

（六）论文须备两份，一份由本校图书馆保存，一份由各学院保存。

（七）论文性质规定如左：

1. 专题研究；

2. 实验报告；

3. 调查报告；

4. 翻译。

（八）论文须用本校所规定之毕业论文纸，以墨笔或黑水笔誊写，并加标点，不得潦草。

（九）除实验性质特殊性质之论文外，文字数至少须在三万字以上。

（十）论文须附有详细参考书目，将材料来源注明。翻译应附原文。

一四、学生操行成绩考查办法

（一）学生操行成绩包括品德、思想、智能与体格四项。品德与思想各占总成绩百分之三十，智能与体格各占总成绩百分之二十。

（二）学生操行成绩以下列各方面之评判为根据：

1. 训导处操行成绩之记录；

2. 院长之系主任之评定；

3. 导师之评定；

4. 训导委员会之评定。

（三）学生操行成绩之计算分甲、乙、丙、丁四等，如以分数计算：

八十分以上为甲等，七十分以上为乙等，六十分以上为丙等，六十分以下为丁等，丁等为不及格。

（四）学生操行成绩列入甲等者，应予以奖励。

（五）学生操行成绩列入丁等者，处理办法如左：

1. 留校察看：

（A）留校察看之学生不得申请公费、贷金、工作救济金，或其他特权之享受；

（B）留校察看之学生，下学期操行成绩再列入丁等者，即予以除名处分。

2. 停学一学年；

3. 退学或开除。

（六）学生操行成绩，每学期报告学生家长一次。

（七）本办法经训导会议通过，并呈请校长核准后公布施行。

一五、奖励及惩戒规则

第一条　奖励

（甲）奖学励行状：

1. 奖学状：

（A）品行优良，学期成绩在八十分以上者，得优等奖学状。

（B）品行优良，学期成绩在八十五分以上者，得特等奖学状。

（C）品行优良，学习成绩在九十分以上者，得超等奖学状。

2. 励行状：凡学生有特殊行为足资表彰者，由校务会议通过后给与［予］本项奖状。

（乙）其他奖励：凡学生对于体育、演讲、辩论或写作有特殊成绩者，由训导处提请校务会议通过后给奖。

第二条　惩戒

（甲）惩戒分以下四种：

1. 书面警告；

2. 停止应享权利；

3. 停学；

4. 除名。

（乙）凡学生犯左列各项之一者，除由主管人员训诫外，并由训导处斟酌情形予以一次或二次书面警告，同时通知该生家长：

1. 对教师无礼者；

2. 妨害公共秩序或卫生者；

3. 侮辱个人或团体者（文字或言论）；

4. 毁坏校具或房舍者（除警告外按值责令赔偿）；

5. 拾得他人物件隐匿不报者；

6. 考试舞弊者（除将学程学分取消外）；

7. 周会或其他纪念仪式经学校规定必须参加而屡次无故不到者；

8. 违背其他校规者。

（丙）凡学生犯前条各项时，除予警告外，训导处得斟酌情形停止其应享权利，其情节较重者，由训导处会同各该院系主管人员及导师，调查事实，报告校长，予以一学期停学处分。

（丁）凡学生犯左列各项之一者，由训导处会同各该院系主管人及导师，报告校长，予以停学或除名处分：

1. 扰乱秩序者；

2. 有殴人行为者；

3. 有盗窃行为证据确凿者；

4. 滥用学校名义在外损坏校誉者；

5. 考试舞弊屡戒不悛者；

6. 行为不检妨害校誉而情节重大者；

7. 违背校规情节重大者。

（戊）积有警告到三次者，由校长予以除名处分。

一六、学生请假规则

（一）学生请假均须至训导处生活指导组行之（家长书面代为请假，请迳［径］写生活指导组）。

（二）病假：学生若发生疾病，不能上课时须凭证件（如医生证明书）填写请假单呈请核准。

（三）事假：学生若遇事故不能上课时，须凭证件（如家长函件、保证人证明书）填写请假单呈请核准。

（四）凡周会纪念日，校中举行纪念仪式，其缺席假请办法概须遵照本规则，无故不到者，概依奖惩规则办理。

（五）假满返校时，须向生活指导组销假。

（六）携带物品出校时，须持物品至生活指导组请求证明，经填给放行条后，方得携出，未持放行证者，门房校警不得放其通过。

（七）凡请假期满，因事实上不得已而未能销假者，应即附呈凭证申请续假。

（八）续假经核准者，仍由生活指导组填准假通知单，分送教务处备查。

一七、周会及各种集会学生缺席办法

（一）凡本校学生，除经学校特准不参加周会及由学校召集之各种集会外，其余各生须一律参加。

（二）因不能出席周会及各种集会时，应具备校医证明，或医院之证明文件，事先向训导处请假，其临时发生疾病未能预先请假者，得于即日内补假，但以有确切证明者为限。

（三）学生因事不能出席周会及各种集会时，应于前一日提出有力证件，向训导处请假，事后不得补假。

（四）经点名后迟到者一律以缺席论处。

（五）凡无故缺席周会及各种集会三次者，予以一次书面警告。

（六）凡经准事假缺席满二次者，作无故缺席一次论。

（七）凡公因（各学生伙食团监厨采买及代表学校出席各种会议者）缺席者，不予计算，但须事前呈请训导处核准。

（八）凡参加周会及各种集会中途离会，一经发觉，应予书面警告一次之处分。

（九）凡在集会中谈话或喧哗者，以妨碍或扰乱秩席［序］论，照章处分。

（十）本办法经公布后施行之。

一八、学生宿舍规则

（一）凡学生于每学期开始时，须将学杂各费向学校指定银行缴清，持收据向训导处领入舍证，按照编定号数入舍居住，不得私自迁移。

（二）宿舍内一切器具，皆有规定件数，不得任意变动，并须负责保管，如有损坏当照价赔偿。

（三）房内电灯均有一定光度。不得私自调换灯泡。

（四）私接电线者除阻止外，予以一次书面警告处分。

（五）寄宿生作息时间须遵照本校规定。

（六）寄宿生出外须于十时前回校，非经正式准假，不得在外住宿。

（七）女生每晚九时半必须归寝室，由女生指导员按室点名，其无故缺席者，除通知其家长外，并予书面警告一次，满三次者照章开除。

（八）女生无家长在沪者，绝对不能在外留宿；其有家长在沪者，每星期六及例假或特别事故时，如欲留居家中，须有家长来函方得准假。

（九）除例假外，每日上课时间与自修时间，不得在宿舍内吹唱、喧哗，妨碍公共秩序。

（十）寄宿生如患重病，经校医诊断，必须迁入医院者，应立即迁入。

（十一）为严密宿舍门禁，防止闲杂人等混入，以致扰乱秩序、遗失物件起见，凡入宿舍者须佩带［戴］校徽。

（十二）寄宿生会客须一律在接待室，晚间会客最迟不得过八时。惟女生宿舍会客，以晚间七时为止。

（十三）未经学校许可，男生不得进女生宿舍，女生不得进男宿舍。

（十四）寄宿生经共同维持清洁，不得随地吐痰或乱掷零星物件。

（十五）宿舍窗口不得悬晒衣履及其他杂物。

（十六）寄宿生不得在寝室内有下列举动：

1. 赌博、饮酒或其他不规则行为；

2. 熄灯后私燃蜡烛或油灯；

3. 烹饪或用膳；

4. 使用电熨斗、电炉、电风扇；

5. 藏匿危险或违禁物品；

6. 留宿外宾。

一九、学生集会规则

（一）凡学生组织团体以研究学术及联络情谊者为限。

（二）凡发起组织团体时须将左列各项报告训导处：

1. 名称；

2. 宗旨；

3. 发起人姓名；

4. 征求会员范围。

（三）凡学生各种团体经筹备完竣，须将左列各项报告训导处备查。

1. 名称；

2. 宗旨；

3. 组织；

4. 有无发行刊物；

5. 负责人姓名、院系、年级、学号。

（四）凡学生团体，如有修改章程或改选职员，须于一周内将章程修改之处，或职员名单送训导处备查。

（五）凡学生团体，如对校外团体有联络进行事项，须先报告训导处，经许可后始得进行。

（六）凡学生团体有须临时募集款项者，须先将拟募数目及其用途，由负责人报告训导处核准后始得开始募捐，受外界之委托拟在校内募捐者亦同。

（七）凡学生团体或集会有违反本规则或其他妨碍本校秩序行为者，本校得随时取缔之。

（八）凡学生各种集会须将左列各项于集会前报告训导处：

1. 集会名称；

2. 集会目的；

3. 发起人或团体；

4. 集合地点；

5. 集会时间；

6. 有无校外人参加。

（九）凡学生集会须在非上课时内举行。

（十）凡学生集会借用本校校舍者，须持训导处核准证，再向总务处接洽使用。

（十一）凡学生团体欲邀请外宾演讲时，须商得训导处同意。

（十二）凡学生集会借用本校器具、杯盘或电力者，于必要时得由总务处酌收费用，如有毁损，应照价赔偿。

（十三）凡学生各种团体或各种集会所发布告，须向训导处领用通告纸。

二〇、学生发行刊物规则

（一）凡学生刊物须先将下列各项报告训导处备查：

1. 刊物名称及宗旨；

2. 刊物出版日期；

3. 发行人；

4. 编辑人员。

（二）刊物内容以研究学术或评论时势为范围，不得有污蔑或借故攻击之言论。

（三）凡学生发行刊物或其他通告，只准在学校指定地点张贴。

（四）凡刊物中有特殊价值之文字，经训导处会同各学院或各科专门教授评定后，应将褒奖及宣扬办法提出于校务会议议决施行，以资鼓励。

二一、学生纳费须知

甲　杂费及宿费

1. 向会计室领取学杂费及宿费缴费单。

2. 领取缴费单后，应即持单向指定银行缴纳各费。

3. 向银行缴款后，持缴费收据至教务处办理注册手续（如系宿费收据，须持据向训导处办理入舍手续及登记床位）。

乙 其他各费——以［下］各费迳［径］向本校会计室缴纳：

1. 毕业证书费；

2. 实验费；

3. 逾期注册费；

4. 肄业证明书；

5. 其他。

二二、救济清寒学生暂行办法

（一）本校为救济清寒学生起见，特定救济清寒学生暂行办法。

（二）清寒救济分下列几种：

1. 免费生 本校设置免费生若干名，免缴学费全部或一部分，免费额暂定每学期学生总数十分之一。

2. 服务生 本校各部门得按实际需要酌用服务生，每名月给津贴若干元。

3. 其他救济 本校学生得向校内外其他救济团体按照规定手续申请救济。

（三）本校学生具有下列各项情节者得申请免费：

1. 家境确实清寒或家乡情形特殊者；

2. 品行端正，学业成绩中平以上者；

3. 前期考试如期参加，未要求补考等情者；

4. 未受书面警告者；

5. 前学期对学校应缴各费未有拖欠不缴者；

6. 未获得他项奖金或救济金者。

（四）清寒救济审核标准得随时斟酌实际情形修改之。

二三、其他注意事项

凡学生向总务处收发室领取挂号信、快信或包裹，须将本人图章预先留存印鉴，核对并凭证领取，倘托人代领，亦须将本人委托证据及其私章、学生证交代领人持向核对，始得领取。

凡学生兑领汇票，须会计员盖章者，应于汇票上先盖私章，并提出学生证并经核对后始予盖章。

学生个人或团体如托总务处印务组代印稿件，须先经总务长签字允准，并向会计室缴纳印刷费。

大夏大学学则（1950年）

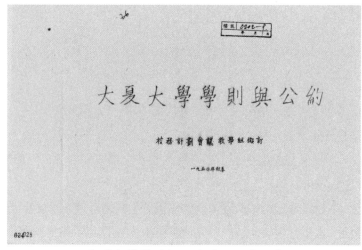

大夏大学学则与公约（1950年秋）

总　纲

第一条　本校任务是遵照共同纲领第五章的规定，培养具有高度文化水平，掌握马列主义毛泽东思想的基本内容、现代科学和技术的成就，全心全意为人民服务的高级建设人才。

第二条　本校以新民主主义教育的基本精神、理论与实际一致为教学的总原则。

第三条　本校设文、理工、法、商、教育五学院；文学院设中国文学系、外国文学系，历史学系；理工学院设数理系、化学系、土木工程学系；法学院设政治学系、经济学系、法律学系；商学院设会计学系、银行学系、工商管理学系；教育学院设教育学系、社会教育学系、教育心理学系。此外并设畜牧兽医系及师范、会计、保险、测绘建筑、工业化学五专修科。师范专修科分设护幼组、教育行政组、文史地组及数理化组。

第四条　修业年限参照一九五〇年全国高等教育会议高等学校暂行规程的规定，各系暂定为四年，专修科修业年限规定为二年。

第五条　本校为教学上理论与实际联系，附设附属中学、实验工厂、农场、合作社、实习法庭等。

学　生

第六条　各学系投考生须身体健康，年在 17 岁以上，具备下列条件之一者：

（一）曾经在公私立高级中学毕业，有毕业证书或升学证明书者。

（二）曾在后期师范学校毕业，有毕业证书及毕业后服务满二年之证件者。

（三）曾在公私立高级职业学校或中等技术学校毕业，有毕业证书及毕业后服务满两年之证件者。

（四）同等学力：

（甲）修满高中二年后，并又自修一年以上，持有证件者；

（乙）县以上人民政府或市人民政府教育行政机关之证明者；

（丙）县以上工会或解放军团以上政治机关之证明者。

第七条　师范专修科投考生须身体健康，年在 17 岁以上，具备下列条件之一者：

（甲）曾在高级中学毕业者或后期师范学校、高中师范科毕业而有服务二年之证明者；

（乙）初中毕业并充任小学教员三年以上持有证明者；

（丙）县以上人民政府或市人民政府教育行政机关之证明者；

（丁）县以上工会和解放军团以上政治机关之证明者。

第八条　本校学生必须学习马列主义、毛泽东思想，提高政治认识，肃清封建的、买办的、法西斯主义的思想残余，树立科学唯物主义的世界观，发展为新中国人民建设事业服务的精神。

第九条　本校学生必须积极学习有关业务的理论与技术。

第十条　本校学生均应自觉的［地］遵守教学纪律与学校各项公约。

第十一条　学生在校内应适当的参加文化、娱乐、生产及社会活动，以保证在实际生活中得到锻炼。

第十二条　本校学生组织之学生会及其他社团应团结全校学生，协助学校完成教学及行政计划，推动全校学生的政治业务与文化的学习，并谋全校学生的生活福利。

第十三条　凡学生经济状况确实困难，无力自给，而学习努力，成绩优良，遵守各项公约，热心为人民服务，自力更生，曾有具体表现者，得申请减免费。

第十四条　为向工农开门，凡学生之为工农或工农子弟及革命干部者，得适当照顾，其办法另定之。

教　学

第十五条　为贯彻新民主主义教学的基本精神，使理论与实际一致，必须注意下列各项：

（一）课程设置必须切合当前国家建设的需要；

（二）教学观点必须掌握马列主义、毛泽东思想；

（三）教学内容必须贯彻科学精神；

（四）教学方法必须适合对象；

（五）理论的教学必须与实验、实习相结合，必须注意生活锻炼。

第十六条　为提高教学的效能，发扬学生积极的学习，使在实际生活中能够运用所学的知识，采用下列教学方式：

（一）教员讲授；

（二）教员指导学生自学、研究及讨论；

（三）教员指导学生实验、参观及实习。

第十七条　本校设各种教学研究组为教学基层组织，由一种学科或性质相近的几种学科的全体教授、副教授、讲师、助教、实验室技术人员等组成之。由各组互推组长一人，其研究事项如下：

（一）本学科教学计划、教学大纲之制定和实施；

（二）本学科教材教法；

（三）本组人员教学和研究工作；

（四）本组人员关于教学计划、教学大纲实施和总结的报告；

（五）本组人员对马列主义毛泽东思想的学习。

第十八条　为加强集体生活的锻炼及进行政治和业务的学习，各系科的学生得分编为若干学习小组。

教学计划与教学大纲

第十九条　本校教学实施必须制定各系科教学计划及教学大纲，由校长呈报教育部。

第二十条　各系科教学计划与教学大纲的制订应完全符合各该系科的需要，将理论与实践结合在统一的教学过程中，在实习中的每个阶段应与理论课程有关部分相互配合。

第廿一条　教学计划与教学大纲之制订须与实际需要相配合。

第廿二条　教学大纲的制订必须简要，以使教师学生均能集中注意该科目的主要部分。

第廿三条　教学大纲之制订应保持其灵活性，以便随时吸收科学与技术成果中之最新材料。

注　册

第廿四条　已经录取之学生须依规定日期报到，否则取消其入学资格。

第廿五条　新生报到时，其未能交验证件（除有正当理由者外）或证件不合，或像[相]片不符者，取消其入学资格。

第廿六条　新生入学时，必须缴验公立医院之健康证明书。

第廿七条　新生于入学时，应填缴志愿书、保证书及规定之各项表格，保证人须具有正当职业并担负学生在学期间之一切责任。

第廿八条　新生所缴证明文件如有伪造、假借、涂改等情事，一经查明即取消其入学资格。如于毕业后始行发觉有上项情事者，除取消毕业资格外，并追缴毕业证件。

第廿九条　学生于每学期开始时，须在规定期限内亲自来校办理注册手续。注册手续另订之。

第三〇条　学生于注册时，应填妥选课表送科系主任、院长核发。

第三一条　学生改选、退选或加选课程，限于每学期上课后第二周内行之，并须经有关科系主任、院长核准。

第三二条　学生如因特殊生理上关系不能学习某科目时，须经校医证明，有关科系主任及教务长核准后，方得免除或展缓其学习。

课　程

第三三条　教学时间的规定，每学期实际授课时间以满十七周为原则，每周实际学习时间以四十四小时为标准，最多不得超过五十小时。课外活动时间，每周以不超过六小时为原则（包括自习及实验）。

第三四条　各院系共同必修政治科目约占全部课程总时数百分之十五，其科目为：

（一）社会发展史；

（二）新民主主义论；

（三）政治经济学。

第三五条　各院系参观见习为教学组成部分，其所占全部课程时数由各院系按照实际课程情况自定之。

第三六条　各院系必修学程的时数约占全部课程时数百分之五十。

第三七条　各院系除必修学程外，得设若干选修学程。

第三八条　各院系学生除修习本系学程外，须根据任务或志愿经系主任指导选修他系若干学程。

第三九条　各院系学生须于最后一年选定研究题目，经院长或系主任之核准，由指定教授指导调查、研究或实习，写成毕业论文。

第四〇条　讲授课程每学期每周听讲一小时，以自学二小时概算，作为一学分。

第四一条　各院系四年制学生，每人每学期以修习十二至十八学分为标准。四年须修学分数由各院系参照全国高教会议暂行课程草案分订之。

第四二条　二年制专修科学生每人每学期以修习十八至廿一学分为限，修满八十学分方得毕业。

参观与实习

第四三条　为求理论与实际结合，各系科的教学，均作有计划的参观与实习。

第四四条　参观实习分下列几种：

（一）学科参观与实习——每一学程教学均有适当时间的参观与实习。

（二）假期参观与实习——利用寒暑假期，对于业务学科作重点的实习或参加社会服务，作生活的锻炼。

（三）毕业参观与实习——各系科学生在应届毕业学年内，尽求能举行参观与实习，其时间由各院系科另定之。

（四）学科参观与实习——由担任该学科教学的教授指导进行，并评定其成绩，作该学科学习成绩一部分。

第四五条　假期参观与实习——由假期工作指导委员会指导进行，其成绩评定方法依实际情况另定之。

第四六条　毕业参观与实习——由各院科组织指导委员会负规划推行之责，必要时，得请专任教授一人负经常指导之责。

第四七条　毕业参观与实习学分之计算，由各系科根据实际情况另定之。

第四八条 参观与实习指导办法另订之。

缺课请假

第四九条 学生因病或因事请假在一周以内者，因于事前凭注册证至教务处请假，登记请假时数，如请假在一周以上者，应具备证明文件，至教务处填具请假单，经核可后，方准请假。

第五〇条 学生请假如因不得已原因未能于事前办理上项请假手续者，须具备证明文件，尽在到校上课后三天内填具请假单，申请补假。如事前不请假，事后亦未能如期办理补假手续者，概以旷课论，旷课一小时作缺课一小时计算。

第五一条 学生请公假者限于膳委、合作社或学生会对外之代表。前者须经膳委会或合作社证明，后者须经学生会及其代表机构证明，至教务处领取请假单，经核准后，缺课时数不予计算。

第五二条 学生因病请假一周以上者，须缴医生证明书，因事请假一周以上者，通学生须有家长证明，住宿生须经生活小组组长证明，小组长请假须经学生会证明。

第五三条 学生于一学期中无论任何原因，在某一科目缺课总计达一学期上课时间四分之一时，不许参加该科目之学期考试，如该学科系必修科目，并须重修。

第五四条 学生因疾病、亲丧、生育或其他重大事故不能参加考试，应具证明文件请假，经教务长核准后准予补考或于次一学期注册前补考。

第五五条 学生上课由教授随堂点名，迟到学生只可当堂改到，逾期不再补改。早退学生以缺课论。所有学生缺课旷课情形由教务处每周公布之。

成绩考查

第五六条 成绩考查分下列四种办法：

（一）平时考试；

（二）期中考试；

（三）学期考试；

（四）毕业考试。

第五七条 平时考试由教员随时举行之。其成绩与听讲笔记、读书札记、参观实习实验等报告以及各项练习之成绩合并计算，此项总分数即为该科平时成绩。

第五八条　期中考试由教务处于学期中规定日期举行之。

第五九条　学期考试于每学期之末举行之。

第六〇条　毕业考试于肄业期满举行，考试方法依中央人民政府教育部之规定。

第六一条　学期补考之学生应于次学期开课前一周内一次举行完毕，逾期不准补考。

第六二条　学生成绩采用百分法计算，规定达到六十分者为及格，五十分以上不及六十分者为不及格。学生学期成绩不及格科目之学分总数不满学期修习学分总数三分之一，其不及格科目在五十分以上者得补考一次，不及五十分者不得补考，如系必修科仍须补修。

第六三条　学生于选修科目后，既未于规定时间内退选，又不参加考试者，该科目之成绩以零分计。

第六四条　各科目成绩之评定办法如下：

（一）每科科目成绩之评定为平时成绩百分之三十，期中成绩百分之三十，学期考试成绩百分之四十，三项合计为该科目之学期成绩。

（二）每学期所得各科目之成绩与各科目学分数相乘之总和，以该生一学期所有之学分总数除之，即为学期成绩。

（三）照前项所得第一学期成绩与第二学期成绩之平均为学年之成绩。

（四）各学年成绩之平均，为在学肄业之总成绩。

第六五条　凡补试及格科目之考试成绩，概作六十分计算，不及格者不计学分，如系必修科者仍须补修。

第六六条　应补修之科目须于下学期补修，不得延缓。（如因时间冲突，应尽先学习补修科目）

奖　惩

第六七条　本校学生之思想、生活、品格，依下列各项，用民主方式进行平时的批评、自我批评、学期评定及毕业时之思想总结。

（一）思想修养（反对封建主义、买办主义和法西斯主义。爱祖国，爱人民，爱科学，爱劳动，爱护公共财物）；

（二）组织锻炼（遵守学校章则、学习规律及其他有关集体生活的公约）；

（三）学习态度（积极钻研，帮助同学）；

（四）服务精神（校内及校外的服务精神）。

第六八条　为勉励学生进步，本校得依前条标准，分别予以下列各种奖励：

（一）口头奖励，公开表扬；

（二）纪念品奖励；

（三）文字表扬；

（四）记功；

（五）记大功。

第六九条　为告诫学生计，本校将视情节轻重分别予以下列惩戒：

（一）劝诫；

（二）检讨批评；

（三）警告；

（四）记过；

（五）记大过；

（六）开除。

第七〇条　重大奖惩由校务委员会通过，校长批准后行之。

毕　业

第七一条　本校学生完成下列条件者准予毕业：

（一）学籍呈经部令核准者；

（二）修满规定年限；

（三）修满规定课程及学分数；

（四）在校肄业总成绩及格。

第七二条　毕业生按所属系科给与毕业证书。

第七三条　学生修满规定年限，如有必修科目未修或不及格，或所修学分未满规定数额时，限于二年内补修完毕。经考试及格后，始得作为该年度毕业生，已逾年限尚未补修完毕，不准再补，亦不作为毕业。

转院转系

第七四条　学生申请转院，限于二年级开始以前，转系限于第三年级开始以前，均以一次为限。新生不得申请转院转系。

第七五条　学生转院转系须依照所转入之院系修读规定课程。转院肄业者，必须参加转院转系甄别考试，及格后，并办理下列手续：

（一）本人报告；

（二）原肄业院长或系主任之许可；

（三）转入院院长或系主任之许可；

（四）经教务长核准。

第七六条　各专修科学生请求转科或改系，以转入性质相近之科系为限。

第七七条　转学生经编入某系后，不得请求转院或转系。

转　学

第七八条　凡本校学生肄业在一年以上，始得请求转学。其学籍未经部令核准者，应于转学证书上注明。

第七九条　凡申请转学之学生，必须办清一切离校手续，并缴下列各件：

（一）本人报告；

（二）本人学生证；

（三）二寸半身照片一张；

（四）转学证书费。

第八〇条　凡申请转学之学生须经教务长核准后，方得发给转学证书。

第八一条　凡经发给转学证书转学之学生，不得再请求复学。

第八二条　转学证书只许填发一次。

第八三条　转入本校学生须缴下列各件：

（一）高中毕业证书；

（二）转学证明书（须附成绩单）；

（三）身体健康之证明书；

（四）志愿书及保证书；

（五）照片。

第八四条　转学生学程学分之承认，须以本校该系课程为据，经系主任审查核准。

第八五条　转学生年级须根据本校该系各年级应修学分总数折算承认学分总数而确定。

第八六条　转学生加试科目如有不及格者须重修。

第八七条　转学生至少须在本校肄业满二学期，方得毕业。

休学、复学、减修学分、留级、退学

第八八条　学生有下列情事之一者，令其休学一学期：

（一）一学期连续旷课达两星期者；

（二）一学期连续缺课时数达上课时数四分之一者；

（三）患病经校医诊断认为必须长期或隔离疗治者。

第八九条　学生因故请求休学时，应具申请书，经教务长核准，始得休学。

第九〇条　休学学生请求复学时，应于学期开课前申请，经教务长核准，始得复学。

第九一条　申请复学学生，在休学以前学期成绩已及格者，准予升级复学。其未取得及格学期成绩者，只准以原年级复学，不得升级。

第九二条　学生有在列情事之一者，令其减修学分：

（一）一学期所修各科成绩中不及格学分达全部学分三分之一而不及二分之一者，次学期应减修三学分。

（二）一学期所修各科成绩中，不及格学分达全部学分二分之一，或必修科目之学分应缺课不予计算达全部必修学分二分之一者，次学期应减修六学分。

第九三条　学年成绩不及格者，应予留级一学期。

第九四条　学生有下列情事之一者，令其退学：

（一）连续休学逾二年者；

（二）一年级学生第一学期所修各科成绩不及格学分达二分之一者；

（三）全学年所修各科成绩不及格学分达五分之三者；

（四）全年所修各科成绩不及格学分达二分之一者；

（五）连续留级者；

（六）教务委员会认为有退学之必要者。

附　则

第九五条　本学则实施时，如遇有须解释、补充或变通之处，由校长提交校务委员会决定之。

第九六条　本学则各条有对专修科不适用时，另行规定之。

第九七条　本学则经校务委员会会议通过后施行，并呈华东军政委员会教育部备案。

第五编

大夏大学公共管理规章

大夏大学图书馆馆则（1934年）

第一条　本馆依据本大学《组织大纲》第十八条之规定，设馆长一人，掌管本馆一切事务；馆员若干人佐理之。

第二条　图书馆馆长之职权如左：

（1）负本馆一切责任并监导本馆馆员办理本馆事务；

（2）计划本馆事务之进行并建议于校务会议；

（3）报告本馆进行状况于校务会议；

（4）执行校务会议关于本馆之议决案；

（5）执行图书馆委员会之议决案；

（6）提出购置图书预算于图书馆委员会；

（7）商同各学院院长及各科主任购备每学期应用之教科书及参考书；

《大夏大学图书馆报》创刊号

（8）接受教授及学生关于图书馆务上之意见；

（9）制定关于本馆各项细则；

（10）签署本馆对外文书；

（11）许可本馆馆员一星期以内之请假；

（12）接洽关于图书之捐赠或寄存事宜；

（13）指导学生利用图书馆；

（14）报告购置图书预算、决算于校务会议并公布之；

（15）布告关于本馆进行事务；

（16）出席校外关于图书馆事业之会议。

第三条　本馆设事务、编目、阅览三股，各股之职掌如左：

（甲）事务股

（1）关于文件之起草、收发、整理及保管事项；

（2）关于预算、决算编制事项；

（3）关于馆务记录项事［事项］；

（4）关于统计报告调制事项；

（5）关于馆舍管理事项；

（6）关于设备整理事项；

（7）关于用品配置保管事项；

（8）关于参观招待事项；

（9）关于书价查填事项；

（10）关于图书订购事项；

（11）关于征求及介绍图书事项；

（12）关于参考资料采集事项；

（13）关于图书点收事项；

（14）关于书款登记及稽核事项；

（15）关于图书登录事项；

（16）关于图书捐赠、交换及寄存事项。

（乙）编目股

（1）关于目录编制及整理事项；

（2）关于图书解题事项；

（3）关于图书增减调查事项。

（丙）阅览股

（1）关于阅览图书进出事项；

（2）关于图书保管整理事项；

（3）关于图书查付收还事项；

（4）关于阅览人指导事项；

（5）关于罚金处理事项；

（6）关于图书修补装订事项；

（7）关于图书点检、曝晒及消毒事项；

（8）关于借阅览图书统计事项。

第四条　本大学学生所纳图书费专供本馆购置图书及杂志之用，由校长与会计主任会签。

第五条　本馆经费由本大学特设独立会计保管之。

第六条　本馆设置书库、普通阅览室、参考阅览室、杂志阅览室及新闻纸阅览室，馆外借出阅览部及各院（科）研究室、自由阅览室、目录室及办公室等。

第七条　本馆图书除备供本校学生阅览外，遇必要时，得公开之，以求本校教育之社会化，其细则另定之。

第八条　本馆各股事务由馆长酌量情形分配担任之。

第九条　本馆馆员处理事务应依据办事细则，其细则另定之。

大夏大学图书馆办事细则（1934 年）

第一条　本细则据本大学《图书馆规则》第九条之规定，凡本馆馆员处理事务，应依本细则办理。

第二条　馆员对于所任职务及职务内附有之事件应负完全责任。

第三条　各股事务或各馆员所办事务有互相关联者，应彼此协商办理。各股事务较繁时，可由他股馆员帮同办理。

第四条　馆员应按照规定时间到馆办公。办公时间，除有特别规定者外，平时上午自八时至十二时，下午一时至五时；暑期学校内上午七时至十二时，寒假期内上午九时至十二时，下午一时至四时。阅览股之担任晚间工作者，下午一时至五时，晚间六时半至九时半办公。但遇有紧要事件，得不以前项规定时间为限。

第五条　办公室设划到簿，凡职员到馆、离馆时，须各自签名于簿内，月终由馆长核阅。

第六条　本馆例假，依据教职员服务规程办理。但担任阅览股晚间之工作者，则假前一日晚休息，例假最终日晚须到馆办公。

第七条　因特别事故或疾病请假时，悉依学校规定办理。

第八条　本馆馆员应各备备忘录，随时记入预定工作，该工作完毕后注消〔销〕之。

第九条　本馆馆员谒见来宾，概须于会客室中谒见，不得引入办公室。会客时间不得过十分钟。

第十条　馆长为征集意见、商议办法，得开馆务会议，其会议细则另定之。

按：以下三百条事务股细则略。

大夏大学图书馆学生借阅图书规则（1934 年）

第一条　本校学生欲借图书在图书馆内外阅览者，每学期初须持注册证向本馆图书馆入馆证及借书证发给处领取入馆证及馆外借出阅览证，逾期注册者向图书馆阅览股领取。

第二条　入馆证及馆外借出阅览证于终止借书或学期结束时，随同所借图书一并送还。

第三条　借书证倘有遗失，应注意下列各项：

（1）须至本馆声明；

（2）在未经声明前被拾得借书证者借去图书，应由原领证人负责；

（3）补证每次须向会计处缴补证费小洋两角，以示限制。

第四条　借图书至馆外阅览者，应注意下列各项：

（1）借出图书以寻常版本为限，凡珍贵图书及教授指定参考图书概不借出馆外；

（2）欲借何书应就目录中选择，记其书名、分类号数、借书年月日、本己姓名、住所、院科别于馆内或馆外阅览券，并填清代书板签条上应填各项，连同馆外借出阅览证交馆员检取；

（3）还书时，须当时取还馆外借出阅览证；

（4）借书以一星期为限，逾限须续借者，得酌量展限，唯至多不得过一星期；

（5）逾限之书欲续借者，须将该书带至出纳处声明，换盖借书日戳；

（6）借阅图书遇本馆有检查之必要时，经本馆通知应即归还；

（7）逾限而不归还者，每部每日罚铜元六枚；

（8）每人借出图书总数以二册为限（但线装书可借至十册）。

第五条　在阅览室借阅图书应注意下列各项：

（1）务宜肃静，勿高声朗诵、重步、偶语，致妨他人阅览；

（2）勿吸烟，勿随地吐痰；

（3）脱帽；

（4）陈列图书、杂志、报章等不得携出室外，阅后并须归还原处；

（5）借书手续应依据第四条（2）（3）两项之规定，但可免去填代书板签条；

（6）所借图书须在该阅览室阅览，阅览未毕因事外出时，必须将所借图书交还后始可外出；

（7）图书或杂志未经馆员许可而携出者，每次每本罚小洋两角，如逾日仍未归还者，每本每日递加罚费小洋一角；

（8）每人借出图书总数以四册为限（但线装书可借至廿册），阅完可以更换。

第六条　书经阅毕，须即交还，不得辗转传阅。

第七条　阅书时应注意下列各项：

（1）勿污损；

（2）勿圈点，勿批评；

（3）勿醮唾翻页；

（4）勿折角。

第八条　凡借阅图书不还连催三次者，由主管人员予以警告。

第九条　借阅图书者，如有剪裁图画或遗失、污损、批评等情事，责令按照原价加倍赔偿。

第十条　凡应缴费事项，由馆员随时通知。

第十一条　凡应缴费而未缴者，停止其借阅图书权利至缴清时为止，并得由赔偿准备金内扣除。

第十二条　学期结束时，凡借阅图书尚未交还者，下学期来校不得注册；转学者不给转学证；毕业者则扣留其文凭。

第十三条　本馆平时开放时间如下（暑期学校及寒暑假期内另定之）：

甲、参考图书阅览室、普通图书阅览室、报纸阅览室：

（自星期一至星期五）上午八时至十二时，下午一时至五时，晚间六时半至九时半；

（星期六或例假前一日）上午八时至十二时，下午一时至五时；

（星期日或例假最终日）晚间六时半至九时半。

乙、杂志阅览室：

（自星期一至星期五）下午一时至五时，晚间六时半至九时半；

（星期六或例假前一日）下午一时至五时；

（星期日或例假最终日）晚间六时半至九时半。

丙、馆外阅览借出：

（自星期一至星期六）下午一时至五时。

第十四条　本馆于每学期结束之前十日停止馆外借出，以便清理。

第十五条　书库非经主管人员许可不得入内。

大夏大学图书馆馆外特别阅览简则（1934 年）

本馆为便利著作毕业论文学生借阅参考书起见，特制定馆外特别阅览规则如下：

（1）著作毕业论文学生须先向本馆索取馆外特别阅览券，填写毕业论题，亲向院长陈请签章，再经本馆馆长签章，始能有效。

（2）用馆外特别阅览券借书至多以六种为限，阅完可以更换。

（3）用馆外特别阅览券借书以四星期为限，但遇必要时得商请馆长许可延长，惟延长时期至多不能过二星期，至本学期结束无时［时无］论满期与否，概须归还。

（4）参考书、指定书、定期刊物及禁止借出图书概不借出。

（5）用本馆外特别阅览券借书须附缴馆外借出阅览证。

大夏大学图书馆教职员借书简则（1934 年）

（1）教职员借书，请带教职员借书证，并只以本人为有效。

（2）教职员借书，请向本馆普通图书阅览室内出纳处接洽。

（3）教职员借书以五部为最大限，参照［考］书、各教授指定参考书、保留书、杂志等，概不借出。

（4）教职员借书以二星期为限，期满即请归还，本馆不另通知，但教科书及准教科书以一学期为限，请于借书时声明。

（5）教职员借书或还书时，请当面检核填写于借书证上之书名、册数有无错误。

（6）学期结束前十天即停止借出，并请将所借之书一并交还。

（7）借书证若有遗失，请以书面通知本馆，否则发生一切事故，概由本人负责。

大夏大学师生员工借书简则（1950 年）

（一）凡已注册学生及现任本校教职员工均得向图书馆借书。

（二）借书分馆内馆外两种，馆内借书学生凭学生证，教职员工凭工会会员证或其他足以证明其在本校服务之证件。馆外借书，一律凭馆外借书证。

（三）借书者需写明"书码""书名""姓名""院别"（或职别）、"日期"等五项于借书卷上。

（四）

（1）学生借书以一册为限，但特别阅览证另有规定。

（2）教职员工借书每人以一册为限，但与其担任学程有关书籍，每一学程得借书三种。参考书、指定参考书、保留书及什志、报纸等概不借出。

（3）馆内借阅图书、什志、报纸等凭证，不得超过一种或一册。

（五）书库藏书借出馆外阅览，限一星期归还，倘届期尚未阅毕，得携书来馆申请续借一星期，续借以一次为限，但教科书及与担任课程有关之主要参考书以一学期为限，须于借书时声明。

（六）参考阅览室内所陈列各书，除教授指定参考书准予学生借出馆外阅览但须当日归还外（星期六及假期前一日借书，可于次日归还），其余均限在室内阅览。

（七）

（1）借书逾期不还者，由图书馆通知在三日内归还。如过期三日仍不归还，每逾一日罚人民币 500 元，罚款以一星期为限，逾期以违反公约论。

（2）至学期结束前一星期仍不归还者，除照本简则第七条（1）项处理外，如为同学则通知教务处扣发证明文件，如为教职员工则通知会计室在其薪金内按照市价扣除。

（八）学生凭特别阅览证可借书五册（或五种），以两星期为限，如逾期未还者，其处罚与本简则第七条同。

（九）借书证如有遗失，应即来馆申明，在未经申明前被拾得者借去图书，则由原领证人负责。

（十）借书若有剪裁、污损或遗失等情，除按本则第七条处罚外，并照该书市价赔偿。

（十一）借书牌号需妥为保存，并记明其号码，倘有遗失，赔人民币 500 元，缴本校总务处出纳室，取据换回学生证或工会会员证。

（十二）借出图书本馆遇必要时，得专函通知，应即检还。

（十三）本简则如有未尽事宜，依照有关规则办理。

（十四）假期借书办法由图书馆参照本简则另订之。

（十五）本简则经校务委员会通过后，公布日施行。

大夏大学参考杂志阅览室公约（1950 年）

（一）为了保持本室的新的民主秩序，提高学习效率，特订立本公约。

（二）遵守借书简则，借阅图书、杂志及报纸等。

（三）不私自携出本室所陈列各种图书、杂志、报纸等。

（四）不剪裁、圈点、批注、污损各种图书、杂志及报纸等。

（五）不高声朗诵、重步、偶语，妨碍他人阅览。

（六）不随地吐痰、吸烟及［吃］零食。

（七）未经管理员许可，不将桌椅移出室外。

大夏大学图书委员会条例（1934 年）

第一条　本委员会依照本大学《组织大纲》第二十五条之规定组织之。

第二条　本委员会除以图书馆长、教务长、附属学校主任及教务主任为当然委员外，由校务会议于本校教授中推举代表一人为委员，以图书馆长为本会当然主席，主持开会并执行本会议决事项。

第三条　本委员会之职权如左：

（1）拟定图书馆经费支配标准；

（2）审核图书经费收支；

（3）稽核存书数目；

（4）拟订募捐书籍及筹募图书经费计划；

（5）讨论图书馆改进事宜；

（6）讨论其他关于图书事宜。

第四条　每学期图书经费支配标准决定后，由主席通知各院长及各科主任，由各院长及各科主任会同各系主任签制选购书籍名单，送交图书馆馆长审查，价格如无超过支配标准，书籍如无重复，即行定购；否则，将名单交还各院长及科主任修改。中学部则通知中学主任会同各科主任行之。

第五条　各院科主任与图书馆馆长签可订购之书名单连同发票，应由图书馆馆长交与事务处，俾出传票有所根据。

第六条　本委员会委员互推一人至二人专司审核经费收支及存书数目，至少每学期一次。

第七条　本委员会得通过向会计处拨存现款百元，以备零星购书之用。

第八条　每学期图书经费收支账目经审查员审查后，由本委员会会同财政委员会公布之。

第九条　本委员会每月开会一次，必要时得临时由主席召集之。

第十条　本委员会议决之重要事项，经校务会议审查通过后施行之。

体育馆管理规则（1935 年）

一、本馆每日开放时间暂定为上午九时至十二时，下午一时至五时，星期日下午及星期一上午举行纪念周时不开放，假期开放时间另定。

二、每日下午五时闭馆，运动员须一律出馆。

三、在体育班上课时，其他学生不得进馆。

四、凡来本馆运动者，必须服从本馆指导员之管理及指挥。

五、凡欲借用本馆比赛者，须于比赛前一日向体育部接洽，经许可后方得保留应用。

六、凡于某时间内本馆已经借用公布后，届时其他运动一律暂停。

七、凡欲借用本馆比赛者，时间由本馆决定，指定之时间一到即须退出。

八、运动时不得穿硬底皮鞋。

九、馆内不得吸烟吐痰、抛弃字纸及废物等。

十、馆内所有一切运动器具不得携出馆外，馆外所用之器具亦不得携入馆内练习。

十一、场内各种器具必须爱护，如有故意损坏或遗失者，照价赔偿。

十二、馆内器械均有一定位置，不得任意移动。

十三、馆内运动器械如木马、跳箱、单杠、双杠等，非有教师指导，不得练习。

十四、正式比赛须用更衣室衣橱钥匙时，由比赛队队长或干事负责领取。

十五、凡学生违犯［反］本馆规则者，由群育部予以相当惩戒。

十六、本规则由校务会议核准施行。

借用体育器具规则（1935 年）

一、学生借用体育器具时，须将学生证交换，俟器具用毕收回时，即将该证发还。

二、借物时间定为上午七时至十一时，下午一时至三时。

三、所借体育器具至迟须于下午四时以前交还本部。

四、所借体育器具用毕即须交还，不得带出运动场外。如有故意拖延、妨碍他人应用者，取消其借物权利。

五、借用之物如有遗失或损坏，必须照价赔偿。

大夏大学应用化学研究所简章（1939年）

（一）定名：本所定名为大夏大学应用化学研究［究］所。

英文名 The Shanghai Institute of Applied Chemistry, Da Hsia University   简称 S.I.A.C.

（二）地点：本所办公处设静安寺路丁香大厦大夏大学内。

（三）宗旨：本所以促进化学工业之改进、训练化学工业之专门人才，并研究化学原理及应用为宗旨。

（四）定办事项：

（1）化验工业原料及产品；

（2）检定并证明进出口商品之品质；

（3）研究利用国产原料以制造工业产品；

（4）指导厂商关于废物利用及工业方法之改进等问题；

（5）设计化学工厂、代办机器厂屋打样及成本计算等事项；

（6）办理关于各种原料产额、货物价格及物品销数之调查；

（7）设立小型模范化学工厂及工业分析实验室以供大夏化学系学生实习之用；

（8）发行《化工》刊物，专以发表本所研究或调查所得之结果，或印单行本以事宣传；

（9）联络厂商设立职工专科训练班，以增进职工之工作效能；

（10）倡设工业服务班，俾学生受化工技术之训练，以作将来服务工业之准备；

（11）设化工咨询处，办理解答厂商关于特种化学工业之疑难问题；

（12）设立化工函授部，以推广工业教育。

（五）组织：

本所职员由大夏大学校务会议聘任之，本所分设化验、设计、调查、研究及教育五组，各组设主任一人，互推所长一人处理所中一切事务，并设研究员二人，书记兼管理员一人，以资助理。此外，另设化学工业研究委员会，化工刊物编辑委员会，化学工业服务委员会及化工人才训练委员会，以所长及各组主任为当然委员，并请所外专家参考办理各该委员会事宜。

（六）经费：

本所之开办临时及经常各费，概由大夏大学负担，每年收入之化验、调查等费，亦由大夏大学经收。每年决算如有盈余，应将全数作为添置本所设备之用。关于本所逐年发展所需之设备费用，拟向教育部中华文化基金委员会或中英庚款董事会申请补助。

（七）收费法：

本所收费分普通、常年及特约三种。

（1）普通收费法

各种化验依照本所印行之表格按件收费，其为表中所未列者，得由本所所长酌定之。凡大夏大学教职员及中国工程师学会会员均得享有特价之优待。

（2）常年收费法

各厂家或公司如愿委托本所为常年顾问者，本所视其所托事务之繁简，酌量征收常年费，在期内之化验调查，不另收费（若委托事件过多，超过约定之数量时则照最惠之价酌量加费，其调查事项之不在本埠者旅费照算）。

（3）特约收费法

关于特别调查或特别研究之事，其费临时酌定。若在本所事务过繁、职员不敷分配时，得由所长介绍专家代任其事，酬金另定之。

大夏大学各学院研究室及参考室图书阅览规则（1948 年）

一、凡本校教职员及已注册学生，均得入本室阅览，教职员凭证章借书，学生凭学生证借书。

二、每人借书以一册为限，但线装书可借至十册（以同一部图书为限）。

三、本室陈列各书，除教授指定参考书准携出馆外阅览，但须当日归还外（星期六及假期前一日借书可于次日归还），其余均限在室内阅览。

四、逾期不还者应受下列处罚：

（一）每逾一日罚法币一万元，缴本校出纳室，取据还书，换回借书［证］；

（二）倘逾三日尚未归还者，除催还图书按日罚款外，并通知训导处予以书面警告。

五、借阅图书如有剪裁、圈点、批评、活［污］损或遗失等情，责令按照市价赔偿，倘遗失教授指定参考书，除赔偿外，并通知担任教授不给学分。

六、借书号牌须妥为保存，并记其号码。倘有遗失，赔法币一万元，缴本校出纳室，取据换回借书证。

七、本室务宜肃静，勿高声朗诵、重步、偶语或妨碍他人阅览。

八、本室禁止吸烟、随地吐痰及吃食物。

九、本室掉［桌］椅非经管理员许可不得移至室外。

十、本规则公布日施行，如有未尽事宜仍照有关规则办理。

大夏大学升旗礼请假及缺席惩戒办法（1943 年）

一、凡住宿生应一律参加升旗礼，不得以任何原因请免，但依第二条之规定经请假许可者不在此限。

二、学生因病或因事于短期间不能参加升旗时应提出证件，事先向训导处请假，其临时发生疾病未能预先请假者准于当日补假，但以有确切证明者为限。

三、经点名后迟到者一律以缺席论处。

四、凡无故缺席升旗礼八次者予以一次书面警告之处分。

五、凡无故缺席升旗礼十次者取消其住校权利。

六、本办法自呈准校长后公布施行。

大夏大学整顿宿舍内务及设备办法（1943 年）

第一条　本办法依据寝室规则第三条、第十一条及奖励及惩戒规则第二条（乙）（丙）各项订之。

第二条　男女生宿舍除安置床铺、书架、书桌及经学校准许安置之物外，不得另外安置其他木器杂物。

第三条　各宿舍内如发现有不许安置之桌、几、凳等物，由学校随时派员检查搬出。

第四条　凡住校学生不遵守学校负责人员之指示擅将教室、图书室、办公室，或教职员宿舍中桌、几、凳等物搬入宿舍者，予以一次书面警告之处分，或取消其住校权利，或并科之。

第五条　学校宿舍经检查整理后，凡在宿舍中某一或数床位前发现禁止搬入宿舍内之桌、几、凳等物或他物时，即由该床位之学生负责，依前条论处。其不能辨认何人所为者则予该室室长口头警告一次，如三次发现上项情形时，即予室长书面警告一次之处分或取消其住校权利，或并科之。

第六条　寝室电灯除由学校装置外，学生一律不得私自装设，如发现私装者除予以书面警告外，并处没收其电具，或取消其住校权利，或并科之。

大夏大学学生学业竞试奖惩办法（1944 年）

一、本办法根据第五届全国专科以上学校学生学业竞试办法及参酌实际情形订定之。

二、凡本校在学学生均应一律参加竞试。

三、竞试试卷由本校初选评阅委员会选定成绩优良试卷一百本，再经校务常会推选复阅委员选定二十本，送呈校长核定最优前十名，寄呈教育部参加复选。

四、初选成绩优良学生除寄呈教育部参加复选外，并由本校各发给奖状一纸，其前五名并发给奖金以资鼓励：

第一名：五百元

第二名：四百元

第三名：三百元

第四名：二百元

第五名：一百元

五、未经请假而无故不参与竞试者，停止其本学期期终考试。

六、本办法经校务常会通过后施行。

大夏大学研究室公约（1950 年）

（一）为爱护我们共同学习研讨的园地，特订立本公约。

（二）遵守借书规则。

（三）阅读后一定送还原处，不携出室外。

（四）不剪裁、圈点、涂写书报。

（五）要保持整齐清洁。

（六）不高声说话，妨碍别人学习。

（七）如遇特殊原因和未征得管理人员的同意，不在开放时间内借用本室开会。

大夏大学宿舍公约（1950 年）

（一）为建立新的民主秩序，以保持生活的合理正常，特订立本公约。

（二）按照规定缴纳宿费。

（三）服从宿管会一切决定。

（四）节约用水电，爱护公物。

（五）保持清洁，不随意倾倒污水。

（六）熄灯后安息，不妨碍他人睡眠。

（七）在一定时间内，不妨碍他人的条件下会客。

（八）不得到行政上的允许，不得留宿外人。

（九）尊重自己的人格，不吵闹，不赌博及其他类似的行为。

（十）不使用超过规定光度的灯泡及无线电、电炉、电熨斗等电热器。

（十一）小心火烛，不在宿舍中烹饪，不收藏危险品，以免发生危险。

（十二）不收藏违禁品，不作［做］任何违法的事。

大夏大学校河钓鱼规则（1948 年）

一、本大学校内丽娃粟妲河及所有河道系本大学所有权，领有地政局管业执照，并非公有性质。

二、本大学主管河道内之鱼，系数年来种放鱼苗养成，不得任意钓取。

三、校外人士来校钓鱼者，须领取本校钓鱼许可证，每次每一钓竿收费十万元，以示限制。

四、校外人士来校钓鱼者，须先向校门校警室购票，垂钓时随时听受查票。

五、本校员生及毕业校友在校河钓鱼者概不收费，但每人以一竿为限。

六、用鱼网、鱼叉捕鱼者，一律禁止。

七、垂钓时对本大学花木，不得任意攀折。

八、垂钓时有果皮纸屑，不得随意乱抛，以保整洁。

大夏大学教职员聘任解任暂行规则（1949 年）

（一）教授应就具有左列资格之一，经审查属实者聘任之：

（1）学术上有研究而有特别贡献者；

（2）曾任副教授三年以上教学成绩优良者。

（二）副教授应就具有左列资格之一，经审查属实者聘任之：

（1）学术上有研究而有相当贡献者；

（2）曾任讲师三年以上成绩优良者。

（三）讲师应就具有左列资格之一，经审查属实者聘任之：

（1）学术上有研究者；

（2）曾任与所授学程有关之专门职业三年以上著有成绩者；

（3）曾任助教三年以上成绩优良者；

（4）曾在高中或其同级学校任课五年以上成绩优良者；

（5）大学毕业曾在本校任职三年以上、成绩优良、对学术有相当研究者。

（四）助教应就具有左列资格之一，经审查属实者聘任之：

（1）曾在研究院研究一年以上者；

（2）大学毕业成绩优良者。

（五）各学院院长及各系主任应由各该院系教员就专任教授推选后聘任之，不能依上项规定推选时，由本会议决后聘任之。

（六）每一部门之主管职员应就具有左列资格之一，经审查属实者聘任之：

（1）大学毕业成绩优良者；

（2）对主管职务有相当经历者。

（七）各部门普通职员，遇必要时，校长得先行聘任，提请本会追认。

（八）各级职员出缺时，应尽先以下级职员成绩优良者提升。

（九）专任教员非有左列情形之一，经审查属实者，不得解任或不予续聘，但学校经济发生重大困难必须裁员时不在此限：

（1）怠忽职务者；

（2）能力不能胜任者；

（3）思想反动有使青年蒙受不良影响之虞者；

（4）兼任他处职务未经本会许可者；

（5）虚报资历者；

（6）原有院系课程经已撤销者；

（7）不遵守本校章则，或本会议决情节重大者。

（十）职员非有左列情景之一，经审查属实者，不得解任或不予续聘，但学校经济发生重大困难，必须裁员时不在此限：

（1）贪污舞弊者；

（2）怠忽职务者；

（3）能力不能胜任者；

（4）违背上级指导，情节重大或屡戒不悛者；

（5）言行反动者；

（6）原有机构撤销者。

第六编

大夏大学社团规章

大夏大学社会学会简章（1928 年）

（一）定名　本会定名为大夏大学社会学会。

（二）宗旨　本会以探讨社会原理、研究社会问题、改良社会生活及提倡社会服务为宗旨。

（三）会员　凡本校同学或教职员有志于社会研究及社会改良者均得为本会会员。

（四）组织　本会设正副主席，文书股、编辑股、庶务股、服务股主任各一人，合组为执行委员会。

（五）职权

A. 正主席：主席并召集本会会议。

B. 副主席：遇正主席缺席时，由副主席代理其职务。

C. 文书股：专理本会文牍及记录事宜。

大夏大学社会学会执行委员合影

D. 会计股：专理本会费出纳事宜。

E. 编辑股：专理本会编辑事宜。

F. 庶务股：专理本会一切杂务事宜。

G. 服务股：专理本会社会服务事宜。

（六）选举　执行委员由每学期第一次常会选举之，其正副主席及各股主席由执行委员互选之。

（七）任期　本会职员任期以半年为限，连选者得连任，但不得连任本职二次以上。

（八）股员　本股于必要时得设员若干人，由各该股主任推荐执行委员会聘任之。

（九）会期

A. 全体大会：每月举行一次，如有特别事故，得由执行委员会临时召集之。

B. 执行委员会：每两周一次，如有特别事故，得由主席召集之。

（十）会费　每学期每人纳小洋六角，如有特别事故时，得由执行委员会议决临时募集之。

（十一）会务　本会会务暂分研究、服务及出版三种。

（十二）附则

A. 本简章如有未尽善处，得于大会提出修改之。

B. 本简章自通过之日起即发生效力。

大夏大学四川同乡会简章（1928 年）

（一）名称　本会定名为大夏大学四川同乡会。

（二）宗旨　本会以联络感情、砥砺学行、贯输文化为宗旨。

（三）会员凡属大夏大学四川同学及教职员均得为本会之员。

（四）本会采用委员制，如下表：

执行委员会

主席一人：召集执委会监督各股进行事宜。

会计一人：管理本会经济出纳事项。

文书一人：办理本会内外一切往来文件事宜。

出版一人：办理本会出版事宜，惟于编辑时得由其聘请助理若干，但须由执委员会通过聘请之。

庶务一人：管理会内一切杂务事项。

交际二人：任本会一切交际事宜。

体育一人：管理并指导本会同人一切体育事宜。

（五）选举各项委员任期概为半年，连选者得连任，但不得连任本职三次。

（六）经费本会经费分为二项：

A. 常费　每人每学期大洋一元。

B. 临时捐依临时情形募集之。

（七）集会　本会集会分下列各项：

A. 全体大会　每学期定两次，于开学后放假前一星期内举行，由执行委员会召集之。

B. 特别大会　须根据执行委员会之决议，或由全体会员三分之一以上动议，由执行委员会召集之。

大夏大学学生会章程（1929 年）

大夏大学学生会代表大会合影

第一章　总则

（甲）定名

（一）本会定名为"大夏大学学生会"。

（乙）宗旨

（二）本会以发展自治与互动之能力、促进国民革命、匡辅学校进行、图谋本身利益为宗旨。

第二章　组织

（甲）各科代表大会

（三）本会由本校各科代表组织之，下设执行委员会及监察委员会；

（四）各科代表由各科全体大会选举之，其选举人数及时间由执行委员会临时规定之。

（乙）执行委员会

（五）执行委员会设委员十九人，由各部部长、各股股长及对外代表组织之；

（六）执行委员会设总务、学艺、宣传三部，每部设部长一人，合组主席团，各部之下分设若干股，每股设股长一人或二人，随时酌定之；

（七）总务部设下列各股：

1. 秘书股；2. 庶务股；3. 会计股；4. 卫生股。

（八）学艺部设下列各股：

1. 教育股；2. 体育股；3. 游艺股。

（九）宣传部设下列各股：

1. 查察股；2. 编辑股；3. 演讲股。

（十）出席代表直隶于执行委员会之下。

（丙）监察委员会

（十一）监察委员会设委员五人，由主席、文书及各委员组织之。

第三章　职权

（甲）各科代表大会职权：

（十二）各科代表大会决定本会重要工作；

（十三）各科代表大会选举本会执行委员及监察委员；

（十四）各科代表大会遇执行委员会监察委员会有争执时作最后之裁判。

（乙）执行委员会职权：

（十五）执行委员会为本会代表；

（十六）执行委员会议决并执行本会一切进行事宜；

（十七）执行委员会召集全体大会；

（十八）执行委员会支配本会预算；

（十九）执行委员会审查各部办事细则；

（二十）执行委员会主席团总理本会全体事务，并轮流担任本会及代表大会主席。

（丙）监察委员会职权：

（二十一）监察委员会监察执行委员一切进行事宜；

（二十二）监察委员会接受并管理会员弹劾事宜，"弹劾条例由该会自定之"；

（二十三）监察委员会审查执行委员会预算及决算。

（丁）各部职权

（二十四）总务部总揽本会秘书、庶务、会计、卫生、对外代表事宜：

a. 秘书处掌理文件及缮写事宜；

b. 庶务股掌理购买、布置，及保管事宜；

c. 会计股掌经费出入账项事宜；

d. 卫生股掌本校宿舍、膳食、浴室、厕所清洁事宜；

e. 对外代表掌代表本会对外各项接洽事宜。

（二十五）学艺部总揽本会平民教育、体育、游艺事宜：

1. 教育股掌平民教育事宜；

2. 体育股掌一切体育事宜，内分下列各项：

（1）篮球组；（2）足球组；（3）网球组；（4）棒球组；（5）排球组；（6）台球组；（7）田径赛组。

3. 游艺组掌本会游艺事宜。

（二十六）宣传部总揽本会文电、编辑、演讲事宜：

1. 查察股掌理组织调查本会会员行动事宜；

2. 编辑股掌理本会出版事宜；

3. 演讲股掌理出席演讲、组织演说会、聘请名人演讲事宜。

附录：执委部各部各股自订办事细则及聘请干事，但须经执委通过。

第四章　选举

（二十七）各科代表由各科自选之，其人数及时间由执行委员会临时规定公布之。

（二十八）本会执行委员会、监察委员会各委员由各科代表大会选举之。

（二十九）本会选举时，采双记名式。

（三十）改选事宜由执行委员会于每学期开学后限二星期办理之，遇必要时得延长一星期。

（三十一）选举执监委员时选出加倍人数候补执监委员，当选结果须与正式执监委员同时宣布，人数与正式执监委员相等。

（三十二）正式执监委员与候补执监委员之区别，以当选票数多少为准。

（三十三）执监委员会正式委员辞职时，由该会候补委员递补之。

（三十四）执监委员职务之分配由该会委员互选之。

（三十五）执监委员选举条例由执行委员会另定之。

第五章　任期

（三十六）本会各职员任期均以一学期为限，连选得连任，但执行委员不得连任本职二次以上。

（三十七）旧委员须俟新委员正式选出交代后始得卸职。

第六章　会费

（三十八）本会常费由会员每人每学期缴纳一元，由学校征收学费时代行征收。

（三十九）本会特别费于必要时由执行委会议决征收或募集之。

（四十）执行委员会于任期终了时，将一切账项交监察委员会审查后公布之。

第七章　开会

（四十一）各科代表大会每学期开会二次，于每学期开始及终结时举行之，于必要时可由执行委员会之议决，或由会员十分之一以上之请求由执行委员会之核准，召集临时大会。惟须有全体会员三分之二以上出席，始得正式开会，须有出席会员过半数之赞成始得通过议案。

（四十二）执行委员会每星期开常会一次，遇必要时得由主席团或执行委员三分之一以上请求召集临时会议，开会时须有委员过半数到会，通过议案须有过半数之赞成。

（四十三）监察委员会于必要时由主席召集临时会议，开会时须过半数委员之到会，通过议案须有过半数之赞成。

（四十四）各部部务会议于必要时由部长召集之。

第八章　附则

（四十五）本章程如有未妥善处，由执行委员会于每学期开始时提出修改之，或由会员百分之一提议，百分之十之赞成提出具体方案，交执行委员会采纳修改之，修改后即行公布，于三日内须经全体会员之认可。

（四十六）本章程自全体会员认可后即发生效力。

会召集之。

第十五条   临时会遇有特别事故发生时，由执行委员会召集之；或由会员二十人以上提议，要求召集大会，得由执行委员会召集之。

第十六条   大会开会须有会员过半数之出席，议决案须到会者过半数之通过。

第十七条   执行委员会每两星期开会一次，遇必要时由主席召集之。

第十章   附则

第十八条   执行委员会之办事细则由执行委员会自行订定之。

第十九条   本章程自公布后即发生效力。

第二十条   本章程如有未妥善处，得由会员二十人以上之连署提出修正案，交执行委员会议决修正之。

文学院同学会体育委员会章程（1930 年）

（一）定名   本会定名为文学院同学会体育委员会。

（二）宗旨   本会以谋文学院同学体育之发展为宗旨。

（三）组织   本会附属于文学院同学会，执行委员会以九人组织之：

主席一人   执委会体育股委员兼任网球委员一人；

足球委员一人；

篮球委员一人；

棒球委员一人；

排球委员一人；

田径赛委员一人；

本学院女同学体育委员二人。

（四）职权

主席代表本会执行对内对外一切事宜。

各委员司各所负责之运动事宜。

（五）会议   由主席临时召集之。

（六）经费   本会经费由本学院同学会及学校体育会补助之。

（七）附则   本简章如有未尽善处，得由每学期开学时或由本学院同学廿人以上之正式提议，由本会修改之，本简章自公布之日起施 [行]。

大夏大学预科同学会章程（1931 年）

第一章　总则

甲　定名

第一条　本会定名为大夏大学预科同学会。

乙　宗旨

第二条　本会以联络感情、研究学术及谋本科之利益与发展为宗旨。

丙　会员

第三条　凡属预科同学均为本会会员。

第二章　组织

丰子恺题名之《大夏大学预科同学会会刊》（1930 年春）

甲　全体大会

第四条　本会由本科全体同学组织全体大会，同设执行委员会及监察委员会。

乙　执行委员会

第五条　执行委员会设委员十七人，由各部长及股长组织之。

第六条　执行委员会设总务、学艺、卫生三部，每部各设部长一人，各部下分若干股，每股设股长一人或二人。

第七条　总务部设下列各股：文书股一人，会计股一人，交际股一人，庶务股一人。

第八条　学艺部设下列各股：编辑股二人，游艺股二人，演讲股一人，研究股一人。

第九条　卫生部设下列各股：卫生股二人，体育股二人。

第十条　各股事务纷繁时得组织该股委员会为之司理，委员人数随时议定聘请之，但该股长为当然委员。

丙　监察委员会

第十一条　监察委员会设委员五人，计主席一人，文书一人，考核一人，审计二人。

（附）本会组织系统如下：

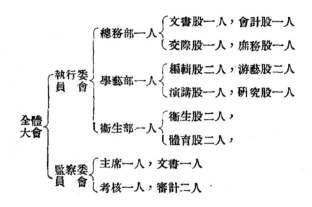

第三章　职权

甲　全体大会职权

第十二条　全体大会选举本会每届执行委员及监察委员。

第十三条　全体大会为本会最高机关，有判决执监二会事执之权。

乙　执行委员会职权

第十四条　执行委员会议决并执行本会一切进行事宜。

第十五条　执行委员会每学期支配本会预算。

第十六条　执行委员在特殊情形之下得召集全体大会。

第十七条　执行委员会各部长为本会对外代表，开会时并轮流为主席。

丙　监察委员会职权

第十八条　监察委员会每学期审查执行委员会预算及决算。

第十九条　监察委员会辅助及监督执行委员会一切进行事宜。

第二十条　监察委员会管理本会会员检举及惩戒事宜，其条例由该会另订之。

丁　各部职权

第二十一条　总务部总理总务全部事务，其所属各股之职务如次：

一、文书股司文件保管及缮写等事；

二、会计股司经费出纳等事；

三、交际股司对外交际等事；

四、庶务股司布置及杂务等事。

第二十二条　学艺部总理学艺全部事务，其所属各股之职务如次：

一、编辑股司编辑及出版等事；

二、游艺股司游艺娱乐等事；

三、演讲股司聘请名人讲演及参加会外讲演等事；

四、研究股司讨论学术等事。

第二十三条　卫生部总理卫生全部事务，其所属各股之职务如次：

一、卫生股目［司］一切公众清洁及监督校役等事；

二、体育股司体育之设置与发展等事。

第四章　选举

第二十四条　本会执监委员由全体大会于每学期开学后二星期内用双记名式票选之，遇必要时得延长一星期。

第二十五条　执委人数之分配以每级人数多寡为判，监委之选举不分级别，每级当选人数之多少以票数定之，惟选举时每级至少须选一人。

（附）本会每学期出席学生会代表于选举执监委员时一并选出，其人数由学生会规定之；若每级人数之分配，则与选执监委员同。

第二十六条　同时正式当选执监委员者以票数之多者为当选。

第二十七条　候补执监委员之人数与正式委员之人数相等，于选举结果后同时宣布。

第二十八条　执监委员之职务分配由各该委员互选之。

第二十九条　正式执监委员辞职后，由各该级候补委员递补之。

第五章　任期

第三十条　各委员任期均以一学期为限，但连选得连任。

第三十一条　上届委员须俟新任委员正式选出移交后，始得卸任。

第六章　会费

第三十二条　本会会员每学期须纳会费半元，为本会常费，由学校代为征收。

第三十三条　本会经费遇缺乏时由执委会议决监委会通过，得举行募捐或临时向会会员征收。

第七章　开会

第三十四条　全体大会每学期举行一次，遇必要时由执委会议决会议决或会员十分之一以上之书面提议，可召集临时大会。

第三十五条　执行委员会定每二星期开常会一次，倘有紧急事务由部长随时召集会议，惟每次开会须请监委会派代表一人列席。

第三十六条　监察委员会定每二星期开会一次，若有要事由主席临时召集临时会议。

第三十七条　本会遇重要议案时得开执监联席会议讨论之。

第三十八条　本会每次会议须有过半数人数出席方成正式会议，通过议案时须有过半数出席人数之赞同。

第八章　附则

第三十九条　本章程有未妥善处，由执委会于学期之未提出修改，经监委会通过或由会员十分之一以上之书面请求，交执委会议决监委会通过修正之。

第四十条　本章程既经修改，由监委会通过后须公布三天，得全体会员之许可，即能施行。

监察委员会检举条例（1931 年）

第一条　本条例根据本会简章之规定制定之。

第二条　执行委员渎职及违背预科同学会会章时，得由执行委员三分之一或同学十分之一以上联名提交本会检举之。

第三条　执行员于经费有舞弊或滥支情事，得经执委四分之一或同学二十分之一以上联名提交本会检举之。

第四条　执行委员不服从执行委员会之决议案，擅自行动，致碍执行委员会之进行，得由委员四分之一或同学二十分之一以上联名提交本会检举之。

第五条　执行委员若有把持执委会，致碍其发展，得由执委三分之一或同学十分之一以上联名提交本会检举之。

第六条　执行委员具反革命行为，致碍全体治安，得由同学二十分之一以上联名提交本会检举之。

第七条　以上非法行为，凡经本会发觉，得由本会直接检举之。

第八条　检举人于检举时须具确凿证据，并须写明住址、签名、盖章，方生效力，如须代守秘密，须附申明。

第九条　凡检举时［事］宜，须经本会审查属实后始发生效力。

第十条　惩戒条例由本会另定之。

第十一条　本条例修改解释之权属于本会。

第十二条　本条例自公布日施行之。

监察委员会惩戒条例（1931 年）

第一条　本条例根据检举例规定之。

第二条　执行委员违背预科同学会会章被检举后，经本会审查属实，得令其停职。

第三条　执行委员渎职时被检举属实，得由本会予以警告。

第四条　执行委员对于经费有滥支或舞弊情事被检举属实，除令其停职外并追偿损失。

第五条　执行委员犯检举条例第四条、第五条时被检举属实，得令其停职。

第六条　执行委员犯检举条例第六条时被检举属实，得撤消［销］其会藉［籍］。

第七条　本条例自公布日施行之。

大夏大学天南学社简章（1933 年）

大夏大学天南学社全体社员合影（1933 年 10 月 4 日）

第一章　总则

第一条　定名

本会定名为大夏大学天南学社。

第二条　宗旨

本社以联络感情、砥砺学行、研究桑梓文化为宗旨。

第三条　社员

凡大夏滇籍同学，由社员一人之介绍，经理事会之通过，得为本社社员；凡本校滇籍教职员，得为本社名誉社员；凡曾为本社社员，现已由本校毕业或修业者，得为本社赞助社员。

第二章　组织

第四条　全体大会

本社由全体社员组织全体大会。

第五条　理事会

理事会设理事五人，一人任主席，四人分任编辑、文书、会计、庶务，又设候补理事一人。

第六条　各种临时会

本社于必要时由会员之提议，经理事会之通过，或由理事会之议决，得组织各种社内临时会，该会组织及办法由该会自定，但其宗旨不得逾本社宗旨之外，或与本社一切规章冲突。

第三章　职权

第七条　全体大会职权

全体大会为本社最高机关，有产生及监察理事会理事，并解决理事会所不能解决之议案之权。

第八条　理事会职权

理事会有议决及进行本社一切事宜，支配本社预算、决算及遇必要时召集临时全体大会之权。

第九条　理事会主席及各股职权

1. 理事会主席为本社对外代表，辅助并监督理事各股进行一切事宜。

2. 编辑股司一切编辑事宜。

3. 文书股司文卷保管及草拟缮写等事。

4. 会计股司经费出纳事宜。

5. 庶务股司设备及杂务事宜。

第四章　选举

第十条　理事会

本社理事会由全体大会用双记名式票选之，其各理事之职务由选举人决定之。

第五章 任期

第十一条 理事会任期

理事任期以一学期为限，但连选得连任之，至卸职之上届理事，须俟新理事选出时正式移交后，始得离职。又理事如有辞职，经批准卸职后，得由候补理事递补之。

第十二条 弹劾及罢免

本社社员如有溺职时，得由社员三分之一以上之提议，召集大会弹劾罢免之。

第六章 经费及权利

第十三条 经费

本社社员每学期纳常费一元，如遇必要时，得由理事会议决，向社内或社外募捐。

第十四条 权利

本社社员有选举及被选举之权，名誉社员及赞助社员有建议之权而无选举及被选举权。

第七章 开会

第十五条 全体大会

全体大会于每学期开学后及结束前二周内各举行一次，其日期及地点由理事会定之；如遇必要时，由理事会之议决，或会员三分之一之书面提议，得召集全体大会。

第十六条 理事会

每月开常会一次，如有必要时得由主席召集临时会议。

第十七条 到会人数

本社各种会议每次开会均须有过半数之社员出席方成正式会议，通过议案时须有过半数之出席人数之赞同。

第十八条 缺席

本社各种会议，如社员无故不到，第一次罚金二角，第二次四角，第三次八角，以后再不列席，开除社籍。

第八章 附则

第十九条 修正

本章程有未妥善处，得由理事会或社员三分之一以上之书面提议，于全体大会通过修正之。

第二十条 施行

本章程于全体大会通过施行之。

大夏大学教育学会章程（1934 年）

《大夏大学教育学会会刊》
创刊号

（一）定名

本会定名为大夏大学教育学会。

（二）宗旨

本会以研究教育理论及实际问题为宗旨。

（三）会员

凡本校同学赞成本会宗旨，经会员二人以上之介绍，干事会议通过后，即为本会会员。

（四）组织

甲、本会以全会员大会为最高机关，下设干事会执行会务。全体会员大会未开会时，以干事会为最高机关。

乙、干事会下分事务、研究二部；事务部下设文书、会计、交际三组；研究部下设教育心理、教育行政、社会教育、编辑出版四组，其组织系统如下：

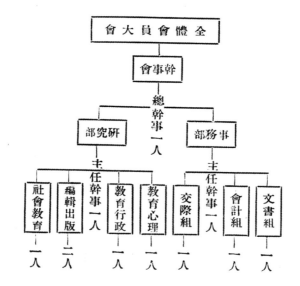

（五）选举及任期

甲、干事会由全体会员大会选举干事十一人组织之，其职务由各干事互选之。

乙、干事任期以一学期为限，连选得连任之，但不得超过原数二分之一。

（六）会务

A　本会会务于每学期之始，由干事会拟定工作计划大纲，其范围如左：

（1）敦请教育专家演讲；

（2）读书工作；

（3）专题研究；

（4）问题讨论；

（5）参观调查；

（6）出版刊物。

B　凡会员每学期至少须加入一组专题研究，其计划由研究部负责。

（七）集会

甲、全体会员大会　每学期举行两次，遇必要时，得由干事会负责召集之。

乙、干事会议　每二周一次，遇必要时，得由总干事负责召集之。

丙、部务会议　遇必要时得由主任干事召集之。

丁、各组研究会　每二周举行一次，由各组干事负责召集之。

（八）经费

本会经费分会费及捐款二种，会费每学期每人一元，如遇特别需要时，干事会得议决向会内外募集捐款。

（九）附则

本会为便利研究学术起见，敦请校内外教育专家为指导员，担任本会指导事宜。

本章程如有未尽善处，得有本会全体大会随时修改之。

大夏学会章程（1934 年）

《大夏学会概况》封页

第一章　定名及宗旨

第一条　本会定名为大夏学会。

第二条　本会以研究学术、团结意志、力谋复兴民族，并发展大夏大学为宗旨。

第二章　会务

第三条　本会会务如左：

1. 研究学术救国具体方案；

2. 发扬民族文化，淬砺爱国精神；

3. 协谋物质建设，提倡生产事业；

4. 编译"大夏丛书"，发行《大夏学报》；

5. 举办其他与本会有关之文化事业。

第三章　会员

第四条　凡有左列资格之一、赞成本会宗旨者，均得为本会会员：

1. 现任或曾任大夏大学及附属学校教职员；

2. 大夏大学毕业同学；

3. 大夏大学肄业同学，在校满一年以上者；

4. 在国内学术界有贡献，或社会事业上有成绩者。

第五条　凡具有第四条所列资格之一者，由会员三人以上之介绍，经理事会通过，得为本会会员。

第六条　本会会员对于本会之权利，义务如左：

1. 选举及被选举权；

2. 贡献意见，或建议应行兴革事项之权；

3. 本人研究，有请求本会资助之权；

4. 本人著作，有请求本会出版之权；

5. 享受本会定期刊物之权；

6. 请求本会介绍职业之权；

7. 缴纳会费之义务；

8. 遵守本会章程之义务；

9. 努力团结，以发展本会会务之义务；

10. 对于本会会友，有互助合作之义务。

第四章　组织

第七条　本会以会员大会为最高机关，平时以理事会代表之。

第八条　本会设理事会，由会员大会选举理事九人至十五人组织之，负责处理本会一切事宜。

第九条　理事会设常务理事五人，由理事推举之。主席理事一人，由常务理事推定之。

第十条　理事任期一年，连选得连任。

第十一条　本会设候补理事五人，理事因故缺出时，以候补理事递补之。

第十二条　本会设总务、研究、编辑、职业介绍四部，及各种委员会，各部会办事细则，由理事会另订之。

第十三条　总务部，设文书、庶务、会计、讲演四组。研究部设国学、史地、教育、政治、经济、法律、文艺及国防科学八组。编译部设编审、出版、发行等三组。职业介绍部设调查、介绍、指导三组。各种委员会于必要时设立之。

第十四条　各部部主任，由理事会互推兼任之。组主任、各种委员会委员由常务理事会聘任之。

第五章　会期

第十五条　会员大会半年一次，理事会两月一次，常务理事会两周一次。

第十六条　会员大会临时会由会员二十人以上请求，或理事三人以上提议，由主席理事召集之。

　　第十七条　理事会、临时会及常务理事会，临时会由主席理事于必要时召集之。

第六章　会费

　　第十八条　入会费国币一元，于入会时缴纳之。

　　第十九条　常年费国币一元。两年不缴会费者，得暂时停止其会员权利。会员一次缴会费十元者，以后免交常年会费。

第七章　总会及分会

　　第二十条　总会暂设于大夏大学。

　　第廿一条　各地有会员十人以上，得组织分会，其章程由理事会审订之。

第八章　附则

　　第廿二条　本章程如有未尽事宜，得由会员大会修改之。

大夏学会各部办事细则及分会通则（1934 年）

甲　各部办事细则

一、总务部办事细则

（一）本部依据本会章程第四章第十二条之规定设部主任一人，组主任四人，干事若干人。

（二）本部会议由部主任、组主任及干事组织之。

（三）本部会议时之主席由部主任任之，于组主任中由主席指定一人为书记。

（四）本部设文书、庶务、会计、交际四组，各组职务如左：

1. 文书组：掌理本会一切文书事宜；

2. 庶务组：掌理本会一切庶务事宜；

3. 会计组：掌理本会一切会计事宜；

4. 交际组：掌理本会一切交际事宜。

（五）本细则自公布日起施行。

（六）本细则如有未尽妥善处得提交理事会修正之。

二、研究部办事细则

（一）本部依据本会章程第四章第十二条之规定，设部主任一人，组主任八人，干事若干人。

（二）本部会议由部主任、组主任及干事组织之。

（三）本部会议时之主席由部主任任之，于组主任中由主席指定一人为书记。

（四）本部设国学、史地、教育、政治、经济、法学［律］、文艺及国防科学八组，职务如左：

1. 国学组：关于国学之源流系统以及诗词歌赋等研究；

2. 史地组：关于中外史地变迁及其现状等研究；

3. 政治组：关于中外政治学说、政治设施等研究；

4. 教育组：关于生产教育、社会教育及国防教育等研究；

5. 经济组：关于经济思想、经济政策等研究；

6. 法律组：关于宪法及民法、刑法等研究；

7. 文艺组：关于诗词、歌赋、小说、戏剧等研究；

8. 国防科学组：关于测量、绘图、军用武器、化学毒气等研究。

（五）本部办事细则自公布日起施行。

（六）本细则有未尽妥善处得提交理事会修正之。

三、编译部办事细则

（一）本部依据本会章程第四章第十二条之规定，设部主任一人，组主任三人，干事若干人。

（二）本部会议由部主任、组主任及干事组织之。

（三）本部会议时之主席由部主任任之，于组主任中由主席指定一人为书记。

（四）本部设编审、出版、发行三组，各组职务如左：

1. 编审组：编辑并审查本会一切刊物及其他本会对外发表文字；

2. 出版组：接洽印刷与校对本会一切刊物及其他本会对外发表文字；

3. 发行组：分发或销售本会一切刊物于本会会员或非会员。

（五）本细则自公布日起施行。

（六）本细则有未尽妥善处得提交理事会修正之。

四、职业介绍部办事细则

（一）本部依据本会章程第四章第十二条之规定，设部主任一人，组主任三人及干事若干人。

（二）本部会议由部主任、组主任及干事组织之。

（三）本部会议时之主席由部主任任之与组主任中由主席指定一人为书记。

（四）本部设调查、介绍、指导三组，各组职务如左：

1. 调查组：举办本会会员之调查事宜；

2. 介绍组：办理本会会员职业介绍事宜；

3. 指导组：办理本会会员职业指导事宜。

五、本细则自公布日起施行。

六、本细则有未尽妥善处得提交理事会修正之。

乙　大夏学会分会通则

一、各分会依据本会章程第二条及第二十条之规定组织之。

二、各分会以所在地命名为大夏学会某某分会。

三、各分会会员满十人以上者方得组织之。

四、各分会组织及办事细则由各分会根据本会章程自行拟定，并须呈准本会。

五、各分会会期由各分会自订之。

六、各分会会议录及进行事宜须随时呈报总会。

七、本通则自公布日起施行。

大夏荣誉学会组织大纲（1935 年）

第一条　宗旨

本会以砥砺学术、鼓励研究为宗旨。

第二条　会员

除教务委员会委员为当然会员外，凡具有左列资格之一，经本会会员二人以上之提议，并经会员委员会审查通过者，得为本会会员。会员入会后，即为终身会员。

一、教授或讲师具有专门研究，而与本会宗旨相合者。

二、曾加入大夏学会之学生具有后列条件之一者：

（1）得奖学金者；（2）研究有特殊成绩者；（3）学业特优者。

第三条　组织

本会设会长一人、书记一人、会计一人，组织执行委员会，其产生方法，由会员互选之，任期一年，连选得连任。

第四条　会务

本会会务分为左列数项：

一、组织读书讨论会；

二、聘请专家演讲；

三、每学期举行大会一次，并举行新会员入会典礼；

四、编译专门书籍。

第五条　会费

教职员每人入会费五元，学生每人入会费一元。

第六条　附则

本大纲经校务会议通过后施行之。

大夏八婺学会简章（1936 年）

王伯群为大夏八婺学会题词

（一）定名：本会定名为大夏八婺学会。

（二）宗旨：本会以研究学术、砥砺德行并连［联］络感情为宗旨。

（三）会员：凡在大夏肄业之八婺同学，及经入本会而毕业之八婺同学，均得为本会会员。又在沪之他校八婺同学，自愿加入本会，经大会通过或追认者，亦得为本会会员。但前项会员之入会，需经本校会员一人之介绍证明现在所在之学校，始许入会。

（四）组织：本会之组织系统如左：

（甲）会员全体大会；

（乙）理事会，以十三人组织之，并分设下列各科：

总务科；

文书科；

事务科；

出版科；

参观科；

调查科；

交际科。

总务科设主任一人，其余各科皆设正副主任各一人主持之。

（丙）监事会以五人组织之，并设常务监事二人，由监事会中互推之。

（五）职务：

（甲）会员全体大会为本会最高机关，理事会、监事会对大会负责；

（乙）理事会执行会员大会议决案，于大会闭幕后处理一切日常事务，对外代表本会；

（丙）理事会各科事务分配如下：

总务科　负责召集会员全体大会及理事会，并主持本会一切进行事务；

文书科　掌理本会文书通告事宜；

事务科　掌理本会经费征收、出纳及物品购办事务；

出版科　掌理本会出版事宜；

参观科　掌理本会参观事宜；

调查科　掌理本会调查事宜；

交际科　掌理本会对外交际及敦请名演讲事宜。

（丁）监事会监督本会进行事务并审核各项账目。

（六）会期：

（甲）会员全体大会每学期举行二次，于每学期开学后及放学前三星期内举行一次，但于必要时经会员三分之一以上之请求，得由总务科召集临时大会。

（乙）理事会每三星期举行常会一次，必要时亦得召开临时理事会。

（丙）监事会每月举行常会一次，必要时亦得召集临时监事会。

（七）会费：

（甲）会员入会会费每人大洋二角。

（乙）经常费每人每学期大洋五角。

（丙）临时费遇有特别需要时，由理事会议决募捐之。

（八）任期：本会职员任期为一学期，连选得连任。

（九）附则：

（甲）理监事不得相互兼职。

（乙）本简章如有未妥之处，得由会员全体大会通过修改之。

（丙）本简章自通过之日发生效力。

大夏大学学生自治会章程草案（1944 年）

第一章　总则

第一条　本章程依据学生自治会规则订定之。

第二条　本会定名为大夏大学学生自治会。

第三条　本会以根据三民主义，培养自治精神，并促进德智体群四育之发展为宗旨。

第四条　本会地址设于大夏大学内。

第二章　会员

第五条　本校在校同学皆为本会会员，但须履行入会手续，其入会手续另定之。

第六条　本会会员在会务范围内，有选举、罢免、创制、复决权，及其他应享之权利。

第七条　本会会员有遵守会章、服从本会议决案，及缴纳会费之义务。

第三章　组织及职权

第八条　本会权力机关为代表大会，开会期间为理事会。

第九条　代表会由各科系（系中分组成立学会者，则以组为单位）按照人数比例，选出代表若干人组织之。前项代表之选举，每十五人选出一名；其科系不满十五人者，得选出一名，但每科系选出之代表不得超过七人。

第十条　理事会由理事十七人组织之，其人选由科系推举侯举［候选］人三人至九人，提请代表大会按照规定名额选举之。

设候补理事五人，由得票次多数［数多］者当选。

理事互选常务理事三人，掌理本会日常事务。

第十一条　本会理事会之下，设左列各部：

（一）服务部；

（二）学艺部；

（三）健康部；

（四）风纪部；

（五）事务部。

每部设总干事一人，干事若干人。总干事由理事兼任，干事由理事会选举会员充任，其职务依学生自治会规则所定。

第十二条　理事总干事有左列各款情事之一者，应即解任：

（一）有不得已事故，经代表会议决准其辞职者；

（二）旷废职务，经代表大会议决令其退职者；

（三）违背校规，受学校惩戒处分，经代表大会议决令其退职，或由学校令其退职者；

（四）经学校核准休学或退学者。

干事之解任，除上列第四款外，由理事会决定之。

第十三条　本会经代表大会之议决，并呈经学校之许可，得设立合作社或组织特种委员会，其委员由理事会于会员中推任之。

第十四条　本会职权以不干涉学校行政为原则，但对于校务之改进，如有意见时，得向学校建议。

第四章　会议

第十五条　代表会每三个月开会一次，遇必要时，经理事会之决议，或代表三分之一，或会员五十人以上之要求，得由理事会召开临时代表会。

第十六条　理事会每三星期开会一次，遇必要时得开临时会，由常务召集之。

第五章　选举及任期

第十七条　代表及理事之任期，以一学期为限，连选得连任一次。

第十八条　理事任期未满，因故不能执行职务时，由候补理事依次递补之，以补足为原则。

代表因故不能执行职务时，由原选出之科系另外补选之。

第六章   经费

第十九条   本会经费由本会会员会费充之，必要时得请求学校补助或募集特别费。

第二十条   会员会费每学期为十元。

第二十一条   本会经费之预算及决议，每学期公布一次，如有会员五十人以上之签署请求审核时，得由各科系选派代表审核之。

第七章   纪律

第二十二条   本会会员如有不遵守本会章程第七条之规定者，由代表会酌量情形，予以警告或定期停止享受本会权利之处分。

第二十三条   本章程未规定事项，依学生自治会规则之规定办理之。

第二十四条   本章程如有未尽事宜，由代表会之决议，经会员总投票复决后，呈由本校校长及区党部之核准修改之。

第二十五条   本章程由会员总投票决定，呈由本校校长及区党部备案施行。

第七编

其他规章制度

大夏大学加紧军事训练暂定条例（1931 年）

一、全校男同学一律参加，女同学如愿参加者听。

二、女同学参加救护训练，其办法另订之。

三、遵照教育部颁布高中以上学校加紧军事训练办法，每日操练二小时，时间定于下午三时三十分起至五时十分止。每日下午各课每节改定为四十分钟，休息时间定为五分钟。兹将下午上课时间改定如左：

第五节　十二时三十分至一时十分；

第六节　一时十五分至一时五十五分；

第七节　二时至二时四十分；

第八节　二时四十五分至三时廿五分；

军事训练　三时三十分至四时二十分，又四时二十分至五时十分；

第九节　五时二十分至六时。

四、关于军事课程及奖励惩戒等一切事宜由下列诸人组织青年义勇军训练委员会处理之：

（一）军事主任，（二）教务长，（三）群育主任，（四）军事教官一人，（五）抗日救国干事会代表一人，以军事主任为当然主席。

五、一切编制及训练方法，悉遵中央颁布之青年义勇军训练办法办理。

六、以上条例自十一月九日（下星期一）起实行。

七、军事特别班之训练办法照原定计划施行。

大夏大学捐款纪念办法（1932年）

一、捐款纪念

凡捐助本校建筑经费者，除呈请教育主管机关依照国民政府公布捐资兴学褒奖条例分别褒奖外，另由本校依照下列各种办法纪念之：

（一）凡捐助本大学建筑物一座者，以捐助人芳名铭其建筑，并将其照像悬挂本大学大礼堂以志景仰。其子女来校读书者，一律免费优待。

（二）凡捐助本大学建筑费一万元以上者，赠银鼎一座以垂纪念，并将其照像悬挂本大学礼堂以志景仰。其子女来校读书者，免费二名以示优待。

（三）凡捐助大学建筑费五千元以上者，赠银鼎一座以志纪念，并将芳名嵌载于本大学图书馆纪念银盾。其子女来校读书者，免费一名以示优异。

（四）凡捐助本大学建筑费千元以上者，赠银盾一面，并嵌载芳名于本大学图书馆纪念银盾以志纪念。

（五）凡捐助本大学建筑费一百元以上者，嵌载芳名于本大学图书馆纪念银盾以志纪念。

二、学生募捐奖励办法

（一）凡学生自己捐款与本大学者，依照捐款纪念办法办理。

（二）凡学生经募捐款与本大学者，除对捐款者依照捐款纪念办法办理纪念外，视其经募成绩，分别奖励。凡经募捐款达一百元以上者，赠银质纪念章一枚，并镌其芳名于图书馆纪念银盾上以志感念。

大夏大学各院科毕业学生体育及格暂行标准及施行则细（1934 年）

一、及格标准

长跑 男 1500 米，7 分 40 秒，女 400 米，1 分 30 秒；

短跑 男 100 米，14.6 秒，女 50 米，10 秒；

跳高 男 1.30 米，女 1.00 米；

跳远 男 4.00 米，女 2.80 米；

游泳 男 20.00 米，女 15.00 米

骑自由［行］车 男 1500.00 米，女 1000.00 米；

铁球 男 12 磅，8.00 米，女 8 磅，5.00 米。

以上男女均可选。

双杠屈伸十次，单杠引体上升十次，爬绳 3.00 米。

以上限男生选。

垒球 18.00 米。

以上限女生选。

太极拳、剑术另订。

二、从上列各项中任选三种能达及格标准始得毕业。

三、每学期开学时，将毕业各生须赴体育部登记所选习之各项运动，并受体育主任及体育指导之指导。

四、于每学期季考前由体育部根据本标准，就各院科毕业学生考试其体育成绩，并将各生成绩报告教务处。

五、本标准自廿二年度第一学期起实行，系暂行性质，本学年终时得酌量改订。

大夏大学职业介绍委员会组织大纲（1934 年）

一、本大纲依照教育部规定原则订定之。

二、本委员会设委员十一人，顾问若干人，由校务会议推定，校长聘请之。

三、委员中互推三人为常务委员，主持本会常务。

四、本委员会设干事一人，由校长聘请之，秉承委员会意旨办理一切事务。

五、本委员会每二月开常会一次，必要时得开临时会。

六、本委员会委员任期为二年，连聘连任。

七、本委员会设于上海大夏大学本校，有必要时，得于外埠设分会。

八、本大纲由校务会议通过施行，并呈教育部备案。

大夏大学募集清寒奖学金办法（1935 年）

一、本奖学金分甲、乙、丙三种。甲种每名每年二百元，乙种一百元，丙种五十元，由捐款人自由认定某种若干名及若干年一次，或按年交由本校，给予家境清寒成绩优良之学生。其支配方法，由本校另订之。

二、捐款人如对于某种学科有特别之兴趣者，得指定其奖金，专给该学科成绩优良之学生。

三、受奖金之学生，由本校将其在校成绩每学期报告于捐款人。

四、凡捐助奖学金者，即以捐款人之芳名名其奖金，并刊于《大夏一览》，以资景仰。

五、捐款直接寄交上海中山路大夏大学，由本校会计处掣予收据。

大夏大学教员专题研究章程草案（1935年）

一、宗旨　本大学鼓励全体教员作专题研究，以提高教学效率，裨益国计民生为宗旨。

二、计划　教员中有欲作专题研究者须于每学期开学前一星期将其整个计划填报各该院长或科系主任，经其整理后提请教务委员会决定，并请校务会议备案。

三、津贴　研究中所需之费用由学校按照研究预算酌予津贴。

四、期限　关于研究期限之长短须先由研究者就专题之范围限定各部份［分］或全部完成日期，嗣后不得轻易变更。

五、助手　研究时需用助手得请由学校指派。

六、工具　研究时所需用之图书、仪器等得由各院科系之各该预算费内尽先购置，不足时得由学校专款补助。

七、褒奖　教员研究之结果，经教务委员会审查认为确有价值者，得提请校务会议予以相当褒奖，其种类如下：

甲、呈请政府颁给荣誉褒奖；

乙、奖金；

丙、晋级加薪；

丁、代为刊行其著作，其办法另定之；

戊、其他。

八、附则　本章程须本校校务会议通过施行。

"大夏丛书"委员会条例（1935 年）

第一条　本委员会依照本大学《组织大纲》第二十五条之规定组织之。

第二条　本委员会五人（互推一人为主席），由校长于教职员中聘请之。

第三条　本委员会之职权如左：

1. 拟订"大夏丛书"出版计划；

2. 征求及审查稿件；

3. 规划其他关于"大夏丛书"一切事宜。

第四条　本委员会每学期开常会二次，必要时得开临时会，均由主席召集之。

第五条　本委员会议决之重要事项，经校务会议通过后施行。

大夏大学学生劳动服务规则（1936年）

一、本校为提倡劳动起见，特组织学生劳动服务团。

二、凡本校大、中两部学生志愿服务者，皆得加入为团员。

三、服务时间暂定下午四时至六时。

四、凡参加劳动服务者，在工作时间内经大学部群育部或中学部教务处之许可得代替课外运动。

五、服务工作暂定筑路、平地、掘濠、种树、刈草五项。

六、服务勤奋者酌予奖品。

大夏大学救国工作训练纲要（1936 年）

一、组织系统

1. 组织系统以救国工作训练委员会为最高机关，由校长聘请教授七人至十一人组织之。

2. 救国工作训练委员会下分设：

（1）军事训练，（2）救护训练，（3）技术训练，（4）社会工作，（5）推用国货，（6）国际宣传，（7）调查研究，（8）编译出版等八组，每组设主任一人，由校长聘请教职员担任之，各组设干事若干人，由校长聘请教职员或指定学生担任之。

3. 各组于必要时，得开联席会议，以资联络工作。

4. 全校学生须依照能力志愿，认定加入第二条所列一种至三种之活动。

二、工作计划

1. 登记技术人材

甲、凡学生有特殊技能者，如擅长开汽车、脚踏车、无线电、摄影、测绘、宣传、图画、文字等，均加以详细之调查，一一登记；

乙、经登记后分班，请专家加以指导，俾增进其技术。

2. 举行特种讲座：

甲、国际形势讲座；

乙、日本研究讲座；

丙、苏联研究讲座；

丁、中日关系讲座；

戊、国防讲座；

己、战时工业讲座；

庚、战时粮食问题讲座；

辛、战时经济讲座；

壬、战时交通讲座。

以上讲座各定期举行，请专家作有系统之讲演。

3. 厉行倡用国货

甲、学校一切用品非不得已，决不购外国货；

乙、全校同学日常用品尽量购用国货，并劝导他人服用国货。

4. 加紧军事救护及体育训练

甲、应受军事训练学生，严厉训练；

乙、非受军训学生，令其自由参加或另开班；

丙、实地练习救护训练；

丁、陈列军事挂图及战具标本；

戊、积极推进普及体育训练。

5. 利用校内设备

甲、图书馆内将关于国际情势、民族问题、中日关系、国防军事等书籍及图表另行陈列一处，任人自由阅览，并提要揭示，引起读者注意；

乙、理化实验室尽量传授防毒用具之制造方法，并随时举行军用化学之表演；

丙、疗养院作为女生救护训练实习之所；

丁、利用校内消防器具，举行消防练习；

戊、利用土木工程器具，作防御及其他战时工程之练习。

6. 改革教科内容

甲、国文注重于足以激发民族情绪之文章；

乙、史地注重于国际情势、中外关系、国防交通、经济生产等项；

丙、教学注重测量；

丁、理化注重军用化学及防毒具之造法；

戊、临时增开与战时有关之学程；

己、随时举行足以激发民气之集团唱歌；

庚、关于各科教材之改革，由教务委员会拟定之。

7. 编印宣传刊物

编印唤起民众爱国情绪、指导民众组织、传达国际消息、灌输战时常识等刊物。

8. 扩大国际宣传

甲、翻译各国报纸中关于中日新闻及言论；

乙、联络在华各国通信社访员，随时供给材料；

丙、送寄言论及通信于外国各大报；

丁、与外国各大报主笔及各大学校长、教授联络，随时予以中日事件之材料。

9. 研究战时需要

甲、调查全国出产，加以精密之研究，明了其盈绌之原因；

乙、研究战时某项物质缺乏如何补充办法；

丙、研究物质节省之合理办法并普告于国人；

丁、研究预储战时需要品之办法；

戊、研究战时心理及军用测验。

大夏大学免费学额规则（1937 年）

一、本大学为奖助家境清贫、体格健全、学行优良之学生起见，设置免费学额六十名，凡本大学新旧正式学生合格者皆得申请之。

二、免费生免缴学费每学期五十元。

三、免费学额之审查由本大学设置免费学额委员会主持之。

四、免费学额委员会由校长遴聘教职员七人组织之。

五、免费生申请免费须具免费申请书及家境清贫证明书，经免费学额委员会审查后提交校务会议核准。

六、申请免费之二、三、四年级及一年级下学期学生须于每学期开学前三周内呈缴家境清寒［贫］证明书，一年级新生及各级插班生须于投考报名时，随同其他证件呈缴家境清贫证明书。

七、家境清贫证明书须由原籍县市或居住在三年以上之县市主管教育行政机关证明之，侨生须由居留地本国领事馆或已在本国部会立案之商会或教育会证明之。

八、免费学额之申请人数超过定额时，得由免费学额委员会酌量情形给予成绩较优之学生。

九、免费待遇之有效期间为一学期，如免费生第一学期之各科成绩总指数在 1.8 以上，体育军事训练及格，品行优良者得于下学期继续申请。

十、免费生如有违犯［反］校规、情节严重者，得追还其所免之费。

十一、免费生如有假冒清贫或伪造家境清贫证明书等情事，经查明属实者，本大学得取消其学籍，向该生及保证人追偿各费，并停止发给成绩证明书或毕业证书。

十二、各年级学生如已受领本大学他种奖金在二种以上者不得申请免费。

大夏大学学生工作救济办法（1940 年）

（一）本大学受贵阳非常时期学生救济委员会之请托，为救济因受战争影响而致经济发生困难之学生，特订定学生工作救济办法救济之。

（二）学生工作救济事宜由校长遴聘教职员七人组织学生工作救济委员会负责办理，并以训导长为本委员会主席。

（三）工作救济学生名额暂定为四十名。

（四）凡本校正式学生家在战区或受战事影响家庭经济来源断绝，而确愿自食其力之学生，皆可依照规定手续申请工作救济。

（五）凡申请工作救济学生，须于每学期开始时向本会填具申请书，经审查确实后，再行支配工作。

（六）经本会审查合格之学生，每月工作不得超过四十小时。

（七）经本会支配工作之学生，每工作一小时，酌给报酬四角，每月报酬总数不得超过十六元。

（八）工作种类暂定下列三类，得由本会随时扩充之：

（1）工作救济工场各种指定工作；

（2）办理民众补习夜校；

（3）本校各院处缮写工作。

（九）学生工作受主管人员之指导，工作时间表由主管人员排定，学生应按照时间工作，非经主管人员许可不得擅自更动。

（十）本会委员得随时考核各生工作情形，工作勤谨者准其继续工作，不力者得随时停止其工作。

（十一）凡已受其他生活贷金或救济者，不得享受本办法之救济。

（十二）凡经济充裕之学生志愿参加工作或志愿学习本会所办工场中授予之各种技能者，经本会许可亦可参加，惟工作所得报酬由本人捐助，移作救济合于本会规定学生之用。

（十三）本会工场出品尽量由本校师生购用，并向校外推销，所得售价即作救济费之用。

（十四）本办法经校务会议通过后施行，并通函贵阳非常时期学生工作救济委员会备案。

大夏法商学院工商管理及会计银行各系学生实习办法（1942 年）

一、本校法商学院工商管理及会计银行各系三、四年级学生应分别实地练习，并遵照部颁课程必修科目表之规定，经考核及格后，给予学分。

二、各生实习工作实习场所由各该系主任分别拟定之，实习时期至少为一个月，按时计七十二小时，以上三项中途均不得要求变更。

三、实习期内，除实习机关愿酌给津贴者外，一切费用由学生自备。

四、在实习期内，各生必须遵守各该实习机关一切规则及指导人员之指导。

五、实习成绩考核办法，除由各生详具实习报告送交各该系主任核阅外，并由本校函请各该实习机关主管人员给予考评。

六、实习报告内容分下列各项：

1. 实习机关组织及其业务；

2. 实习工作之性质；

3. 实习后之意见，即关于实习工作及其联系事务之优点或应有改进之建议；

4. 工作日记；

5. 其他。

七、各生实习成绩即依据实习报告及实习机关主管人员之考评核定。

大夏大学代办盐务总局会计、业务人员训练班简则（1942 年）

一、本训练班以代理盐务总局训练会计及业务人员为宗旨。

二、本训练班投考资格以在公立或已立案之私立高中以上学校毕业或具有同等学力者为限。

三、本训练班修业期限一年。

四、本训练班学生须修满规定学科成绩及格方准毕业。

五、本训练班教员概由本大学教授兼任或另聘专家担任之。

六、本训练班学生训练期满，考试及格后，统由盐务总局分发任用。

七、本训练班学生训练期满，考试及格者，由本训练班发给毕业证书；惟不听调派任用，或于奉委后服务未满三年而离职者，得扣发其证书并追缴在学时一切费用。

八、本训练班不收转学生，并不得中途转学。

九、本训练班学生应遵守本大学学生有关章则。

十、本章则经本校校务会议通过，咨请盐务总局同意后，呈准教育部备案施行。

大夏大学代办盐务总局会计、业务人员训练班学生学业成绩考核办法（1942 年）

一、试验：

1. 临时试验：教员得随时考查学生成绩，作短时间之口试或笔试。

2. 月考：每月举行一次，每期至少举行二次。

3. 期考：于每期终了时举行，时间、地点、座位均由教务处指定。

二、学业成绩

1. 每期成绩包括下列成绩之总平均：（一）平时成绩（包括练习、作文、实习及临时试验成绩），（二）月考成绩（包括几次月考平均成绩），（三）期考成绩。以上三项成绩各占三分之一。

2. 成绩之报告：本班备成绩报告单及成绩登记表二种，一以报告成绩于各生家长，一以备学生查询。

3. 成绩计算方法

甲、各科成绩分数乘以各该科每周上课时数之积之和为各科成绩总分。

乙、各科成绩总分以每周上课总时数除之为总平均成绩。

丙、学业成绩以六十分为及格，六十分以上为丙等，七十分以上为乙等，八十分以上为甲等，学期成绩不及格者予以除名处分。

三、请假及缺席

1. 学生请假应填具请假书，经教务长允许后方为有效，缺席一次以一次计算。擅自缺席或未经准假者均作旷课论，每旷课一次做［作］二次缺席计算。

2. 学生请假在三小时以上者应以下列事由为限：

（一）家庭重大事件（须由家长具证明书）；

（二）自身疾病（须医生具证明书）。

请假期满返校，须即到教务处销假，并注明起讫日期。请假手续不完备者，仍作旷课论。

3. 学生因病或因事缺席达一月者，应自动请求退学。

4. 学生缺席时数超过每期授课总时数五分之一者，不准参加学期考试。

5. 纪念周及规定集会无故缺席一次做［作］两次计算，请假缺席一次照一次计算，每缺席二次扣学业总平均分数一分。

6. 升旗礼无故缺席一次以二次计算，请假缺席一次以一次计算，每缺席四次扣学业总平均分数一分。

大夏大学冬防办法（1943 年）

1. 事务组每夜派职员一人住宿，由学校发给每夜炭费二十元，并由学校买电筒一只，每月电池四节应用。

2. 每夜派工友二人巡查，由学校制棉大衣两件，发给津贴每夜每人五元，并备灯笼、油烛应用。

3. 捉获小偷者，由学校奖国币三百元整。

4. 礼堂后大门下午五时上锁，至次日上午六时开启。

5. 本办法经校长核定后自 11 月 1 日起施行。

大夏大学学生操行成绩考查办法（1944 年）

一、本办法系依据部颁《专科以上学校导师制纲要》拟订之。

二、学期开始后由训导处将导师及训导学生人数分配公布，并将分配表送导师备查。

三、导师对于学生之性行、思想、学业、身体状况及其他日常生活之指导与考查，应将其要点记入"导师记录表"，以备学期终了时，作评定操行成绩之根据。

四、学生操行成绩之计算，分甲乙丙丁四等，如以分数计算，以九十五分以上为甲等，八十分以上者为乙等，七十分以上者为丙等，六十分至六十九分者为丁等，不及六十分为戊等，丁等为不及格。

五、学生操行成绩除由导师负责考核外，训导人员及军训教官，均应共同负考核之职责。

六、导师训导学生，若有困难抑无暇训导时，应即通知训导处，一边设法补助。

七、训导处应制印操行成绩考查表分送导师及训导人员评定学生操行之成绩。

八、学生操行成绩应依导师训导处评定值成绩平均计算之。

九、导师训导人员及军训教官，应于学期终了前二星期，将学生操行成绩评定，复将操行成绩考查表送交训导处汇集核算。

十、训导方式不拘一种，除个别训导外，导师应充分利用课余及例假时间，集合本组学生举行谈话会、讨论会、远足会等，作团体生活之训导。

十一、导师认为学生不堪训导时，可请求校长准予退训，其受退训之学生，得就本校导师自选一人，受其训导，如再经退训时，即由学校除名。

十二、训导处训导人员及军训室全体军事教官，对于全校学生所评定之操行成绩予以核算后，须再参酌各学生关于自修、早操、升旗典礼之出缺席次数及各项成绩之记载而增减其成绩。

十三、学生操行成绩如经校务会议或训导会议议决为不及格或犯其他规则而致不及格时，则不受本办法考查方式之限制。

十四、学生操行之成绩，每学期报告学生家长一次。

十五、学生操行成绩列入甲等者，应予以奖励，列入戊等者，应予以除名之处分。

十六、本办法经训导会议通过，并呈请校长核准后公布施行。

大夏大学疏散委员会简则（1944 年）

1. 本会系应战时需要，谋学校员生之安全而组织，定名为"大夏大学疏散委员会"。

2. 本会设主任委员一人，委员八人，主任委员由校长担任之。

3. 本会设文书、运输、会计、招待、防护五股，每股设股长一人，由委员会中推选之，另设副股长一人，由各委员或教职员中推选之。每股遇必要时，得设干事若干人，干事人选系由股长提会，由主任委员聘请或指派之。

4. 本会各股执掌如左：

A. 文书股：专办一切文件之拟稿缮发后事宜；

B. 运输股：接洽交通工具，办理运输事宜；

C. 会计股：办理本会一切会计事宜；

D. 招待股：办理疏散时沿途招待事宜；

E. 防护股：办理疏散时沿途防护事宜。

5. 本会每日召开常会一次，遇必要时得召开临时会议。

大夏大学学生疏散办法（1944 年）

一、本大学学生愿随学校疏散者，须预行登记。

二、疏散时，男生以步行为原则，女生如有车辆时则搭乘车辆，无车辆时亦步行，如因疾病不能行动时得搭车辆。

三、学生之行李每人以二十公斤为限度，得交本会运输股代运。

四、凡交运之行李均须结实捆绑及加坚锁，以免途中损坏，否则拒绝代运，并须预备白布小条，以便标明号码。

五、凡交运之行李，其所需之运费由本会会计股每件预收运费国币一千元，待总结算时多退少补。

六、凡随身需用之被毯等件，按照本会防护股分队原则，每两队合用板车一辆，由两队队员轮流推挽，以便宿营时之需用。

七、沿途伙食由学生组织膳食委员会，仍照旧章自理之。

八、本校学生除学生证外，每人须预备二寸半身相片壹张，得向本会文书股领取护照，以资证明身份。

大夏大学元琜奖学金办法（1945 年）

（一）奖金来源：

本大学为纪念故理学院院长夏元琜博士，募集国币壹拾万元设置元琜奖学金，自民国三十四年度第一学期起开始办理。

（二）给奖名额：

每学期暂定五名。

（三）奖金数额：

三十四年度第一学期每名暂定五千元。

（四）受奖条件：

凡具备左列条件者得受本项奖学金：

1. 文、理、法、商各学院学生学业成绩最优者各一名，数理系最优者一名（以上学期学业总平均成绩为标准）；

2. 操行成绩在乙等以上者；

3. 体育成绩及格者。

（五）给奖办法：

由元琜奖学金基金保管委员会先行调查学生成绩，送请校务会议通过核给。

大夏大学创办人及教职员子女免缴学费办法（1949 年）

（一）凡本校创办人子女均得免交全部学费。

（二）凡专任本校教职员者，其子女得依次列规定免交学费：

1. 连任一年以上者免交四分之一一名；

2. 连任五年以上者免交二分之一一名；

3. 连任十年以上者免交全费一名；

4. 连任十五年以上者免交全费二名；

5. 连任廿年以上者免交全费三名；

6. 连任廿五年以上者免交全费四名。

（三）凡兼任本校教职员者其子女得依次列规定免交学费：

1. 连任四年以上者免交四分之一一名；

2. 连任八年以上者免交二分之一一名；

3. 连任十三年以上者免交全费一名；

4. 连任十八年以上者免交全费二名；

5. 连任廿三年以上者免交全费三名；

6. 连任廿八年以上者免交全费四名。

大夏大学考场公约（1950 年）

（一）为确认考试制度系总结学习，从而积极发挥荣誉考试，［消极］防止考试舞弊，以期建立新的民主秩序，特订立本公约。

（二）本公约通用于本校一切考试。

（三）准时到场并按照规定座位就位。

（四）须随带学生证。

（五）试卷字迹不潦草。

（六）切实保证不舞弊（不翻阅书籍、笔记，不夹带，不与同学谈话，不偷看，不传递，以及其他不正当行为）。

（七）有检举舞弊之权利及义务。

（八）如因特殊事故暂时离开试场，须经得主考或者监考人员同意。

（九）试题答毕，即刻离开试场。

（十）在规定时间内交卷。

第八编

附属学校规章

大夏大学附属实验小学招生简章（1932 年）

一、本校　招收前后期小学学生。

二、入学　学生入学不限资格，惟须经过心理测验、体格检查以及分班试验。

三、报名　自二十一年一月一日开始，小学章程函索即寄。

四、纳费　一、二年学生每人每学期大洋二十元，三、四年二十五元，五、六年三十元；书籍费在内。

五、膳宿　本校暂不供宿，午膳自备者听，如由学校供给，每月纳费三元，在开学时一次缴足五月膳费。

六、接送　学生自星期一至星期六每日出入学校，由本校专备汽车分站接送，车上有女工照料。每月约收大洋一元。详细时间、路径在开学后依照学生便利再行规定，大约经过愚园路、赫德路、爱文义路一带。

大夏中学组织大纲（1937 年）

大夏中学校务会议全体委员合影

第一条　本校按大夏大学《组织大纲》第二条之规定，名为大夏大学附设大夏中学。

第二条　本校以养成健全人格，注重实用学科，适应个性及社会需要，而授以升学及就业之知能为宗旨。

第三条　本校设高级及初级中学，高中分普通科、幼稚师范科、商科及土木工程科四科。

第四条　本校附设小学及幼稚园，其规程另订之。

第五条　本校采用学年制，定初中修业年限三年，毕业后直接升入高中一年级肄业；高中修业年限三年，毕业后直接升入大夏大学本科或专修科一年级肄业。

第六条　本校按大夏大学《组织大纲》第二十条之规定，设主任一人，商承校长主持本校一切事宜。

第七条　本校设教务主任、训育主任及事务主任各一人，分别主持教务、训育、事务事宜。

第八条　本校会计事宜由大学会计处兼办之。

第九条　本校各学科酌设首席教员各一人，分筹各该学科教学进行事项，由专任教员充任之。

第十条　本校高、初中各级各设级任导师一人，分任各班级训育事宜，由专任教员兼任之。

第十一条　本校设军事教官及童子军教练各一人，分别掌理军事管理及童子军训练事宜。

第十二条　本校主任室设文书一人，办理本校一切文件及编辑事宜。

第十三条　本校设教务、训育、事务三处，视事务之繁简，设教务员、训育员、女生指导员、事务员、书记若干人，办理教务、训育、事务事宜。

第十四条　本校设校务会议，处理本校一切重要事宜，会议规程另定之。

第十五条　本校设教务会议，讨论教务进行事宜，会议规程另定之。

第十六条　本校设各种学科会议，讨论各该科教学事宜，会议规程另定之。

第十七条　本校设训育指导委员会，讨论关于训导事宜，会议规程另定之。

第十八条　本校得设各种临时委员会，其规程另定之。

第十九条　本校经费由大夏大学负责处理之。

大夏中学会议规程（1937年）

一、校务会议规程

（一）本会议由校长、中学主任、教务主任、训育主任、事务主任、各级任导师及女生指导员组织之。

（二）本会议开会时，由校长或中学主任为主席。

（三）本会议设书记一人，由文书担任之。

（四）本会议为学校行政最高机关，审议本校一切重要事宜。

（五）本会议在学期内每二星期开常会一次，遇有特别事故，由主席召集临时会议。

（六）会议非有过半人数出席，不得议决事件。

（七）本会议表决事件，以出席人数四分之三为通过标准。

（八）本会议议决事项由校长或各主任分别公布施行。

（九）本规程有未尽妥善处，得由本会议议决修改之。

二、教务会议规程

（一）本会议由校长、中学主任、教务主任、各学科首席教员及教务员组织之。

（二）本会议设主席一人由教务主任充任，书记一人由教务员充任之。

（三）本会议的职权如左：

1. 商订教学方针及教务进行计划；

2. 审议教务方面各项规程及表册；

3. 编定课程；

4. 研究教材，审查教本；

5. 讨论教学法；

6. 审查学生成绩；

7. 讨论校长或中学主任及其他会议交议之事项；

8. 协议其他关于教务事项。

（四）本会议每月开会一次，如有特别事故，得由主席召集临时会议。

（五）本会会员如有提议或报告事项，须于开会前一日交主席列入议事程序。

（六）本会议所议决之事项由教务主任执行之，倘遇特别重要事项，提交校务会议核定施行。

三、学科会议规程

（一）学科会议由教务主任分别与各该学科教员组织之。

（二）学科会议各设主席一人，由该学科首席教员充任，设书记一人，由会员互推之。

（三）学科会议之任务如左：

1. 讨论本学科教学方针；

2. 研究本学科教学方法；

3. 讨论或编辑本学科教材；

4. 讨论与其他学科联络事宜；

5. 筹划本学科之发展。

（四）学科会议每学期至少开常会二次，遇有特别事故，得由主席召集临时会议。

（五）本会议议决事项送交教务会议或教务主任核定施行之。

四、训育指导委员会规程

（一）本会由中学主任、训育主任、教务主任、事务主任、军事教官、童子军教练、体育教员、校医及各级级任导师组织之。

（二）本会以中学主任为主席，训育主任为副主席，训育员为记录。

（三）本会之职责如左：

1. 制定训育标准；

2. 审议训育方案；

3. 厘定各项训育规程；

4. 研讨军事管理及童子军训练办法；

5. 推进学生生活指导事项；

6. 解决管训上重要问题；

7. 决议关于学生惩奖事件。

（四）本会每月开会一次，遇必要时，得开临时会，均由主席召集之。

（五）本会以过半数出席为法定人数，出席人数过半数之同意为可决。

（六）本会议决案分别性质由中学主任及各主管人员执行之，如遇特别事故，须提交校务会议核定施行。

大夏中学职员服务规程（1937 年）

一、主任室

（一）主任之职权如左：

1. 商同校长拟定本校进行计划；

2. 商同校长聘请教职员；

3. 代表校长主席校务会议；

4. 提出预算、决算于大学财政委员会；

5. 报告本校进行事宜于大学校务会议；

6. 代表本校对外接洽；

7. 代表校长处理本校其他一切重要事项。

（二）主任室设文书一人，其职务如左：

1. 拟办本校文稿；

2. 掌理本校文件；

3. 主编本校刊物；

4. 其他关于文书事宜。

二、教务处

（一）教务主任之职权如左：

1. 商同本校主任拟定教学标准及方法；

2. 商同本校主任订定各级课程；

3. 厘订关于教务各项章则；

4. 受理教员及学生课务上之接洽；

5. 掌理学生注册考试等事宜；

6. 布告学生关于教务事宜；

7. 报告学生成绩于各家长；

8. 召集教务会议；

9. 处理其他关于教务事宜。

（二）各科首席教员之任务如左：

1. 商同教务主任组织各该学科会议；

2. 建议各该学科应行改进事宜；

3. 审查或编订各该学科教材；

4. 收集及整理各该学科成绩；

5. 出席教务会议。

（三）本处分注册、课务、成绩及图书四课，设教务员若干人，秉承教务主任，分别办理左列各项事务：

A. 注册课

1. 办理招生报名事宜；

2. 办理学生注册事宜；

3. 统计学生缺课及教员请假；

4. 编制应用表格；

5. 制定学籍统计图表；

6. 整理及保管学生注册表格；

7. 其他临时指定之教务事宜。

B. 课务课

1. 编制课时表；

2. 分配教室及教学用具；

3. 排定学生座次；

4. 办理月考、期考及补考事宜；

5. 受理教员及学生关于课务事宜；

6. 布告教员请假及补课；

7. 调查每日教学情形；

8. 编制应用表格；

9. 整理教务会议记录；

10. 保管课务有关之表册文件；

11. 其他临时指定之教务事宜。

C. 成绩课

1. 制定及保管学生成绩表册；

2. 登记及核算学生成绩并报告于各生家长；

3. 收集及保管教员之成绩报告；

4. 展览学生成绩；

5. 受理教员对于学生成绩询查事宜；

6. 审查新生或转学生成绩；

7. 办理学生转学事宜；

8. 审查学生所修学分；

9. 办理关于学生毕业事宜。

D. 图书课

1. 登记及保管本校之图书杂志；

2. 登记及保管本校之标本仪器；

3. 办理教职员及学生借阅书报手续；

4. 编制学生借阅书报之统计图表；

5. 商同教务主任选购适当之书报杂志；

6. 随时维持图书馆之整洁与秩序。

三、训育处

（一）训育主任之职权如左：

1. 商同本校主任拟定训育标准及方法；

2. 厘订学生奖赏及惩罚各项条例；

3. 查核学生请假事宜；

4. 掌理学生奖赏及惩戒事宜；

5. 指导学生课外作业；

6. 布告学生关于训育事宜；

7. 报告学生操行成绩于各家长；

8. 召集训育会议；

9. 其他关于训育事宜。

（二）级任导师之职权如左：

1. 商同训导主任办理各该级关于训导事宜；

2. 召集各该级学生举行个别及团体谈话；

3. 指导学生生活纪律；

4. 参加各该级学生之各项组织；

5. 核阅学生之生活笔记及指导学生课外作业；

6. 掌理各该级学生请假事宜；

7. 监督早操及自修；

8. 考查各该级学生操行成绩；

9. 出席训育指导委员会；

10. 处理其他关于各该级学生偶发事宜。

（三）本处设训育员及女生指导员各一人，秉承训育主任办理左列各项事务：

1. 监督学生自修及早操；

2. 考查宿舍内整洁；

3. 办理纪念周点名及统计缺席；

4. 随时考查学生生活纪律；

5. 受理学生报告事宜；

6. 审查学生各项招贴并取缔不正当刊物；

7. 记录学生操行成绩；

8. 访问学生家长或监护人。

四、事务处

（一）事务主任之职权如左：

1. 商同主任编制预算、决算；

2. 督策事务员登记及保管各项校具；

3. 会同训育处支配学生寝室；

4. 进退及管理校工；

5. 办理学生膳食事宜；

6. 受理教员及学生事务上之接洽；

7. 布告学生关于事务事宜；

8. 其他关于事务事宜、

（二）本处设事务员、校医各一人，书记若干人，秉承事务主任办理左列各项事务：

A. 事务员

1. 购置校具及其他用品；

2. 保管及修理本校一切校具物品；

3. 布置校内各处所；

4. 办理学生出舍入舍事宜；

5. 训练及管理校工；

6. 会同训育处职员管理宿舍及其他各场所之整洁事宜。

B. 校医

1. 诊治本校教职员及学生之疾病；

2. 办理本校防疫工作；

3. 督察全校卫生清洁事宜；

4. 检查学生体格。

C. 书记

1. 缮写本校一切文件或讲义；

2. 管理本校油印事宜；

3. 校对本校刊物；

4. 其他关于抄写事宜。

大夏中学成绩考查规程（1937 年）

一、总 则

1. 凡不专属于学业操行或体育成绩之考查者，均在总则中规定，余则由各该分则规定之。

2. 升级　学期考试结束后，学业总平均及格、体育成绩及格、不及格学程不逾二科或主要学程不及格不逾一科者升级。

3. 留级　学期考试结束后，学生成绩有下列情形之一者留级：

（1）学期总平均成绩不及格者。

（2）有任何三学程之学期成绩不及格者。

（3）补考或补读后仍有二主要学程不及格者。

（4）体育学程不及格者（初中体育学程以体操及童子军二项平均计算，高中一年级体育学程以体操及军训二项平均计算）。

4. 退学　学期考试结束后，学生成绩有下列情形之一者退学：

（1）学业成绩过劣，难期造就者。

（2）操行不及格者。

（3）身心过弱或患有传染病者。

（4）连续留级二次者。

5. 毕业或参加会考　学生修业年限期满，学业、操行、体育成绩均及格，准予毕业或参加会考。

二、学业成绩考查规则

1. 考试方法：

（1）考试种类分日常考查、月考、期考及毕业考试或预试四种。

（2）考试日期除日常考查时间及方式由教员自定外，余由教务处规定。

（3）考试次数及内容：

甲、日常考查次数及内容由教员规定。

乙、月考每学期举行二次，第一次月考以第一次所授教材为范围，第二次月考以第一、二两次所授教材为范围，使第一次所授教材有复习机会。

丙、学期考试于学期末举行，内容以一学期内所授教材为范围。

（4）下列各学程之全部或一部，得由教师酌定举行月考或免除月考，如免除月考则以平日积分代之。

图书、劳作、音乐、童军、体育、军训、打字、实习、书法等。

（5）能力分组之同教材同班级者，学期试验时须用同样或相等程度题目。

（6）考试时除国文必须用墨笔，英文必须用钢笔外，其他各科用笔由教员指定之，但不得用铅笔，如不照上项规定者，其成绩扣去百分之十。

2. 记分方法：

（1）记分分平日积分，月考分数，及期考分数三种。

（2）平日积分由教员按照平时问答、练习、作文、课外练习、课外研究、调查采集、劳动作业、笔记报告、实验报告等情形酌定之。

（3）平日绩分与月考分之平均分数占学期成绩十分之六，学期考试分数与第二次月考后之平日分数占十分之四。

（4）评定学业成绩以百分为最高标准，六十分为及格。

（5）学期成绩总平均分甲、乙、丙、丁、戊五等，总分满八十分者为甲等，满七十分者为乙等，满六十分者为丙等，满五十分者为丁等，不到五十分者为戊等。

（6）学期学业总平均成绩之计算法，以各学程学期成绩分数乘各该学程每周授课时数再以每周授课总时数除其和数，即得一学期各学程之总平均成绩。

3. 缺席及扣分：

（1）缺席分请假、旷课二种。

（2）请假一小时作缺席一小时论，旷课三倍，上课迟到或早退二次作缺席一小时论。

（3）缺席时数满该学程一周授课时数者，扣该学程学期成绩一分。

（4）缺席时数逾一学期上课时数三分之一者，不记该科成绩，有重大疾病经证明属实者不在此限。

（5）夜自修请假十小时扣学期总平均一分，旷课三倍，迟到或早退二次作一小时论。

4. 补考：

（1）凡有下列情形之一者得准许补考一次：

甲、请假未能参与月考者。

乙、学期成绩有一科或二科列入丁等者。

丙、因病或因重大事故由医生或家长证明，经核准给假，缺课未满上课时数三分之一，而未与学期考试者。

（2）月考补考由教务处查明后发给证明书携至各该教员处接洽，酌定时间举行。

（3）期考补考由教务处查明后于次学期上课前定期举行。

（4）计算补考成绩办法如下：

（甲）因请假而补考者以八十分为满分。

（乙）因不及格而补考者以七十分为满分。

（5）已定补考时间而不到者，除有亲丧大故，或重病于事前由家长函请或医师证明经核准请假外，不得再行请求补考。

（6）主要学程学期成绩列入戊等者须补读。

5. 成绩报告：

（1）月考及学期考试后，将各生成绩分别报告各该生家长。

（2）学行成绩兼优者，除公布或奖励外，另行函告各该生家长。

（3）月考学行成绩低劣者，除公布或劝勉外，并函告各该生家长。

（4）月绩报告所报告者为该月月考分数及平日分数之平均数。

三、操行成绩考查规则

1. 学生操行成绩以下列六项目标为考查之根据：

A. 纪律：爱护党国，遵守法规。

B. 勤勉：黾勉学业，努力工作。

C. 礼貌：敬重师长，友爱同学。

D. 整洁：服装整齐，居室清洁。

E. 忠实：真诚待人，做事负责。

F. 康乐：身心健全，遇事乐观。

2. 学生操行成绩，分平时统计及教职员评判统计两种。

3. 平时统计分下列八项，由训育处汇核统计之：

A. 纪念周及其他规定集会；

B. 早操；

C. 上课；

D. 自修；

E. 宿舍；

F. 图书馆；

G. 运动场；

H. 其他场所。

4. 概教职员评判，于学期结束前二周，由训育处将评表判［判表］分发各教职员，——评判，然后汇集统计之。

5. 学生操行，于开学时均作八百分计，以后遵照本规程与［予］以加分或扣分。

6. 操行总评分甲、乙、丙丁四等，丁等为不及格，操行不及格者予以退学处分。

甲等　九〇一至一〇〇〇分。

乙等　七五一至九〇〇分。

丙等　六〇〇至七五〇分。

丁等　不满六〇〇分。

7. 凡犯规给警告书者扣三十分，记过一次者扣七十分。

8. 凡有特殊优点或劣点，未载入本规程者，得由训育指导委员会斟酌情形，分别予以奖励或惩戒。

9. 犯规自首者，减轻三分之一，再犯者倍惩。

10. 本规程解释及修改之权属于校务会议。

四、体育成绩考查规则

1. 本校体育方针：

（1）注重普及运动，增进各个学生之健康；

（2）学习身体上各种应用之技能；

（3）养成卫生生活之习惯；

（4）培养勇毅、合作、活泼、进取之精神。

2. 本校实施体育之方法分左列六［五］种：

（1）早操　除例假日外，每日举行早操二十分钟，全体学生必须参加，男女分场举行。

（2）体育课　每周规定三小时，时间每日三时至五时。

（3）课外运动　每日下午五时至六时，各生自由参加。

（4）比赛　分校内、校外二种：

甲、校内比赛，每周举行一次。

乙、校外比赛，由体育指导随时与他校接洽决定之。

（5）运动会分左列二种：

甲、校内运动会，每学期举行一次；

乙、联合运动会。

3. 体育成绩考查方法分下列四项：

（1）早操勤惰之考查；

（2）早操成绩之考查；

（3）体育课勤惰之考查；

（4）运动成绩之考验。

以上四项各占体育成绩百分之二十五。

4. 学生中有体育成绩优良者，由体育指导提交校务会议决奖励之。

5. 学生中有无故不出席早操或体育课者，由体育指导会同训育随时惩戒之处。

6. 早操或体育课缺课次数达一学期上课次数三分之一者，不得参与该学期考试。

7. 体育平均成绩不及格者不得升级。

8. 本规程如有未尽事宜，得随时修正之。

9. 本规程经校务会议通过后施行。

大夏中学免费学额规程（1937 年）

1. 本中学为奖助家境清贫、体格健全、学行优良之学生起见，设置免费学额二十名，凡本中学新旧正式学生，合于上列规定者皆得申请之。

2. 免费生免缴学费每学期高中四十元，初中三十元。

3. 免费学额之审查由本中学设置免费学额委员会主持之。

4. 免费学额委员会由校长会同主任遴聘教职员七人组织之。

5. 免费生申请免费，须具免费申请书及家境清贫证明书，经免费学额委员会审查后，提交校务会议核准。

6. 前条申请高初中二三年级及一年级下学期学生，须于每学期开学前三周内呈缴家境清贫证明书，一年级新生及各插班生须于投考报名时随同其他证件呈缴家境清贫证明书，上项证明书须由原籍县市或居住在三年以上之县市主管教育行政机关证明，侨生须由居留地本国领事馆或以在本国部会立案之商会或教育会证明。

7. 免费学额之申请如超过定额时，得由免费学额委员会酌量情形给予成绩较优之学生。

8. 免费待遇之有效期间为一学期，如免费生第一学期学业成绩总评分在八十分以上、体育军事训练或童子军列乙等以上、品行优良者，得于下学期继续申请。

9. 免费生如有违反校规情节严重者，得追还其所免之费。

10. 免费生如有假冒清贫或伪造家境清贫证明书等情事经查明属实者，本中学得取消其学籍，向该生或保证人追偿各费，并停止发给成绩证明书或毕业证书。

11. 各年级学生如已受领免费待遇者，不得同时再受领欧氏奖金。

12. 本规则由校务会议通过施行。

大夏中学学生通则（1937年）

一、入学、转学、休学规则

（一）本校于每学年暑假、寒假招收新生及插班生各二次。

（二）入学资格　高级小学毕业生得应初中一年级新生入学试验，初级中学毕业生得应高中一年级新生入学试验，各级转学插班生须呈验公立或已立案学校之转学证书、修业证书或成绩单，经审查合格后得应插班生入学试验。

（三）试验科目

甲、初中部

1. 国文；2. 英文；3. 算学；4. 常识；5. 口试；6. 体格检查。

乙、高中部

1. 国文；2. 英文；3. 算学；4. 史地；5. 分科学程；6. 口试；7. 体格检查。

（四）报名手续　报名必须缴纳左列各件：

1. 报名单；

2. 毕业、修业或转学证书；

3. 最近二寸半身照片三张；

4. 报名费二元。

（五）入学手续　入学时须缴左列各件：

1. 入学志愿书；2. 保证书；3. 入学费六元。

（六）正式生于学年终了，因正当事故必须转学者，得由家长或监护人函请学校发给转学证书，旁听生、试读生及入学手续未完者不得发给转学证书。

（七）学生身罹疾病或确有正当事故，经其家长或保证人之证明，本校得准其休学，但最长时间以一年为限。

大夏中学学生通则（1937年）

二、纳费规则

（一）高初中学生每学期应纳各费如下：

1. 学费高中各科四十元，初中三十元；

2. 宿费二十元（通学生免缴）；

3. 体育费二元；

4. 书报仪器费二元；

5. 杂费六元（包括汤水、医药等费）；

6. 建筑费五元；

7. 注册费一元；

8. 赔偿准备费五元（于次学期注册截止后清算，多退少补）；

9. 新生制服费，高中男生约十九元，女生约八元，初中童子军服费约十四元。

（二）新生于初入学时纳入学费六元，寄宿新生纳被单费约二元四角，初中童子军纳童子军用费二元，高中军训学生纳军训用费一元。

（三）高初中学生修实验或实习学程者，约纳实验或实习费一元至二元，初中一二年级学生纳劳作材料费一元。

（四）初中寄宿学生纳膳费三十元（多退少补）。

（五）上列各费须于开学时一次缴足。

（六）已缴费学生不得无故请求退费，如新生有因故退学者，入学费概不退还。

（七）已注册学生无论自动退学或受退学、停学、除名处分，所缴各费，除赔偿准备费得于清算后多还少补外，余均不退还。

三、注册规则

（一）每学期开始时，新旧各生须向会计处领取缴费单，前往指定银行缴清各费后，携回一联向教务处领取各种表格。

（二）各生须将所领各种表格逐项填写清楚，于注册时统交教务处。

（三）注册时须交缴费收据，新生更须缴二寸半身照片四张及入学志愿书、保证书等。

（四）学生将应缴各件交注册课领取注册证，新生并领学生证。

（五）持注册证及学生证前往教务主任处登记。

（六）手续不完备者不得注册。

（七）注册时须遵守本校规定之时间。

（八）逾期注册者须另缴注册费（每迟延一日罚金一元至五元为限）。

（九）学生于开学二星期后不得改易其所选之学程。

四、奖励规则

本校奖励分下列三类，每人在同一学期内领受奖学金以一种为限。

甲、欧氏奖学金：

1. 奖金来源：由欧剑波先生捐寿仪六千元充奖学基金，每学期中学部动用利息五十元。

2. 名额：每学期二名。

3. 金额：每名二十五元。

4. 受奖条件：全校学业、操行、体育成绩最优，由校务会议提请决定之。

乙、普通奖励：

1. 奖学金：每级或每科一学期中学业成绩在八十五分以上，操行及体育在乙等以上，经校务会议通过给予。

2. 奖学状：全校学生每学期总成绩在八十分以上，操行及体育在乙等以上，经校务会议通过给予。

3. 励行状：操行特优、勤恳向学或为校服务最力、有显著之表现者，经校务会议通过给予。

4. 各种竞赛优胜奖：凡学生个别或团体竞赛之各项优胜者，经校务会议议决，得给予相当奖品。

5. 改过奖：凡学生受惩戒后能得上列甲种或乙种一二三各项之一者，经校务会议议决，得取消其已得之惩戒一次。

丙、特种奖励：

1. 本校为奖励具有一种特殊成绩之学生起见，于奖学金之外设特种奖金。

2. 特种奖金以学生注册罚款充之，其奖分下例［列］各种：

（甲）工具学科均优奖金：

凡属初中各级，高中普通科各级及其他各科第一二年级学生，对于研究学术主要工具之国文、英文、算学三科，在各该科会考或期考中均得有最优等成绩者取得之（幼稚师范科学生未选英文者以任何一种自然科学或基本教育学科代之，商科二年级学生以会计代算学）。

（乙）专科特优奖金：

凡属高中第三年级学生，除普通科外，依照各生所习各该科主要学程之学期成绩特优者取得之。

（丙）论文及演说优胜奖金：

凡遇校外举行任何论文或演说竞赛时，本校与赛学生得有特殊成绩者取得之。

（丁）运动特优奖金：

凡于体育运动具有特殊技能，于校外比赛取得冠军，或打破纪录者取得之。

（戊）勤学奖金：

凡于学科上课、自修及早操、军事操、童子军操演、课外运动等，经一学期无一次旷课缺席或迟到早退者取得之。

3. 给奖名额及金额：

（甲）项奖金每级每学期一名；（乙）项奖金每科每期一名，每名均为十五元；（丙）项（丁）项奖金每次一名，每名由十元至二十元；（戊）项奖金无定额，每名均为二十元。

上项奖金由教务、训育、体育各部分别提请校务会议办理之。

4. 本办法自二十五年度第一学期起施行，如有未尽事宜，由校务会议修改之。

五、惩戒规则

1. 惩戒方法分警告、记过、停学、退学及除名五项。除口头警告得由教职员随时执行外，书面警告及记过由训育处执行，停学、退学及除名处分由校务会议议决执行之。

2. 学生犯左列各项之一者，按其情节轻重，予以口头或书面警告处分：

（1）无故缺课或不按时自修者；

（2）无故不出席纪念周或其他规定集会者；

（3）不准期销假者；

（4）不穿着学校制服者；

（5）对同学无礼者；

（6）不受队长、级长之指导或规劝者；

（7）不按期还书或擅将杂志、报章或其他公物携出私藏者；

（8）随便涂抹墙壁或黑板者；

（9）随地吐痰有妨公共卫生者。

3. 学生犯左列各项之一者，按其情节轻重分别予以记过、停学或退学之处分，并通知其家长：

（1）曾经警告而再犯同样情形者；

（2）对教职员无礼貌者；

（3）侮辱个人或团体者；

（4）毁坏校具或房舍者（除惩戒外，按值责令赔偿）；

（5）发表不正当文字或言论者；

（6）考试舞弊者（除惩戒外，取消该学程学分）；

（7）不遵师长劝导者；

（8）未经允准擅自集会或揭贴者；

（9）未经请假私自离校外宿者；

（10）违背各种竞赛及学校认可之各种学生集团规约者；

（11）染有不良嗜好恶劣行为者；

（12）屡次旷课经警告而不悔改者；

（13）在宿舍内私燃灯烛者；

（14）违犯［反］其他校规者；

（15）违背其他校规情节重大者。

4. 凡学生犯左列各项之一者，由校务会议议决予以开除学籍之处分：

（1）操行成绩不及格者；

（2）对师长有重大侮辱者；

（3）触犯政府禁令危害学校者；

（4）败坏风纪累及校誉者；

（5）在校内聚赌或酗酒者；

（6）扰乱学校秩序者；

（7）有纠众斗殴行为或殴人致伤者；

（8）有盗窃行为者；

（9）滥用学校名义在外损坏校誉者；

（10）蓄意破坏学校鼓动风潮者；

（11）记过二次而仍犯校规者；

（12）考试舞弊屡戒不悛者；

（13）行为卑鄙性情舛张不勘造就者；

（14）无故旷课达三十小时者。

六、毕业考试及毕业预试规则

1. 参加毕业考试或预试资格：

（1）修学年限期满，最后学习成绩及格，毕业考试或预试科目之缺席时数未逾各该课上课时数三分之一者，得参加毕业考试或预试。

（2）最后学期得免除学期考试，而以第一次月考与平日第二次月考与平日第三次平日三种分数各依三分之一比例合算，作为学期成绩。

2. 毕业考试科目：

（1）高中商科：国文、英文、数学（珠算及商算）、货币与银行、统计、会计、簿记（包括普通簿记、银行簿记、官方簿记）七科。

（2）高中土木工程科：国文、英文、数学、力学（包括应用力学、材料力学、铁骨架构学）、测量（包括平面测量、铁道测量）、钢筋混凝土、制图七科。

（3）高中幼稚师范科：国文、教育概论、心理学（包括教育心理）、教材与教法、小学及幼稚园行政、音乐（包括钢琴与歌唱）与游戏、劳作（幼稚园应用劳作）与美术（幼稚园应用美术）七科。

3. 毕业预试科目：

（1）初中部：国文、英文、数学（包括算术、代数、几何、三角）、历史、地理（包括中外史地）、物理、化学七科。

（2）高中普通科：国文、英文、数学（包括代数、几何、三角）、历史、地理（包括中外史地）、物理、化学七科。

（文组、理组得分别命题）

4. 成绩计算：

（1）毕业考试科目之毕业成绩，有二科不及格者不得毕业。

（2）毕业考试科目之毕业成绩，以该科各学期平均成绩与毕业考试成绩，按照六与四比例计算。

（3）毕业成绩不及格科目只有二科者，得酌量情形予以校外补读，参加下次各该科毕业考试，俟及格后毕业。

（4）毕业成绩不及格科目逾二科者留级。

（5）毕业预试科目有二科不及格者，不得参与会考。

（6）毕业预试不及格科目只有二科者，得酌量情形予以校外补读，参加下次毕业预试，俟及格后参加会考。

[（7）毕业预试不及格科目逾二科者留级。]

七、旁听生规则

（一）本校为慎重入学试验、精密选择人才起见，酌设旁听生学额。

（二）每学期招收新生或插班生除正取者外，遇有缺额时，得收资格相合、程度相当者为旁听生。

（三）旁听生所纳各费与正式生同。

（四）旁听生入校后第一学期之成绩如各学科均及格，而成绩总平均在七十五分以上者，次学期得改作正式生。

（五）旁听生除第五[四]条规定者外，须于次学期受入学试验。

（六）旁听生须绝对遵守本校一切规约，如有违犯[反]情事，即令退学。

八、学生共守规约

（一）纪念周规约

1. 闻铃入礼堂，依编定号位就坐。

2. 入坐后应肃静，行礼应庄严。

3. 读总理遗嘱及静默时，应表示至敬至诚。

4. 听讲时不得呵欠瞌睡，或阅览其他书报及谈笑。

（二）早会及早操规约

1. 闻铃即踊跃出场，依编定位置排列。

2. 不得迟到（点名后迟到，即作无故缺席论）。

3. 依教师号令，一致动作，教师讲话时，须肃立敬听。

（三）教室规约

1. 上下课均须按一定铃号，不得迟到或早退。

2. 编定之席次，不得擅自移动。

3. 教员上课、退课宜起立致敬。

4. 上课时须携带应用之书籍文具，不得阅览无关该科之书报。

5. 上课时均须谨守规则，静心听讲，不得任意言笑行动。

6. 发问时或回答时均宜起立。

7. 字纸须投入字纸篓，吐痰必吐入痰盂。

8. 非练习课业，勿涂写黑板。

（四）自修室规约

1. 自修须各按时在自修室自修，不得迟到或早退。

2. 自修须按编定座次入座，不得随意搀越。

3. 自修时须各肃静，不得喧哗歌唱。

4. 自修时须研习功课，不得做与课业无关之工作。

5. 自修时无故缺席者，每晚作旷课一次论。

6. 如因事或因病不能自修者，须先向训育处请假。

7. 朗读须在最后三十分钟内。

（五）宿舍规约

1. 须按事务处编定号数入舍居住。

2. 入舍后不得擅自迁移。

3. 不得私增电灯光度（违者没收电泡外，每次酌扣操行分）。

4. 须共同维持清洁，不得随地吐痰及乱掷另［零］星物件于室内外。

5. 会客须在会客室内，不得引入寝室。

6. 不得留宿外人。

7. 寄宿生不得无故在外寄宿（违者予以惩戒处分。）

8. 不得烹饪或用膳。

9. 不得藏危险物及违禁物。

10. 不得使用一切电熨、电炉、电扇、收音机等（违者没收电器外，酌扣操行分）。

11. 除例假日外，每日上午八时至十二时，下午一时至四时及熄灯后起身前，不得弹唱喧笑，妨碍公共秩序。

12. 起身后须将被褥折叠整齐。

（六）接待室规约

1. 上课及自修时间内，非有特别重要事故，不得接待来宾。

2. 室内不得随意食物。

3. 会客时间不得逾一小时。

（七）学生请假规约

1. 学生请假须亲至训育处陈说理由，经许可后填写请假单，亲自送至教务处登记，方为有效。

2. 学生不请假或请假未准而擅自旷课者，每旷课一次作缺课三次计算。

3. 学生缺课，如确因紧急突发事故不能事前请假者，须由家长或保证人于二日内补办请假手续，经查核实属者，得准许补假，不作旷课论。

4. 因病请假，须经校医证明。

5. 请假期满仍不能到校上课者，须继续请假，否则以旷课论。

6. 寄宿生非有家长或监护人来函请假，不得在外住宿（电话请假或事后补假无效，女生请假由女生指导员核准）。

7. 通学生如因事故或疾病请假，须由家长或监护人具函盖章，直接向训育处请假，始为有效（电话请假或事后补假无效）。

8. 如因课业上实习或出外参观，经担任教师事前商得教务处认可者，得免记缺席。

9. 缺课无论因事因病逾一定限度时，依照学业考查规程扣分或扣考。

10. 旷课满十小时，记过一次，满三十小时除名。

（八）敬礼规约

1. 行路须靠左边走，不许食物。

2. 无论在校内或校外遇师长时，均须招呼敬礼。

3. 途遇师长时，应行行进间敬礼，遇见同学或外出遇他校着规定服装之学生，亦宜互相敬礼，由先见者行之。

4. 途遇师长如右手提物时，须先将物置于左手，然后行举手注目礼，如两手均提物时，则可立正行注目礼，俟其行过后，再继续前进。

5. 不论在校内或校外，如二人以上行进遇见师长时，则由先见者呼"敬礼"口令，各人同时举手敬礼。

6. 于教师上课或退课时应起立致敬。

（九）运动场规约

1. 不得任意损坏球场跑道及场上用具。

2. 运动须在规定地点。

3. 运动用品用毕即须送交体育部，不得任意抛弃或携走。

4. 场地未干，停止运动。

（十）学生揭贴规约

1. 学生如有文告（或印刷品）欲揭贴于学生告白栏，应先请训育处审核。

2. 该项揭贴经训育处认可后，即加章发还，由该揭贴人自行张贴于规定地点。

3. 凡违反校规之揭贴，训育处得取缔之。

4. 非指定处所，不得随意揭贴。

（十一）试场规约

1. 学生受试验时，须按照指定席次就座，不得变更。

2. 受试者均须于试验前一律齐集试场，不得迟到。

3. 非经教员特许，不得携带图书纸片。

4. 出题前关于所试学科之课本讲义或笔记等，应交置讲台上，不得私自藏匿。

5. 未缴卷以前，非经教员许可不得外出。

6. 缴卷后即须出场，不得逗留室内或翻阅他人考卷。

7. 稿纸无论起草与否，应随同试卷一齐呈缴。

8. 凡违前列各项之一者，分别酌扣试验分数。

9. 犯下列各项之一者，除取消该科成绩外，予以记过一次：

A. 传递者；

B. 夹带者；

C. 看书者。

10. 临时发生事项认为应行处罚者，由主课教员分别施行。

（十二）学生集会规约

1. 学生在校内组织团体，须将章程及职员报告训育处，经核准后方得享受集会权利。

2. 上项团体，遇有修改章程及改选职员时，须重行呈报训育处。

3. 旁听、试读、留级生以及学业成绩劣等之学生，不得参加一切课外活动。

4. 学生团体集会，欲借用教室或礼堂时，须先向训育处请求得邀准后，凭许可单，再向事务处报告方可使用。

5. 学生团体如须邀请外宾莅校演讲，须先商得训育主任之同意。

6. 本校房舍操场，不准校外任何团体借用。

7. 在礼堂开会演讲时，听众须脱帽静坐，不得参差出入，致乱秩序而损观瞻。

8. 学生集会时间，须事先得训育处核准（不得与上课时间及学校所规定全体集会时间冲突）。

9. 借用教室集会时，不得将编定席次任意迁乱。

10. 学生出版物，须将底稿送经中学主任审查后方可付印，并须先期函请登记。

11. 学生团体集会有违上列各项规约时，一经查明即将该团体取消，并予负责人以相当惩处。

（十三）各级级会组织规约

1. 各级级会定名为大夏中学某级级会

2. 各级级会研究学术养成自治能力，发扬团体精神为宗旨。

3. 各级同学皆为各该级级会会员。

4. 各级级会设委员三人，掌理文书、会计、庶务事宜，开会时轮流为主席。

5. 各级级会得设学术、演讲、出版、卫生、体育、游艺等股，各股设股长一人，倘工作繁重，得由各股股长添请干事若干人协助之。

6. 各级级会委员股长等，由各该级大会票选之，任期为一学期，连选得连任一次。

7. 各级级会开会前，应向训育处登记，并请级任导师列席指导，事后应即填写报告。

8. 各级级会组织后，应连同章程职员姓名及各股办事细则或公约等呈请训育处登记，经训育处核准备案，始得作为正式成立。

9. 本通则有未妥善处，得随时由校务会议修改之。

（十四）学生团体出版刊物规约

1. 为鼓励学生研究兴趣及练习发表能力起见，校内各学生团体得出版刊物。

2. 学生团体出版刊物，应先填具登记表，呈请训育处登记。

3. 学生团体出版刊物，经训育处核准登记后，每期刊物付印之前五日，应由负责人将刊物稿本，呈请训育处审查。

4. 刊物稿本经训育处审查，认为有不妥处，应重行修正。

5. 学生发表文字，以用真实姓名为原则，如用别号，应由编辑人将真实姓名报告训育处备查。

（十五）借阅图书规约

1. 本校学生欲借图书在馆内外阅览者，每学期初须持注册证向图书馆领取馆内阅览证及馆外借书证。

2. 借书证于学期结束，终止借书时随同所借图书，一并送还。

3. 借书证倘有遗失，应注意下列各项：

A. 须至本馆声明；

B. 未经声明前，被拾得借书证者借去图书，应由原领证人负责；

C. 申请补证每次须先向会计处缴补证费小洋两角，以示限制。

4. 借图书至馆外阅览者，应注意下列各项：

A. 借出图书以寻常本为限；

B. 欲借何书，应先就目录中查明书名及分类号数，并将借书年月日以及本人姓名、住所、科别、学级写明于馆内或馆外阅览证，并填清代书版签上应填各项，连同借书证交［馆］员检收；

C. 还书时须当时取还借书证；

D. 借书以一星期为限，逾限须续借者，得酌量展限，唯至多不得过一星期；

E. 借阅图书遇本馆有检查之必要时，经本馆通知，应即归还；

F. 借阅图书逾期不还者，每部每日罚铜元六枚；

G. 每人借出图书，总数以二册为限（但线装书可借至十册）。

5. 在阅览室借阅图书，应注意下列各项：

A. 务宜肃静，勿高声朗诵、重步偶语，致妨他人阅览；

B. 勿吃烟，勿随地吐痰；

C. 脱帽；

D. 陈列图书、杂志、报章等，不得携出室外，阅后并须归还原处；

E. 借书手续应依据第四条 B、C 两项之规定，但可免去填代书版［板］签条；

F. 所借图书须在图书所在阅览室阅览，阅览未毕，因事外出时，必须将所借出图书交还后始可外出；

G. 图书或杂志，未经馆员许可而携出者，每本每次罚小洋二角，如逾日仍未归还者，每日每本递加罚费小洋一角。

6. 书经阅毕须即交还，不得辗转传阅。

7. 阅书时须注意下列各项：

A. 勿污损；

B. 勿圈点，勿批评；

C. 勿蘸唾翻页；

D. 勿折角。

8. 凡借阅图书，因不如期归还，连催三次者，由主管人员予以警告。

9. 借阅图书者，如有剪裁图书或遗失、污损、批评等情事者，责令按照原价加倍赔偿。

10. 遇有缴费事项，由馆员随时通知。

11. 凡因缴费而未缴者，停止其借阅图书权利，至费激［缴］清时为止，并得由赔偿准备金内扣除。

12. 学期结束时，凡借阅图书尚未交还者，下学期来校不得注册，转学者不给转学证，毕业者扣留其文凭。

13. 普通阅览室及参考阅览室开放时间，除例假、星期六晚及星期日停止外，星期一至时［星］期六每日上午八时至十二时，下午一时至五时，晚七时至九时三十分，寒暑假另行规定。

14. 借书出馆时间，除例假及星期日外，每日上午八时至十二时，遇必要时得斟酌情形伸缩之。

15. 图书馆于每学期结束之前十日停止借书，以便清理。

16. 馆内各书库，非经主管人员许可，不得入内。

（十六）童子军露营生活规约

1. 营地队员须一律按照每日作息时间表工作与休息。

2. 未吹起身号前，不得在营外闲游，就寝须一律安眠。

3. 每日起身后，须将被毯等物折叠齐整，再由队长督促队员将营帐内外整理洁净。

4. 盥洗及大小便，均有指定之处，不得随意便溺及涕吐。

5. 扫除之垃圾均须入垃圾坑内。

6. 面巾面盆及其他用具，均须安置有序。

7. 脱下之衣服，须折叠整齐，安置一隅，不得随处乱抛。

8. 在营地不得喧哗噪［嘈］杂，虽在休息时间，亦不得叫嚣或互相殴打。

9. 每日清晨奏起身号，一律起身，不得逗留帐里，升旗时须一律到场行礼。

10. 在营地行路，不得冲撞奔跑，夜间有事出帐时，脚步尤宜轻细。

11. 除烹饪时间外，不经许可，不得任意烹煮食物。

12. 夜间吹熄灯号后，一律不准喧哗。

13. 守卫时不得擅离职守。

14. 离营地时，应向领队人请假，经核准后方可离开营地。

15. 营地一切公用物品，均须保护爱惜，如故意损坏，须照价赔偿。

16. 营地内所有一切植物或建筑物，不论有无物主，均不得践踏破坏。

17. 离营地时须将营地收拾干净，恢复如原状。

18. 外界来营地参观，须注意礼节，参观人如有咨询时，尤宜和蔼解答。

（十七）童子军服务规约

1. 凡经团部指定参加某项服务者，不得藉故规避。

2. 参加会场服务时，应遵守下列规约：

A. 服装应整齐；

B. 不得擅离职守；

C. 不得高声谈笑；

D. 不得行动粗野；

E. 不得出言不递［逊］。

3. 参加团部服务，应遵守下列规约：

A. 不得喧哗闲谈；

B. 不得浪费公物；

C. 不得擅占坐［座］位或擅用他人文具；

D. 不得翻阅他人文件；

E. 不得在办公室延见私客；

F. 不得在办公时间内擅［离］职守；

G. 不得购食零星杂物。

4. 服务时应听从团长、教练、队长、总干事之命令。

5. 因特别事故不能出席服务者，应预先向团长请假。

6. 服务后应作服务报告或工作报告。

（十八）旅行规约

1. 旅行时须一律着制服。

2. 舟车上下，勿惶急争先，勿故意落后。

3. 等候车舟时，勿离开群众。

4. 绝对服从团体纪律。

5. 访友购物，须结伴同行，勿单独行动。

6. 干事须人帮忙时，须竭力赞助。

7. 团体在街市进行时，勿购物品，勿高声谈笑。

8. 学校规程之适用于旅行中者，仍须一律遵守。

附　录

相关大学法律制度（1929—1950年）

大学组织法（1929 年 7 月 26 日公布，同日施行，1934 年 4 月 28 日修正）

第一条　大学应遵照十八年四月二十六日国民政府公布之《中华民国教育宗旨及其实施方针》，以研究高深学术，养成专门人才。

第二条　国立大学由教育部审察全国各地情形设立之。

第三条　由省政府设立者为省立大学，由市政府设立者为市立大学，由私人或私法人设立者为私立大学。

前项大学之设立、变更及停办，须经教育部核准。

第四条　大学分文、理、法、教育、农、工、商、医各学院。

第五条　凡具备三学院以上者，始得称为大学。不合上项条件者，为独立学院，得分两科。

第六条　大学各学院或独立学院各科得分若干学系。

第七条　大学各学院及独立学院得附设专修科。

第八条　大学得设研究院。

第九条　大学设校长一人，综理校务。国立、省立、市立大学校长简任，除担任本校教课外，不得兼任他职（本条国民政府二十三年四月二十八日修正公布）。

第十条　独立学院设院长一人，综理院务。国立者，由教育部聘任之；省立、市立者，由省、市政府请教育部聘任之，不得兼职。

第十一条　大学各学院各设院长一人，综理院务，由校长聘任之。独立学院各科各设科主任一人，综理各科教务，由院长聘任之。

第十二条　大学各学系各设主任一人，办理各该系教务，由院长商请校长聘任之；独立学院各系主任由院长聘任之。

第十三条　大学各学院教员，分教授、副教授、讲师、助教四种，由院长商请校长聘任之。

第十四条　大学得聘兼任教员，但其总数不得超过全体教员三分之一。

第十五条　大学设校务会，以全体教授、副教授所选出之代表若干人及校长、各学院院长、各学系主任组织之，校长为主席。

前项会议，校长得延聘专家列席，但其人数不得超过全体人数五分之一。

第十六条　校务会议审议左列事项：

一、大学预算；

其他各学系，大学或独立学院之有文学院或文科而不设教育学院或教育科者，得设教育学系于文学院或文科。

大学农学院或独立学院农科，分农学、林学、兽医、畜牧、蚕桑、园艺及其他各学系。

大学工程［学］院或独立学院工科，分土木工程、机械工程、电机工程、化学工程、造船学、建筑学、采矿冶［冶］金及其他各学系。

大学商学院或独立学院商科，分银行、会计、统计、国际贸易、工商管理、交通管理及其他各学系。

大学医学院［及］独立学院医科不分系。各学系遇必要时得再分组。

第七条　大学各学院或独立学院各科学生（医学院除外）从第二年起应认定某学系为主系，并选定他学系为辅系。

第八条　大学各学院或独立学院各科除党义、国文、军事训练及第一、第二外国文为共同必修课目外，须为未分系之一年级生设基本课目。

各学院或各科之课目分配及课程标准另定之。

第九条　大学各学院或独立学院各科课程，得采学分制，但学生每年所修学必［分］须有限制，不得提早毕业。

聪颖勤奋之学生，除应修学分外，得于最后一学生［年］选习特种课目，以资深造，试验及格者，中［由］学校给予特种奖状。

第三章　经费及设备

第十条　大学各学院或独立学院各科开办费、每年经常费之最低限度（开办费包含建筑费、设备费等）暂定如左表：

院别或科别	开办费	每年经常费
文学院或文科	100000 元	80000 元
理学院或理科	200000 元	150000 元
法学院或法科	100000 元	80000 元
教育学院或教育科	100000 元	80000 元
农学院或农科	150000 元	150000 元
工学院或工科	300000 元	200000 元
商学院或商科	100000 元	80000 元
医学院或医科	200000 元	150000 元

凡性质相类之学院或科同时并设［者］，其开办费得酌减之。各学院、各科第一年之经费，至少须各有额定数三分之二。

第十一条 大学或独立学院须有相当校地、校舍、运动场、图书馆、实验室、实习室，及其图书、仪器、标本、模型等设备。大学各学院或独立学院各科之设备标准另定之。

第十二条 大学或独立学院每年扩充设备费，至少应占经费百分之十五。

第四章 试验及成绩

第十三条 大学试验分左列四种：

一、入学试验；

二、临时试验；

三、学期试验；

四、毕业试验。

第十四条 入学试验由校务会议组织招生委员会，于每学年开始以前举行之。各大学因事实上之便利，得组织联合招生委员会。

第十五条 临时试验由各系教员随时举行之。每学期内，至少须举行一次。临时试验成绩，须与听讲笔录、读书札记，及练习、实验等成绩分别合并核计，作为平时成绩。

第十六条 学期试验由院长会同各系主任及教员于每学期之末举行之，学期试验成绩须与平时成绩合并核计，作为学期成绩。

第十七条 毕业试验由教育部派校内教授、副教授及校外专门学者组织委员会举行之，校长为委员长，每种课目之试验，须与［于］可能范围内有一校外委员参与，遇必要时，教育部得派员监试。

毕业试验即为最后一学期之学期试验，但试验课目须在四科以上，至少须有两种包含全学年之课程。

第十八条 毕业论文须与［于］最后一学年之上学期间开始时，由学生就主要课目选定研究题目，受该课教授之指导自行撰述，在毕业试验期前提交毕业试验委员会评定。

毕业论文得以译书代之。

第十九条 毕业论文或译书认为有疑问时，得举行口试。

毕业论文或译书成绩须与毕业试验成绩及各学期成绩合并核计，作为毕业成绩。

第二十条　农、工、商各学院学生自第二学年起，须于暑假期内在校外相当场所实习若干时期，无此项实习证明书者，不得毕业。

实习程序由各该学院自定，但须呈经教育部核准。

第二十一条　本章各条之规定，独立学院准用之。

第五章　专修科

第二十二条　大学［各学］院或独立学院各科得分别附设师范、体育、市政、家政、美术、新闻学、图书馆学、医学、药学及公共卫生等专修科。

第二十三条　各专修科以党义、军事训练、国文、外国文为共同必修课目。

各专修科之课目分配及课程标准另定之。

第二十四条　专修科入学资格，须在高级中学或同等学校毕业，经入学试验及格者。

第二十五条　专修科之修业年限为二年或三年，但医学专科于三年课修目［目修毕］后，须再实习一年。

第二十六条　专修科学生修业期满，考核成绩及格，由大学或学院给予毕业证书。

第二十七条　专修科得适用第十三条至十七条之规定。

第六章　附则

第二十八条　私立大学或独立学院，除适用本规程外，并须遵照《私立学校规程》办理。

第二十九条　本规程由教育部根据《大学组织法》第二十五条之规定制定公布之。

第三十条　本规程自公布日施行。

学位授予法（1935年4月22日公布，同年7月1日起施行）

第一条　学位之授予依本法之规定。

第二条　学位分学士、硕士、博士三级。但特种学科得仅设二级或一级。前项分级细则由教育部定之。

第三条　凡曾在公立或立案私立之大学或独立学院修业期满，考试合格，并经教育部覆核无异者，由大学或独立学院授予学士学位。

第四条　依本法受有学士学位，曾在公立或立案私立之大学或独立学院之研究院或研究所继续研究二年以上，经该院、所考核成绩合格者，得由该院、所提出为硕士学位候选人。

硕士学位候选人考试合格，并经教育部覆核无异者，由大学或独立学院授予硕士学位。

硕士学位考试细则由教育部定之。

第五条　依本法受有硕士学位，在前条所定研究院或研究所继续研究两年以上，经该院、所考核成绩合格，提出于教育部审查许可者，得为博士学位候选人。

第六条　具有左列资格之一，经教育部审查合格者，亦得为博士学位候选人：

（一）在学术上有特殊之著作或发明者；

（二）曾任公立或立案私立之大学或独立学院教授三年以上者。

第七条　博士学位候选人经博士学位评定会考试合格者，由国家授予博士学位。

博士学位评定会之组织，及博士学位考试细则，由行政院会同考试院定之。

第八条　硕士学位及博士学位之候选人，均须提出研究论文。

第九条　本法施行前在公立或立案私立之大学或独立学院之本科毕业生，与依第三条受有学士学位者有同一之资格。

第十条　在经教育部认可之国外学校或其他学术机关得有学位者，得称某国或某国某学校某学位。

第十一条　名誉博士学位之授予另以法律定之。

第十二条　本法施行日期以命令定之。

私立学校规程（1929 年 8 月公布施行，1933 年 1 月、1943 年 11 月、1947 年 5 月三次修正）

第一章　总纲

第一条　私人或私法人设立之学校为私立学校。

第二条　私立学校之开办、变更及停办须经主管教育行政机关之核准。私立专科以上学校以教育部为主管机关，私立中等学校（私立专科以上学校附设中等学校同）以省市（行政院直辖市）教育行政机关为主管机关，私立小学（私立中等以上学校附设小学同）以市（行政院直辖亦在内）县教育行政机关为主管机关。

第三条　私立学校须经主管教育行政机关立案，受主管教育行政机关之监督及指导，其组织、课程及其他一切事项均须遵照现行教育法令办理。

第四条　私立学校不得设分校，各级师范学校不得私立。

第五条　私立学校校长均应专任。

第六条　私立学校不得以宗教科目为必修科及在课内作宗教宣传，宗教团体设立之学校内如有宗教仪式，不得强迫或劝诱学生参加，在小学并不得举行宗教仪式。

第七条　私立学校之名称应明确标示学校之种类，并冠以"私立"二字。

第八条　外国私人或私法人依本规程之规定，得在中国境内设立私立中等以上学校，但应以中国人充任校长或院长。

第二章　董事会

第九条　私立学校应设校董会，第一任董事由设立者聘请相当人员组织之。设立者为当然董事，设立者人数过多时，得互推一人至三人为当然董事。

第十条　董事会董事名额不得超过十五人，应互推一人为董事长，并得互推三人至五人为常务董事。

第十一条　董事会之职权如左：

一、校长或院长之选聘与解聘；

二、校务进行计划之审核；

三、经费之筹划；

四、预算及决算之审核；

五、基金之保管；

六、财务之监察。

第十二条　董事会之组织、董事之任期及改选办法应于董事会组织规程中规定之。

第十三条　董事会至少须有三分之一董事以曾经研究教育或办理教育者充任，现任主管教育行政机关人员不得兼任董事，外国人充任董事之名额至多不得超过三分之一，并不得充任董事长。

第十四条　董事会设立后，须开具左列各事项呈请主管教育行政机关立案：

一、名称；

二、目的；

三、会址；

四、董事会组织规程；

五、资产、资金或其他收入详细项目及其他确实证明；

六、董事姓名、年龄、籍贯、资历、职业及住址。

立案后如第三、第五、第六各项有变更时，须于一个月内分别呈报主管教育行政机关备案。

第十五条　董事会呈请立案时，(一)私立专科以上学校应呈由该管省市(行政院直辖市)教育行政机关转呈教育部核办；(二)私立中等学校应呈由主管县市教育行政机关转呈教育厅，或迳［径］呈主管市(行政院直辖市)教育行政机关核办；(三)私立小学应呈请主管市(行政院直辖亦在内)县教育行政机关核办。转呈时对于前条所列各事项均须切实调查，开具意见以备审核。

第十六条　已核准立案之私立中等学校董事会，应由主管省市(行政院直辖市)教育行政机关转呈教育部备案；已核准立案之私立小学董事会，应由主管县市教育行政机关转呈上级教育行政机关备案，但行政院直辖市私立小学之立案手续免予转呈。

第十七条　私立专科以上学校附设中等学校及私立中等以上学校附设小学应另设董事会，其呈请立案备案手续与普通私立中学校及小学同。

第十八条　董事须在每学年终结后一个月内，将前年度所办重要事项、收支金额及项目连同财产项目，分别迳［径］报或转报主管教育行政机关备案。

第十九条　主管教育行政机关每年须查核董事会之财务及事务状况一次，必要时得随时查核之。

第二十条　董事会选聘校长或院长，应于一个月内详开履历呈报主管教育行政机关审核备案，如不合规定或不称职时，主管教育行政机关得令董事会另聘之。

第二十一条　董事会不能行使其职权时，得由主管教育行政机关令其限期改组，必要时得由主管教育行政机关派员监督改组之。

第三章　开办及立案

第二十二条　私立学校应于董事会立案后，呈经主管教育行政机关核准，始得开办，未呈准前不得遽行招生。

第二十三条　董事会呈报学校开办时，须开具左列各事项：

一、学校名称（如有外国文名称者并应列入）及其种类；

二、学校所在地；

三、校地校舍平面图及说明书；

四、学校组织及课程编制；

五、经费来源及经费预算表；

六、全部图书、仪器、标本分类统计表；

七、校长或院长履历表。

第二十四条　私立学校应有确定之资产经费之［及］设备，其标准由主管教育行政机关核定之。

第二十五条　私立学校应于开办后一年内呈请立案，呈请时须开具左列事项：

一、开办后经过情形；

二、各项章程规则；

三、教职员履历表；

四、学生一览表。

第二十六条　私立学校具有左列各项条件时，准予立案：

一、呈报事项查明属实；

二、对于现行教育法令切实遵守，并严厉执行学校章则；

三、教职员之名额、资格及任务均合法令规定；

四、学生资格合格；

五、设备足敷应用；

六、资产或资金之租息连同其他确定收入足以维持其每年经常费。

第二十七条　私立专科以上学校及中等学校呈报开办或呈请立案，应分别呈经省市（行政院直辖市）或县市教育行政机关转呈主管教育行政机关核办，转呈之教育行政机关对于第二十三及二十五条各款所列事项应切实调查，开具意见，以备审核。

已核准立案之私立中等学校及小学应由省市（行政院直辖市）或县市教育行政机关转呈上级教育行政机关备案，经核准后，其立案手续方为完成。

第二十八条　未依照本规程完成立案手续之私立学校，其学生之学籍不予承认。

第四章　停办

第二十九条　私立学校办理不善或违反法令者，主管教育行政机关得勒令停办。

第三十条　私立学校不能达到其教育目的时，董事会应即呈请停办，但须经主管教育行政机关核准后，始得办理结束。

第三十一条　私立学校停办后，应由主管教育行政机关派员监督董事会清理财产，并结束一切事务。

清理情形应由董事会呈报主管教育行政机关备案。

第三十二条　私立学校停办后之剩余财产由主管教育行政机关接收处理之。

第三十三条　私立学校停办后，其肄业学生由校发给转学证书，自行考转他校。

第五章　附则

第三十四条　外国私人或私法人依左列之规定，得在中国境内设立教育其本国子女之中等以下学校：

一、不得招收中国学生。

二、应将左列事项呈报主管教育行政机关：

（1）设立人之姓名、国籍、职业、住址；

（2）设立法人之名称、国籍、事务所所在地及其代表人之姓名、国籍、住址；

（3）学校名称、程度及所在地；

（4）教职员及学生名册。

第三十五条　本规程自公布之日施行。

专科以上学校导师制纲要（1943 年 3 月 12 日颁布）

一、教育部为促进专科以上学校训教合一，发挥教育功能起见，特制定专科以上学校导师制纲要。

二、各校（院）应将全校学生按其所属院系（科）分为若干组，每组设导师一人，由校（院）长聘请专任教师充任之，每组学生人数由各校（院）酌定，但至多不得超过二十人，各校（院）专任教师皆有充任导师之义务。

三、各校（院）应于每学期之始由训导处拟订训导计划，并记载学生身体状况及学行成绩分送各组导师，以作实施训导之参考。

四、各组导师对于学生之思想行为、学业及身心摄卫，均应体察个性，依据训育标准及各该校（院）训导计划，施以严密之训导，使得正常发展，养成健全人格。训导标准另订之。

五、训导方式不拘一种，除个别训导外，导师应分别利用课余及例假时间，集合本组学生举行谈话会、讨论会、远足会、交谊会以及其他有关团体生活之训导。

六、各组导师对于学生之性行、思想、学业、身体状况各项，均应详密记载，并应针对学生缺点，提出改进意见，每学期报告训导处一次，并由训导处根据考察结果及导师报告，通知学生家长，如平时发现学生不良习性或其他特殊事项，应随时通报。

七、各组导师认为学生不堪训导时，可请校（院）长准予退训，由学校另行聘请导师训导，如再经退训时，即由学校予以惩处。

八、各组导师应每月出席训导会议一次，会报各组训导实施情形，并研究关于训导之共同问题。训导会议由训导处召集，校（院）长为主席，校（院）长缺席时以训导长或主任为主席。各大学如因学生人数过多而设有训导分处者，得分院每月举行训导会议，由训导分处召集，该院院长为主席，院长缺席时，以训导分处主任主席，但全校训导会议每学期至少须举行一次，各学院按照导师人数比例，推派代表参加。

九、导师训导成绩特别优异者，得由各该校（院）长详叙事实，报请教育部核予奖励。

十、导师制施行细节由各校（院）依据本纲要订定，呈部备查。

十一、本纲要由教育部呈经行政院备案后施行。

十二、自本纲要施行之日起，原订之中等以上学校导师制纲要即行废止。

高等学校暂行规程（1950年8月14日颁布）

第一章　总纲

第一条　中华人民共和国高等学校的宗旨为根据中国人民政治协商会议共同纲领第五章的规定，以理论与实际一致的教育方法，培养具有高级文化水平，掌握现代科学和技术的成就，全心全意为人民服务的高级建设人才。

第二条　高等学校的具体任务如下：

（一）根据中国人民政治协商会议共同纲领，进行革命的政治及思想教育，肃清封建的、买办的、法西斯主义的思想，树立正确的观点和方法，发扬为人民服务的思想；

（二）适应国家建设的需要，进行教学工作，培养通晓基本理论并能实际运用的专门人才：如工程师、教师、医师、农业技师、财政经济干部、语文和艺术工作者；

（三）运用正确的观点和方法，研究自然科学、社会科学、哲学、文学、艺术，以期有切合实际需要的发明、著作等成就；

（四）普及科学和技术的知识，传播文学和艺术的成果。

第三条　高等学校包括大学及专门学院两类。为适应国家建设的急需，得设立专科学校，其规程另定之。

第四条　大学及专门学院的设立与停办，由中央人民政府教育部（以下简称中央教育部）报请中央人民政府政务院（以下简称政务院）决定之。

第五条　大学及专门学院设若干学系，其设立或变更由中央教育部决定之。

第六条　大学如有必要，得设学院，并在学院内设若干学系；学院及学系的设立或变更，由中央教育部决定之。

第七条　大学及专门学院修业年限，依各该系课程的繁简分别规定，以三年至五年为原则。

第八条　大学及专门学院为培养及提高师资，加强研究工作，经中央教育部批准，得设研究部或研究所，其规程另定之。

第九条　大学及专门学院为适应国家建设的急需，经中央教育部批准，得附设专修科及训练班。

第二章　入学

第十条　凡年满十七岁、身体健康、在高级中学或同等学校毕业或有同等学力，经入学考试及格者，不分性别、民族、宗教信仰，均得入学。

第十一条　大学及专门学院对于具有相当于高中毕业程度的下列学生：（一）具有相当工作历史的革命干部；（二）工农青年；（三）少数民族学生；（四）华侨学生，应予以入学及学习的特别照顾。其办法另定之。

第三章　课程、考试、毕业

第十二条　大学及专门学院各系课程，应根据国家建设的需要及理论与实际一致的原则制定。课程标准另定之。

第十三条　大学及专门学院应将各课目的教学计划及教学大纲，报请中央教育部备案。

第十四条　大学及专门学院学生须于最后一学年确定专题，经系主任核准，由教学研究指导组主任或其指定的教师指导，撰写毕业论文或专题报告。在特殊情形下，毕业论文得以他种工作成绩代替之。

第十五条　大学及专门学院考试分为入学考试、平时考试、学期考试及毕业考试。

第十六条　大学及专门学院学生依照规定课程修业期满，成绩及格者，由学校报请中央教育部批准发给毕业证书。

第四章　教学组织

第十七条　大学及专门学院教师，分为教授、副教授、讲师、助教四级，均由校（院）长聘任，报请中央教育部备案。

第十八条　教学研究指导组（以下简称教研组）为教学的基本组织，由一种课目或性质相近的几种课目之全体教师组成之；各教研组设主任一人，由校（院）长就教授中聘任，报请中央教育部备案。其职责如下：

（一）领导本组全体教师，讨论及制定本组课目的教学计划与教学大纲；

（二）领导及检查本组的教学工作和研究工作；

（三）领导与组织本组学生的自习、实验及实习。

第五章　行政组织

第十九条　大学及专门学院采取校（院）长负责制；大学设校长一人，专门学院设院长一人，其职责如下：

（一）代表学校；

（二）领导全校（院）一切教学、研究及行政事宜；

（三）领导全校（院）教师、学生、职员、工警的政治学习；

（四）任免教师、职员、工警；

（五）批准校（院）务委员会的决议。

第二十条　大学及专门学院得设副校（院）长一人或二人，协助校（院）长处理校（院）务，校（院）长缺席时代行其职务；副校（院）长得兼教务长。

第二十一条　大学及专门学院，设教务长一人，必要时得设副教务长，对校（院）长负责，由校（院）长就教授中遴选提请中央教育部任命之。其职责如下：

（一）计划、组织、督导、检查全校（院）各系及各教研组的教学工作；

（二）计划、组织、督导、检查全校（院）的科学研究工作；

（三）校（院）长及副校（院）长均缺席时代行其职务。

第二十二条　大学及专门学院设总务长一人，对校（院）长负责，主持全校（院）的行政事务工作。由校（院）长提请中央教育部任命之。

第二十三条　大学及专门学院图书馆，设馆长或主任一人，对教务长负责，主持图书馆一切事宜，由校（院）长聘任，报请中央教育部备案。

第二十四条　大学及专门学院的系，为教学行政的基层组织，各设主任一人，受教务长领导（在设有学院之大学，则受教务长与院长双重领导）；由校（院）长就教授中聘任，报请中央教育部备案。其职责如下：

（一）计划并主持本系的教学行政工作；

（二）督导执行本系教学计划；

（三）领导并检查本系学生的自习、实验及实习；

（四）考核本系学生成绩；

（五）总结本系教学经验；

（六）提出有关本系教职员任免的建议。

第二十五条　大学设有学院者，各院设院长一人，由校长就教授中聘任，报请中央教育部备案。其职责如下：

（一）计划并主持本院教学行政工作；

（二）督导本院各系执行教学计划；

（三）提出本院各系主任人选的建议。

第二十六条　大学及专门学院在校（院）长领导下设校（院）务委员会，由校（院）长、副校（院）长、教务长、副教务长、总务长、图书馆长（主任）、各院（大学中的学院）院长、各系主任、工会代表四人至六人及学生会代表二人组成之，校（院）长为当然主席。校（院）务委员会的职权如下：

（一）审查各系及各教研组的教学计划、研究计划及工作报告；

（二）通过预算和决算；

（三）通过各种重要制度及规章；

（四）决议有关学生重大奖惩事项；

（五）决议全校（院）重大兴革事项。

校（院）务委员会得设常务委员会及各种专门委员会。

第二十七条　大学及专门学院在教务长领导下举行教务会议、若干系主任的联席会议及若干教研组主任的联席会议；在总务长领导下举行总务会议；在各系主任领导下举行系务会议。大学设有学院者，在院长领导下举行院务会议，代替系主任联席会议。

第六章　社团

第二十八条　大学及专门学院的工会、学生会等社团应团结全校（院）员工、学生，协助学校完成教学及行政计划，推动全校（院）员工、学生的政治、业务与文化学习，并增进员工、学生的生活福利。

第二十九条　大学及专门学院得成立各种学术团体以促进科学、文化的提高与普及。

第七章　附则

第三十条　现有大学或专门学院因实际困难，不能完全实施本规程中关于行政组织的规定者，得报经大行政区教育部（文教部）审核后，转报中央教育部批准，变通执行。

第三十一条　私立大学及专门学院除遵守本规程外，并须遵守"私立高等学校管理暂行办法"。

第三十二条　本规程由中央教育部报经政务院批准后颁布施行，其修改同。

私立高等学校管理暂行办法（1950年8月14日颁布）

第一条　为加强领导并积极扶植与改造私立高等学校，以适应国家建设需要，特制定本办法。

第二条　私立高等学校（大学、专门学院及专科学校）方针、任务、学制、课程、教学及行政组织，均须遵照《高等学校暂行规程》及《专科学校暂行规程》办理。

第三条　私立高等学校经大行政区教育部或文教部（以下简称大行政区教育部）审查，其办理成绩优良而经费确属困难者，得报请中央人民政府教育部（以下简称中央教育部）批准酌予补助。

第四条　私立高等学校的行政权、财政权及财产所有权均应由中国人掌握。

第五条　全国私立高等学校，无论过去已经立案与否，均须重新申请立案。申请时，由校董会详开左列各事项，报经大行政区教育部审查后，转报中央教育部核准立案：

（一）学校名称及其所在地；

（二）学校沿革；

（三）校董会章程；

（四）校董姓名、年龄、籍贯、学历、经历及住址；

（五）校地及校舍之平面图及说明书；

（六）资产、资金或其他收入之详细项目及证明文件；

（七）图书、仪器、标本、校具等设备状况；

（八）本年度经常费预算表；

（九）教学与行政组织、编制、课程及各种规章；

（十）教职员履历表；

（十一）学生一览表。

第六条　私立高等学校校（院）长及副校（院）长由校董会任免，其他主要人员由校（院）长任免，报经大行政区教育部核准转报中央教育部备案。

第七条　私立高等学校，应将教学、行政及经费等情况，按期报经大行政区教育部审核后，转报中央教育部备案。

第八条　私立高等学校不得以宗教课目为必修科或强迫学生参加宗教仪式与活动。

第九条　私立高等学校的资金、资产、校地、校舍房屋与一切设备，其所有权尚未移转于学校者，应办移转手续。

第十条　私立高等学校的财产，不得移作学校经费以外之用。其校产不经由大行政区教育部转报中央教育部核准，不得为物权之转移。

第十一条　私立高等学校如欲停办或变更，其校董会须于学年结束五个月前报经大行政区教育部审查转报中央教育部核准。如经核准停办，应由校董会报请大行政区教育部批准，组织财产清理委员会处理校产；其处理办法由大行政区教育部报请中央教育部核准。

第十二条　私立高等学校办理不善或违背法令时，大行政区教育部得报请中央教育部批准令其改组校董会，更换校长，改组或停办学校。

第十三条　华北五省二市之私立高等学校，由中央教育部依照以上各项规定直接管理。

第十四条　本办法由中央教育部报经政务院批准后颁布施行，其修改同。

后 记

2024 年是华东师范大学前身学校大夏大学建校 100 周年，档案馆决定搜集整理大夏有关学校管理制度的档案文献，汇编出版《大夏大学管理制度辑要》一书，以此来纪念大夏大学建校百年。

中国现代大学管理制度与现代大学本身一样，都经历了从无到有，从野蛮生长到制度化发展，从学习西方到形成本土特色的过程，这个过程随我国近代政治、经济、社会的变迁而日趋成熟。大夏大学作为中国近现代一所著名私立大学，其管理制度的制定与实施，同样具有极强的时代特征：一方面，她是近代中国高等教育发展和大学治理制度化进程的缩影；另一方面，她也是大夏大学管理者为实现大学理想而进行艰苦探索的历史见证。因此，《大夏大学管理制度辑要》除了向读者展示近现代中国大学的管理制度，更是向百年以来大夏大学师生的致敬。

《大夏大学管理制度辑要》所辑内容从 1924 年大夏大学创校开始，至 1951 年大夏大学与光华大学等合并组建新的华东师范大学为止，涵盖大夏 27 年办学史上重要管理制度及其演变。我们根据管理制度的内容及适用范围将其分为八编，分别为章程与组织大纲、科则与院则、招生简章、学生通则、公共管理规章、社团规章、其他规章制度、附属学校规章等，各编所辑制度原则上按照时间顺序编排。我们还在第一编之前增加"大夏大学简史"，在第八编之后附录同一时期"相关大学法律制度"，以期读者能够更好了解大夏历史及其具体规章制度产生的时代背景。

本书由档案馆馆长汤涛负责统稿和审定，吴李国负责有关篇目的选定及编排，符玲玲负责文字的录入及统筹，林雨平、胡琨、杨婷、陈华龙、张钊等参与了书籍的编辑工作。

本书能够出版，得益于上海书店出版社的领导和本书编辑俞芝悦、赵婧女士的辛勤付出，在此一并致谢！

档案编研是一个不断探索与学习的过程，囿于编者水平，本书难免挂一漏万或有失偏颇，敬请读者指正。

汤涛

2023 年冬

图书在版编目(CIP)数据

大夏大学管理制度辑要/汤涛主编. —上海:上
海书店出版社,2024.6
(华东师大"丽娃档案"丛书)
ISBN 978 - 7 - 5458 - 2380 - 6

Ⅰ. ①大… Ⅱ. ①汤… Ⅲ. ①高等学校-学校管理-
研究-中国 Ⅳ. ①G647

中国国家版本馆 CIP 数据核字(2024)第 098731 号

责任编辑 赵 婧
封面装帧 郦书径

大夏大学管理制度辑要
汤 涛 主编

出 版 上海人民出版社
上海书店出版社
(201101 上海市闵行区号景路 159 弄 C 座)
发 行 上海人民出版社发行中心
印 刷 常熟市文化印刷有限公司
开 本 787×1092 1/16
印 张 21.75
版 次 2024 年 6 月第 1 版
印 次 2024 年 6 月第 1 次印刷
ISBN 978 - 7 - 5458 - 2380 - 6/G · 200
定 价 88.00 元